NÃO ESTOU MORTO, SÓ ESTOU DIFERENTE

Hollister Rand

NÃO ESTOU MORTO, SÓ ESTOU DIFERENTE

Mensagens Inspiradoras de Espíritos de Crianças e Adolescentes que nos Ensinam a Viver Melhor na Terra

Tradução
DENISE DE C. ROCHA DELELA

Editora Pensamento
SÃO PAULO

Título do original: I'm Not Dead, I'm Different

Publicado mediante acordo com HarperCollins Publishers

Texto de acordo com as novas regras ortográficas da língua portuguesa.

1ª edição 2012.

Coordenação editorial: Denise de C. Rocha Delela e Roseli de S. Ferraz
Preparação: Maria Thereza Ornellas
Revisão: Iraci Miyuki Kishi

Diagramação: Fama Editoração Eletrônica

Dados Internacionais de Catalogação na Publicação (CIP)
(Câmara Brasileira do Livro, SP, Brasil)

Rand, Hollister
Não estou morto, só estou diferente : mensagens inspiradoras de espíritos de crianças e adolescentes que nos ensinam a viver melhor / Hollister Rand ; tradução Denise de C. Rocha Delela. — São Paulo : Pensamento, 2012.

Título original: I'm dead, I am different
ISBN 978-85-315-1785-3

1. Crianças — Morte — Miscelâneas 2. Espiritualismo 3. Mediunidade 4. Vida após a morte I. Título.

12-01558 CDD-133.95

Índices para catálogo sistemático:
1. Mensagens espíritas 133.95

Direitos de tradução para o Brasil
adquiridos com exclusividade pela
EDITORA PENSAMENTO-CULTRIX LTDA.
Rua Dr. Mário Vicente, 368 — 04270-000 — São Paulo, SP
Fone: (11) 2066-9000 — Fax: (11) 2066-9008
E-mail: atendimento@editorapensamento.com.br
http://www.editorapensamento.com.br
que se reserva a propriedade literária desta tradução.
Foi feito o depósito legal.

Dedico este livro à minha mãe,

Joan Harriet Farrer Gierisch,

cujo interesse pelo bem-estar das outras pessoas

inspirou meu desejo de ajudá-las,

cujo amor pelos livros inspirou meu desejo de escrever

e cuja paixão por aprender ensinou-me

a explorar a vida... sem medo.

Sumário

Introdução

"Acorde!", ouvi uma voz gritar.

E foi o que eu fiz.

Eram quatro horas da manhã, ainda estava escuro, e eu estava sozinha. Pelo menos pensava que estava sozinha. Mas estava enganada. Havia um jovem aos pés da minha cama, o espírito de um jovem. Sua imagem era vaga e indistinta da cintura para baixo, mas havia uma urgência evidente em seus olhos. Fiquei surpresa, mas não assustada. Aquela não era a primeira vez que via um espírito aos pés da minha cama. Por alguma razão, porém, senti que daquela vez era diferente. "Acorde!", ele gritou novamente. Eu tive vontade de gritar de volta, "Você já me acordou!", mas então ele já tinha desaparecido. Os espíritos gostam de ter a última palavra, e a mensagem desse jovem espírito, embora breve, foi importante para mim.

Depois daquela visita, de manhã bem cedo, passei a entender que seu apelo para que eu "acordasse" era mais do que simplesmente um chamado para eu sair da cama. Era nada menos do que um pedido para eu estar presente, viver plenamente, tomar consciência da vida em toda a sua exuberância — amar apesar da dor causada pela separação a que chamamos morte.

É estranhamente irônico que eu tenha acordado para a vida graças a uma pessoa morta. Esse encontro aconteceu cerca de vinte anos atrás. Aprendi muito com os espíritos desde então, inclusive como ouvi-los durante o dia para que não aparecessem à noite. Mais importante, porém, fui orientada, direcionada e francamente pressionada pelos espíritos a lhes dar uma voz neste mundo.

Como o exemplo anterior demonstra, existe um grupo particularmente insistente e eloquente vivendo do outro lado — os mais jovens. Durante anos, outros médiuns notaram a comitiva de crianças, jovens e adolescentes que me rodeavam. Isso parecia meio estranho, porque não tenho filhos, pelo menos não no sentido físico. O fato de não ter filhos me fazia pensar se eu estava mesmo qualificada para falar com os pais que passavam pela dor de perder um filho. Eu estava tão convencida de que essa era uma escolha equivocada da parte dos espíritos que pedi a eles que usassem os meus dons de qualquer maneira, *menos* para comunicar mensagens de pessoas que partiram cedo desta vida. Eu estava realmente relutante em aceitar a sua presença constante na minha vida e no meu trabalho. "Não, não e não!", eu disse. Mas as crianças do outro lado disseram: "Sim, sim e sim!" Então comecei a ouvi-las e, finalmente, *a aprender* com elas. O amor e a esperança que elas trouxeram para suas famílias em luto, por meio do meu trabalho como médium, transformaram vidas, uma por uma... inclusive a minha.

Agora estou feliz que elas tenham persistido. As crianças podem realmente ser incansáveis quando querem alguma coisa, e essa persistência tampouco diminui com a morte. Essa é uma das coisas que eu adoro nelas.

Em essência, as crianças que vivem no céu viraram o jogo para nós. Poderíamos pensar que era nosso o papel de ensiná-las sobre a vida, protegê-las da selva de pedra lá fora e deixar o futuro nas mãos delas quando já não estivéssemos mais aqui. Mas, na verdade, *elas* estão nos ensinando algumas coisas.

A perspectiva das crianças sobre a Vida (com V maiúsculo) é absolutamente transformadora.

No entanto, toda essa conversa transformadora pode ser árdua para nós, que vivemos do lado de cá, especialmente se a perda for recente. Assim, espero que a maneira pela qual estou apresentando as mensagens dos espíritos neste livro torne um pouco mais fácil compreendê-las e aceitá-las.

Cada capítulo (e assunto) é dividido em quatro partes:

A seção **Mensagens dos Espíritos** são citações breves, mas instigantes, de crianças e jovens desencarnados. Do mesmo jeito que as crianças na Terra estão aproveitando as novas maneiras de manter contato com os amigos a todo o momento, as desencarnadas estão frequentemente encontrando maneiras novas de se conectar conosco também. Essas mensagens inesperadas e muitas vezes surpreendentes são o equivalente espiritual das mensagens de texto pelo celular ou pelo Twitter; no entanto, elas tendem a ter um significado muito mais profundo do que as mensagens terrenas. Uma mensagem dos espíritos, como as apresentadas neste livro, pode ser um lembrete diário para que olhemos o nosso dia a dia a partir de uma perspectiva mais espiritual.

A seção **Pensamentos dos Espíritos** traz um debate mais amplo sobre o assunto do capítulo, incluindo observações, pensamentos e histórias relativos aos espíritos e às pessoas que eu conheci. Essa seção também oferece alguns esclarecimentos sobre como minha vida pessoal e meu trabalho como médium se mesclam e se enriquecem mutuamente.

A seção **Respostas dos Espíritos** proporciona respostas completas para as perguntas mais frequentes que me fazem. Aonde quer que eu vá, nos Estados Unidos e ao redor do mundo, ouço muitas vezes as mesmas perguntas. Algumas das minhas favoritas são respondidas aqui. (Talvez as suas estejam entre elas.)

A seção **Sinopse Espiritual** é um expressivo resumo dos pontos principais do capítulo. Algumas pessoas abrirão este livro em busca de palavras específicas de conforto, outras para obter uma compreensão mais geral. Algumas vão lê-lo até a última página; outras vão se deter apenas nas respostas que mais lhe interessem. Muitas vão até relê-lo mais tarde para se lembrarem das palavras que lhes tocaram mais profundamente o coração. Seja qual for a maneira pela qual *você* resolva abordar este livro, essas sinopses ajudarão a orientar a sua leitura, de modo que ela seja verdadeiramente uma experiência de cura e fortalecimento.

Por fim, algumas pessoas podem supor, pelo fato de este livro ser sobre crianças e jovens desencarnados, que só aqueles que perderam um filho descobrirão algo de valor em suas páginas. No entanto, saiba que é importante para mim, e para aqueles cujas mensagens eu transmito, que *todas as pessoas* encontrem algo de valioso neste livro. Esperamos do fundo do coração que estas páginas confortem bastante aqueles que sofreram a perda de um filho, mas gostaríamos também que muitas outras pessoas encontrassem significados e respostas aqui.

Pouco tempo atrás, uma amiga me contou uma história que reflete com precisão o motivo pelo qual este livro é uma leitura tão importante para *todos nós*. Quando soube que a mãe, de 69 anos, tinha recebido o diagnóstico de câncer no pâncreas, ela começou a chorar.

— Mãe, por favor, não morra antes de mim! — ela implorou. Com a graça e a sabedoria que só se adquire com os anos, a mãe simplesmente respondeu:

— Nancy, seu pai e eu tivemos uma vida boa, e vivemos o bastante para ver nossos filhos crescerem e se tornarem pessoas de bem. Agora posso morrer feliz.

Essas palavras, é claro, reafirmam o que todos nós sabemos ser verdade: não importa que os filhos sejam bebês ou já estejam na casa dos 60 anos, nenhum pai quer vê-los partir deste mundo antes deles. Perder nossos filhos simplesmente não é a ordem natural das coisas. Mas essa história também nos lembra outra coisa, algo que as crianças desencarnadas me dizem o tempo todo: *todo mundo* vai perder *alguém* que ama em algum momento da vida. Essa é a realidade da vida e da morte. Saber mais sobre como vivemos depois de desencarnados pode nos ajudar a mudar o jeito como encaramos a morte e também a maneira como vivemos a vida durante nosso tempo aqui na Terra. Isso é o que dizem as crianças desencarnadas de todas as idades. E essa é a mensagem que elas desejam compartilhar com todos nós hoje em dia.

Toda vez que ouço uma criança desencarnada, fico profundamente tocada.

Os jovens falam sobre a vida (e a morte), de forma bastante aberta e sincera. Nenhum assunto, incluindo o aborto e o suicídio, é tabu para eles. Falam sobre os princípios básicos da vida — as coisas que afetam a todos e a cada um de nós.

Sempre fico admirada ao ver como as crianças desencarnadas vão direto ao cerne de uma questão. *Somos amados? Se somos, por que nos sentimos tão sozinhos às vezes? Como podemos superar a perda e o desgosto (de qualquer tipo)?*

Todos fomos crianças um dia, por isso ouvir essas crianças é um lembrete de como é sentir-se invencível (e, contudo, não ser). Elas já chegaram ao lugar para onde todos nós vamos, então têm muito a nos dizer sobre o que podemos esperar.

O que as crianças podem nos dizer sobre a vida após a morte que nos ajude a viver uma vida melhor aqui na Terra? A resposta é "muitíssimo".

Eu testemunhei isso repetidas vezes — as crianças desencarnadas têm uma capacidade única de transmitir sabedoria com uma leveza e bom humor capazes de iluminar o caminho para todos nós.

Como está escrito em Isaías 11:6, "e um menino pequeno os guiará".

Então, se você estiver pronto, deixemos que as crianças nos guiem juntos.

HOLLISTER RAND

Este livro baseia-se em encontros reais com espíritos e pessoas, mas os nomes e certos detalhes descritivos foram alterados para proteger a identidade dos envolvidos. Na maioria dos casos, as mensagens espirituais não poderiam ser apresentadas na íntegra e literalmente, por isso foram editadas e combinadas para os propósitos deste livro.

1

Isso é que é estar morto?

O que as crianças dizem sobre a morte e o pós-vida

Mensagens dos Espíritos

"O céu é um estado de espírito." (Palavras de um rapaz desencarnado de 19 anos, que na Terra lutou contra a depressão.)

Pensamentos dos Espíritos

Isso pode ser o céu?

Então isso *é que é estar morta*, pensei. Uma luz branca brilhante pairava na frente do meu rosto, difusa e ao mesmo tempo ofuscante. Figuras enevoadas em azul e branco moviam-se com determinação de um lado para o outro na periferia da minha visão. Vozes murmurantes soavam urgentes, mas as palavras eram indistintas. Um bipe insistente e irritante pontuava os sons humanos. Eu não conseguia mexer as pernas, e meus braços estavam pesados e presos atrás. Também não conseguia mover a cabeça. Tentei piscar os olhos rapidamente, mas as imagens continuavam embaçadas. Nada de portões de pérolas. Nem de São Pedro. Será que eu estava no lugar errado? Se isso era o céu, eu não estava gostando nem um pouco.

Comecei a fazer uma checagem. *Posso respirar? Sim. Posso mexer os dedos dos pés? Sim. Posso falar? Nenhuma palavra me veio. Sei como cheguei aqui? Não. Sei exatamente onde estou? Não.*

Justamente quando pensei que as coisas não podiam piorar, senti um lençol cobrindo meu rosto. *Então, estou morta! Mas espere aí, estou percebendo coisas acontecendo ao meu redor.* Comecei a fazer a checagem novamente. *Posso mexer os dedos das mãos? Sim. Engolir? Sim.* O bipe ficou mais alto. E então eu ouvi...

— Seja bem-vinda de volta.

Nesse ponto eu ainda não sabia a que lugar eu estava de volta. Foi só quando o lençol foi gentilmente afastado do meu rosto que as coisas ficaram mais claras. Eu estava no pronto-socorro de um hospital. Mais tarde me explicaram que eu tinha sofrido um grave acidente de carro. Minha mãe tinha quebrado o pescoço e sobrevivido. O carro tinha sido totalmente destruído e praticamente o mesmo acontecera comigo. Eu tinha 18 anos. Meu pai e minha irmã quase tinham perdido metade da família em menos de um segundo. Depois de várias semanas no hospital, passei por uma reabilitação e, em seguida, fui enviada para meu primeiro ano de faculdade com três pinos e um tapa-olho.

A jornada de volta do que eu pensava ser a morte foi longa e árdua. O que não percebi na ocasião foi que essa jornada era, na verdade, um caminho para descobrir o que estava *além* da morte. Desde o instante em que o lençol foi retirado do meu rosto, não pude mais ignorar o fato de estar transformada. Não apenas fisicamente, mas em minha sensibilidade e consciência. Embora eu visse fantasmas e espíritos desde pequena, sempre fiz o máximo para esconder essas experiências. Eu queria ser como a maioria das pessoas, não alguém que achava difícil diferenciar os vivos dos mortos.

No entanto, o fato de quase morrer me fez mudar de ideia. Fez com que eu quisesse conversar com *alguém* que pudesse me ajudar a responder a todas as minhas perguntas, cada vez mais numerosas. Vivi com conforto num subúrbio de Nova York toda a minha vida e foi uma existência feliz, mas, de repente, eu me peguei questionando: "Será que a vida tem um propósito?" E mais especificamente, "Será que *minha* vida tem um propósito?" Eu sabia que a resposta era "sim" para ambas as perguntas. Eu apenas não sabia bem que propósito era esse. O acidente fez minha família olhar a vida de modo diferente também. Todos nos sentíamos gratos pelo desfecho do acidente não ter sido outro. Durante a minha estada no hospital, vimos que muitas outras famílias não tiveram a mesma sorte.

Nos anos seguintes ao acidente, também fui levada a encontrar respostas para perguntas ainda mais amplas sobre a vida, como "De onde viemos?" e "Para onde vamos?" E a maior de todas: "Por que estamos aqui?"

Encontrei todas as respostas? Não. Mas continuo procurando. Durante os últimos vinte anos, ao longo dos quais lidei diariamente com fantasmas e espíritos de todos os tipos, aprendi muito sobre a vida após a morte. E também percebi outra coisa: sempre que presumo ter descoberto tudo, os espíritos vêm me mostrar algo novo.

Uma coisa eu sei com certeza: se estamos dispostos a aprender, não há limites para o que os espíritos podem nos ensinar.

Benjamin Franklin foi o autor da famosa frase: "Nada é certo neste mundo, exceto a morte e os impostos!" Essa é mais do que apenas uma afirmação do óbvio. É a combinação de duas verdades que poucos de nós estão realmente dispostos a enfrentar. Eu, por exemplo, sempre solicito um tempo extra para entregar meu imposto de renda. E só o entrego no último minuto. E não sou a única com o hábito de adiar as coisas.

A maioria de nós trata a morte da mesma maneira. Evitamos encará-la até sermos obrigados. Mas a morte tem uma maneira muito rude de interferir em nossas rotinas. As pessoas morrem às vezes sem nenhum aviso. E a morte é mais indelicada ainda quando contradiz as nossas crenças sobre como a vida deveria ser. Os filhos, por exemplo, não deveriam morrer antes dos pais, mas eles morrem.

Uma das muitas coisas que aprendi ao me deparar com a morte de um modo tão próximo e pessoal foi não fazer suposições sobre a experiência de morrer e sobre como é a vida após a morte. Se, de fato, a morte é uma certeza para todos nós, e nem os mais jovens são poupados, devemos obter tanta informação quanto possível sobre ela, daqueles que estão do outro lado da vida. E isso é exatamente o que eu faço.

Felizmente, a possibilidade de morrer naquele acidente de carro não me assustou tanto quanto poderia ter assustado a maioria das pessoas, porque eu já conhecia muita gente que tinha morrido e "sobrevivido", por assim dizer. Na verdade, a capacidade de me comunicar com os espíritos ao longo dos anos me deu certa vantagem. Imaginei que, se eles tinham conseguido enfrentar a sua experiência de morte, eu também seria capaz de enfrentar a minha.

Festas do pijama

Desde que me conheço por gente, os espíritos foram parte da minha vida... e uma grande parte. Durante minha juventude, não havia uma linha divisória clara entre o mundo visível e o invisível. Se havia ou não uma divisão, ela se desfazia completamente à noite, quando os espíritos me apareciam ao vivo e em cores. Depois que as luzes se apagavam, eles simplesmente davam as caras.

Nem sempre era uma experiência agradável para mim, especialmente quando eu era pequena. E definitivamente não era algo que eu saísse contando por aí. É claro que meus pais sabiam que algo estava acontecendo; eu era obcecada por histórias de fantasmas e tinha criado planos de fuga elaborados para o caso de o meu quarto ficar superlotado por esses visitantes. Minhas estratégias incluíam uma escada dobrável, guardada debaixo da cama para eu poder sair pela janela do meu quarto, que ficava no segundo andar. O abajur ficava aceso desde o anoitecer até o raiar do dia e, ainda assim, os espíritos apareciam.

Visitas do vovô

Durante meus primeiros anos, havia algo que me confortava ainda mais do que o meu cobertor angorá azul: o amor do meu avô. Pop-Pop, como ele era carinhosamente chamado, era o único homem entre as mulheres da nossa família. Ele tinha criado três meninas — minha mãe e suas duas irmãs —, durante uma época difícil da história dos Estados Unidos, a Grande Depressão. Seu trabalho como perito eletricista garantiu o sustento da família numa época em que muitos não tinham o que comer. Quando eu nasci, ele já tinha perdido quase todo o cabelo, exceto pelos fios grisalhos acima das orelhas. Tinha a pele clara de escocês e olhos que pareciam ainda mais azuis por causa das suas bochechas rosadas. Meu avô me fazia sentir especial, mas, mais importante ainda, ele me fazia sentir... segura.

Pop-Pop morreu de insuficiência cardíaca, quando eu mal tinha idade para ir à escola. Mantiveram-me longe do necrotério, do velório e do sepultamento porque meus pais achavam que eu era muito pequena. Uma amiga querida da família (que também era minha professora na escola dominical) ficou cuidando de mim, enquanto todos os outros tratavam dos detalhes do enterro.

Essa amiga da família me disse que Pop-Pop tinha ido morar no céu. Ela fez o melhor que pôde para me ajudar a entender aquela súbita mudança na minha realidade. Mas o que ela não sabia era que minha realidade não tinha mudado tanto quanto ela supunha.

Desde o dia em que morreu, meu avô me fez visitas. Na verdade, na noite em que meus pais cumprimentavam as pessoas no funeral, Pop-Pop ficou aos pés da minha cama e então se despediu com um beijo na testa. Sempre que ele estava por perto, todos os outros espíritos se afastavam, com exceção de um — um garotinho da minha idade.

Eu podia dizer que Pop-Pop e esse menino eram felizes juntos. O menino não dizia nada, mas dei uma boa olhada nele. Seu cabelo tinha um tom avermelhado, seus olhos eram azuis, e ele costumava desviar o olhar, timidamente.

Quando contei à minha mãe que estava vendo Pop-Pop e o menininho, pensei que ela ficaria feliz. Em vez disso, ela não quis mais falar a respeito. Foi nesse momento que percebi pela primeira vez que podia não ser bom ver as pessoas que os outros achavam que estavam mortas e, pior ainda, falar sobre isso! Eu sabia que havia algo diferente em mim, e que essa diferença não era necessariamente desejável. Foi então que comecei a fazer o possível para ignorar a presença constante dos espíritos em minha vida.

Muitos anos depois, descobri que o menino que meu avô trazia consigo era meu tio que havia morrido aos 6 anos de idade. Seu nome do meio era Gibson e seu apelido era "Gibby". Sua morte fez com que o cabelo da minha avó ficasse branco da noite para o dia (ou pelo menos era isso o que a minha mãe contava). Seu sofrimento foi tão grande que ela não conseguiu nem mesmo voltar para a casa onde Gibby tinha morado. Minha mãe foi enviada para longe no verão, enquanto meu avô montava uma nova casa para a família, onde minha avó morou até morrer, aos 76 anos.

A única lembrança que temos de Gibby é uma foto em que ele está sorrindo timidamente, com uma expressão inocente, a mão pequena e gordinha apoiando o rosto, a cabeça inclinada e uma perna dobrada. Era exatamente assim que ele aparecia quando Pop-Pop o levava ao meu quarto.

Gibby foi a primeira criança desencarnada que conheci. A primeira de muitas outras.

Vivendo bem no grande além

Então, como é estar morto? Bem, isso depende do espírito com quem você conversar. Depois do meu próprio encontro com a morte, passei muitos anos falando com espíritos de diversas origens étnicas e religiosas. Consequentemente, vim a compreender que há tantas descrições da vida após a morte (e nomes para o céu) quanto o número de espíritos vivendo lá. Mas, embora os detalhes de cada experiência possam ser diferentes, há por trás de todos os relatos aspectos em comum acerca do modo como as coisas funcionam. A vida além da morte é mais ampla e grandiosa do que podemos imaginar. Felizmente, os espíritos, especialmente as crianças, apresentam os conceitos às vezes imponentes e poderosos da vida após a morte de um modo acessível e sucinto.

Um jovem espírito uma vez me disse: "Há muitos lugares diferentes aqui. Eu não visito os ruins, porque gosto de ficar com as pessoas legais". Humm... bem, isso me pareceu um ótimo conselho. Principalmente porque desde muito cedo na vida (quando ignorava muita coisa), eu me deparei com pessoas desagradáveis do plano espiritual, durante aventuras "caça-fantasmas" e em casas mal-assombradas. Graças a esse jovem espírito, aprendi que eu podia definir parâmetros para os meus encontros. Agora só aqueles que moram na luz são bem-vindos para me visitar.

Como procuro ficar longe dos lugares "ruins" do pós-vida, meu interesse e referências para a comunicação com os espíritos partem do princípio do amor. Os espíritos com quem converso estão interessados em ajudar a curar a nossa dor. Eles nos dão dicas sobre como viver uma vida melhor aqui e ajudam a nos prepararmos para viver no céu um dia.

Viver no céu. Essa é a primeira coisa que os espíritos querem que saibamos. Eles estão *vivos*, não estão mortos.

A resposta rápida de Jacob

Há vários anos, uma família completa — mãe, pai, filho e filha — veio fazer uma sessão comigo. Quando estavam se acomodando, um espírito com jeito de adolescente chamou minha atenção ao começar a correr ao redor da sala. Ele corria tão rápido que era quase um borrão. Enquanto corria, contou-me que o seu nome era Jacob. Eu disse à família:

— Há um jovem aqui chamado Jacob. Nossa! Ele corre bem rápido!

A mãe começou a chorar, o pai colocou a cabeça entre as mãos, o irmão parecia querer fugir correndo dali e a irmã disse:

— Meu irmão que morreu chamava-se Jacob, e era atleta no colégio.

Jacob passou a falar com cada membro da família, chegando a dar uma dura no irmão por causa de seus trabalhos escolares. (Segundo o irmão me contou, ele costumava fazer a mesma coisa antes de morrer.) Então, de repente, sem nenhum aviso, o pai de Jacob começou a chorar e deixou escapar:

— Ele está morto e enterrado.

Sem perder o ritmo, Jacob gritou no meu ouvido:

— Eu *não* estou morto e enterrado: só estou... "*diferente*". — Pensei comigo mesma: *Bem, isso diz tudo, e se um dia eu escrever um livro, este será o título.*

O choro de desespero do pai de Jacob é bastante compreensível. Quando alguém próximo a nós morre, parece que a morte é o fim da vida, do relacionamento, do legado familiar e da esperança. Nós não queremos que nossos entes queridos em espírito sejam "diferentes", queremos que eles estejam *aqui*. No entanto, os espíritos olham a morte de outra perspectiva, que pode parecer muito estranha para nós. *Então, como os espíritos veem a morte, especialmente os mais jovens?* Bem, a morte para eles nada mais é do que um transporte para o outro lado da vida.

À primeira vista pode parecer esquisito comparar algo tão grave quanto a morte a um passeio de carro, barco, avião ou trem. Mas as crianças desencarnadas, assim como as encarnadas, estão menos interessadas na viagem e muito mais no seu destino. Qualquer um que já tenha viajado com crianças sabe disso! "Já chegamos?", é a pergunta que toda criança faz ao longo do caminho. Quando falo com jovens desencarnados, eles em geral evitam descrever a forma como morreram. Isso é muito frustrante para mim, porque sou curiosa por natureza e, mais importante ainda é que, ao receber detalhes sobre a morte, isso faz com que eu sinta que estou fazendo o meu trabalho direito. No início da minha carreira como médium profissional, um espírito na casa dos 20 anos veio visitar um grupo. Uma das primeiras perguntas que lhe fiz foi:

— Como você morreu?

Ele respondeu:

— Fui atingido na cabeça por um martelo.

Bem! Isso fez surgir na minha cabeça todo tipo de pergunta! Eu queria saber se tinha sido um acidente bizarro ou se ele fora golpeado na cabeça de propósito. Quer saber a resposta dele?

— Essa foi só a maneira como cheguei aqui.

Que irritante! Eu queria detalhes e ele via sua morte como simplesmente... o percurso do ponto A para o ponto B.

Por outro lado, quando eu falo com espíritos que fizeram sua passagem numa idade avançada, eles frequentemente me contam sobre cada consulta ao médico, cada exame de sangue e toda a dor e sofrimento por que passaram. Quando pergunto por que razão é diferente com as crianças, recebo algumas respostas muito lógicas. Em primeiro lugar, aquelas que sofreram de doenças físicas por um tempo antes de morrer, dizem que esse processo de morte se tornou parte de sua experiência de vida. Como a maioria das crianças (com algumas exceções, é claro) tende a não sofrer a degradação paulatina do corpo, seu quadro de referência é outro. Muitas das crianças desencarnadas com quem converso, na verdade, morreram quando estavam saudáveis e em plena atividade.

O fator destemor

As crianças, em geral, não têm uma noção do que seja a mortalidade. A morte não influencia a maneira como encaram a vida. Elas não pensam de fato em suas próprias mortes. Pensam que vão viver para sempre... e, em certo sentido, estão certas.

Mas a razão mais amorosa e profunda que leva as crianças desencarnadas a não se concentrar nos detalhes de suas mortes é o fato de isso aumentar a dor da perda sentida por aqueles que as amam. Qualquer informação que derem serve muitas vezes para acalmar os temores de amigos e parentes. Por exemplo, uma menina adolescente cujo carro foi atirado para fora da estrada por um motorista bêbado disse à mãe que estava tão ocupada tentando dirigir que mal tivera tempo de sentir medo. Tudo o que ela sabia é que sua querida avó estava lá, em espírito, para conduzi-la pela mão.

As crianças desencarnadas não estão interessadas em perpetuar as *nossas* histórias sobre a morte *delas*. Aqueles que foram deixados para trás podem ficar tão obcecados com o modo de transporte (o acidente, o assassinato, o suicídio) que não conseguem nem sequer considerar o destino. As crianças, por outro lado, estão mais interessadas no que acontece depois que elas chegam do que no modo como chegaram lá.

Multitarefa espiritual

Muitas vezes me perguntam durante uma sessão: "O meu filho é feliz no céu?" Curiosamente, eu nunca tive dos espíritos um "sim" como resposta. Eu ficava um pouco preocupada com isso até que aprendi com eles que a nossa ideia de felicidade aqui na Terra simplesmente não traduz a experiência da vida após a morte. Aqui deste lado da vida, a felicidade muitas vezes está relacionada a circunstâncias externas, como quando dizemos, "Estou feliz porque tive um aumento" ou "Você me faz muito feliz". Os espíritos falam mais em paz do que em felicidade. O que eu aprendi com eles é que os mortos sentem paz e, pelo que vejo, eles definitivamente não estão descansando do lado de lá.

Do ponto de vista dos espíritos, há muita coisa acontecendo no céu. A vida após a morte é cheia de atividades. De acordo com os espíritos, as coisas acontecem instantaneamente, de um modo que o tempo na Terra não permite. Embora possa ser difícil para nós compreendermos, essa vida frenética encanta os espíritos, especialmente os mais jovens. As crianças na Terra muitas vezes dizem: "Mais alto, mais rápido! De novo!" As crianças no céu aceitam o ritmo acelerado da vida após a morte como seu estado natural de ser. Um adolescente disse aos pais, por meu intermédio, que, no céu, as coisas aconteciam tão rápido quanto ele queria. Os pais confirmaram que o filho era incrivelmente impaciente e estava sempre se queixando de que queria que a vida transcorresse com mais rapidez. Na verdade, ele tinha morrido enquanto dirigia seu carro novo bem acima do limite de velocidade.

O que torna essa velocidade possível na vida após a morte é o fato de os espíritos não estarem sujeitos às mesmas limitações físicas que nós. Eles podem estar em vários locais ao mesmo tempo, porque não estão contidos por um corpo físico. Em várias sessões, os entes queridos em espírito deixaram bem claro que estão a par do que está acontecendo na vida de muitas pessoas que ainda vivem na Terra. Por exemplo, durante uma sessão, o espírito de uma adolescente mencionou as atividades matinais de cada membro da família. Depois de conferenciarem, eles ficaram surpresos ao descobrir que as atividades mencionadas tinham ocorrido *ao mesmo tempo*! Eu sabia que a adolescente só tinha feito isso para ver a reação da família! Os adolescentes são assim, eles querem causar impacto.

O fato de não serem limitadas por um corpo físico abre todos os tipos de possibilidades para as crianças desencarnadas. Um garotinho de cerca de 5 ou 6 anos de idade começou a cantar "It's a Small World" para mim e me mostrou um filme do desfile da Disneylândia na minha mente. Ele me disse que estava organizando o mesmo desfile no céu e começando a visitar todos os outros países da Terra em espírito. Seus pais riram por entre as lágrimas quando me contaram que o filho não se contentara em ver o desfile uma vez só quando visitaram a Disneylândia em uma das férias da família. Assim que cantavam o último refrão, ele queria começar do início outra vez. Bem, agora ele não tem que esperar novamente pelo passeio.

Embora a maioria dos espíritos de crianças que me visitam fosse perfeitamente saudável quando deixou a Terra, também me comunico com muitos que sofreram de diversas doenças congênitas ou fatais antes de morrer. Esses pequeninos deixaram todo o seu sofrimento para trás quando fizeram sua passagem. Uma das ligações mais impressionantes que vivi foi com uma menina que visitou a mãe num evento em grupo. Por alguma razão, ela não me deixou ver seu rosto, mas me forneceu seu nome, Anna, e eu pude sentir sua presença. Ela também tinha uma mente muito sagaz e começou a me impressionar com pensamentos filosóficos e teorias científicas. Quando Anna finalmente acabou de transmitir sua mensagem, sua mãe exclamou, pulando de alegria:

— Eu sabia que ela era perfeita!

A mãe de Anna passou a explicar ao grupo que a filha era deficiente mental enquanto estava na Terra. Apesar dessas limitações, a mãe de Anna, que tinha doutorado em filosofia, quis compartilhar o que ela tanto amava com a filha. Assim, noite após noite, em vez de ler histórias infantis para a filha, ela lia livros de ciência e filosofia. Sempre acreditou que Anna entendia tudo, mesmo não sendo capaz de se expressar. Em espírito, ela demonstrou que a mãe estava certa.

Depois de me comunicar com uma criança desencarnada que agora pode correr livremente embora não pudesse andar enquanto vivia na Terra, imagino que cadeiras de rodas, muletas, tanques de oxigênio e leitos hospitalares ficaram todos do lado de fora dos portões do céu, assim como os carrinhos de bebê nas atrações da Disneylândia. É uma imagem meio fantasiosa, eu sei, mas ilustra o fato de que as crianças que sofreram aqui podem, finalmente, deixar o sofrimento físico para trás. Na verdade, *todos* nós que sofremos aqui vamos deixar o sofrimento físico para trás.

O breve conto de Richard

Estou escrevendo este capítulo em Sedona, no Arizona. Da minha janela, posso ver as rochas vermelhas quase arranhando o céu. Quando o sol se põe, o vermelho torna-se mais profundo e o bege transforma-se em ouro. As cores são mais profundas e intensas, e a luz se irradia de modo mais brilhante aqui do que em qualquer outro lugar que eu conheço... exceto o céu. Um jovem espírito chamado Richard concorda comigo. Enquanto eu estava ao telefone com sua mãe, Richard foi enfático ao falar sobre a quantidade de luz que há no céu. Sua mãe riu quando eu lhe disse que Richard queria que ela soubesse que, sem sombra de dúvida, ele estava "vivendo na luz". Quando a sessão terminou, a mãe de Richard me disse que eles costumavam chamá-lo de "cogumelo", porque ele preferiu se instalar no porão sombrio da casa em vez de no quarto bonito e ensolarado no andar de cima. A família costumava brincar com ele sobre "viver na luz". A preferência de Richard pelos ambientes mais escuros pode ser um pouco incomum. Em sua maior parte, as crianças da Terra não gostam do escuro; por isso, quando estão no plano espiritual, elas muitas vezes tranquilizam os pais dizendo que não têm mais medo do escuro. O medo se foi, porque simplesmente não existe escuridão onde estão agora. Os abajures não são necessários no céu.

Como o céu é uma terra de luz, não há noite e dia. E sem noite e dia, também não há sensação da passagem do tempo. Os espíritos vivem no eterno *agora*. Em sua maioria, as crianças que vivem no céu nunca mencionam o tempo, a menos que façam uma referência a um aniversário que se aproxima. Os aniversários são um grande tema porque eles são importantes para as crianças na Terra, por isso as crianças no céu naturalmente gostam de guardar essas lembranças. Durante uma sessão, o espírito de um menino de 14 anos de idade lembrou a mãe para assar um bolo de chocolate no seu aniversário, que estava próximo. Ele então me mostrou o que parecia um cartão de Dia dos Namorados feito à mão. A mãe respondeu:

— Ah, sim, ele adorava esse bolo! Eu o fazia todos os anos no aniversário dele, que caía no Dia dos Namorados.

Outras datas importantes para nós, como feriados, aniversários de casamento e aniversários de morte, também são mencionadas pelos espíritos. Segundo a minha experiência, os espíritos de crianças gostam de falar sobre aniversários, ao passo que aqueles que morrem em idade mais avançada muitas vezes mencionam aniversários de casamento e de morte.

A data e a hora em que a pessoa morre são de grande importância para nós. Portanto, é muito comum que os espíritos mencionem o cuidado com que escolheram o momento da morte. Muitos relatam que tentaram esperar que uma determinada pessoa chegasse ao hospital, ou mesmo que queriam viver um pouco mais para ir a um casamento ou outra festa de família. Brian, um adolescente com câncer no cérebro, tinha outra razão muito importante para se apegar à vida. Durante uma sessão em grupo ele me disse que tentou ao máximo estender a sua vida até depois da meia-noite para evitar morrer no dia do aniversário da namorada, Ashley. Isso foi confirmado pela mãe dele, que disse que Brian viveu até 00:03, a madrugada *após* o aniversário de Ashley. Mesmo que Brian estivesse inconsciente no momento da morte, todos os que estavam reunidos em torno da sua cama no hospital simplesmente sabiam que ele estava esperando até a meia-noite.

Embora não haja calendários e relógios no céu, os espíritos estão conscientes da maneira como organizamos o nosso dia a dia. Relógios de parede e de pulso são mencionados com frequência quando os espíritos se comunicam, especialmente se o objeto foi deixado para um parente. Durante uma noite de comunicação com os espíritos em Laguna Hills, Califórnia, o marido falecido de uma das participantes fez surgir um instantâneo em minha mente de um relógio de ouro com os ponteiros parados às 3:12. Ele queria que eu dissesse à sua esposa, Beverly, que, embora ela sentisse que a vida dela havia parado como um relógio quando ele morreu, ele ainda estava com ela. Beverly disse ao grupo que, antes de vir ao evento, ela tinha segurado o relógio do marido na mão, que de fato havia parado às 3:12.

Uma das diferenças entre falar com espíritos de crianças e de adultos é que as crianças falam sobre música, telefones celulares e *videogames* em vez de relógios de pulso e de parede. As crianças sabem muito bem se comunicar *diretamente* com os entes queridos usando música e aparelhos eletrônicos. Para uma discussão mais aprofundada sobre como as crianças desencarnadas se comunicam com seus entes queridos, consulte o capítulo 10.

Convite aos amigos espirituais

No entanto, se não existem calendários e relógios no céu, como os espíritos conseguem aparecer na hora certa para um compromisso que seus entes queridos marcaram com um médium? Bem, muito simplesmente, eles conseguem porque *você* definiu a intenção de estabelecer uma conexão com eles. Seus pensamentos são como um convite enviado por e-mail para a caixa de entrada celestial certa.

Meu exemplo mais memorável de como isso funciona aconteceu quando conheci Nancy, uma jovem que era uma das últimas remanescentes da sua linhagem familiar. No início da sessão, notei um grande grupo de espíritos, jovens e anciãos, de pé atrás dela. Nomes começaram a pipocar na minha cabeça. "George, Evelyn, Jackie, Betsy, Allen", e a lista continuava.

— Sim, sim, sim! — Nancy exclamava. — São todos meus parentes.

Eu tive que recuperar o fôlego antes de prosseguir com a lista de nomes. Era como uma lista de chamada. Quando a sessão acabou, eu disse a Nancy que nunca tinha visto uma coisa daquelas antes. Ela pareceu surpresa.

— Eu só fiz o que você me disse para fazer antes da minha sessão. Comecei a pensar nos meus familiares falecidos. Mas então achei que poderia ser até melhor se eu escrevesse um convite para cada um deles com um pedido de RSVP. Três dias atrás eu os lembrei sobre o RSVP.

Fiquei realmente surpresa. Ninguém tinha feito isso antes. Os espíritos, obviamente, sabiam que ela estava falando sério!

Minha experiência com a família *inteira* de Nancy ilustra que os espíritos não só estão abertos aos nossos convites para se comunicar, como podem se coordenar para fazer visitas em grupo. Quando cada espírito dava um passo à frente para informar seu nome, eles não estavam só se dirigindo a Nancy e a mim, mas uns aos outros.

Os espíritos também se relacionam no céu, tanto quanto nós nos relacionamos aqui na Terra. Os laços de afeto não se rompem com a morte, mas as separações causadas por mal-entendidos e julgamentos podem rompê-los. A morte faz com que as máscaras, as ilusões e as limitações da vida terrena caiam por terra. Morrer não traz necessariamente uma iluminação imediata e completa, mas nos permite ver a nós mesmos como realmente somos. Enquanto estamos aqui na Terra, nossas percepções são influenciadas pelos nossos valores, pelas nossas crenças pessoais e religiosas, e por quem *gostaríamos* que fôssemos. No céu, não podemos recorrer a ilusões ou enganar a nós mesmos. Todos os nossos aspectos, passados, presentes e mesmo futuros, residem no eterno agora da vida após a morte. Essa verdade foi muito bem descrita por um amigo querido, Brett, que morreu ao cair de uma varanda na França quando tinha 33 anos. Quando um grupo de amigos que também eram médiuns se reuniu, todos nós ouvimos Brett dizer:

— Eu conheci os meus muitos eus.

A vida após a morte não só nos dá a oportunidade de conhecer todos os aspectos de nós mesmos, como também nos ajuda a sentir o efeito que nossos pensamentos, nossas palavras, nossos atos e nossa morte tiveram sobre *todos* os que conhecemos durante nossa vida na Terra.

Esse é um pensamento meio preocupante, eu sei, e meio difícil de entender. No entanto, com certeza ele dá aos espíritos uma razão convincente para vir do plano espiritual ajudar a curar a dor provocada pela morte.

Respostas dos Espíritos

"O outro lado", "a vida após a morte" e "o céu" são, todos eles, o mesmo lugar?

Eu uso os termos "outro lado" e "vida após a morte" de forma intercambiável para incluir todos os aspectos e áreas da vida fora do corpo físico. É importante lembrar, porém, que esses são termos terrenos. Os espíritos não veem necessariamente a própria vida como uma "vida após a morte", nem acham que estão vivendo do "outro lado". Eles estão apenas vivos.

Os espíritos me mostraram lugares diferentes do "outro lado", alguns maravilhosos e outros que prefiro nunca visitar novamente. Portanto, eu trabalho muito mais com a vibração de amor, na qual estão aqueles que são amados e também amaram. Gosto da palavra "céu" porque cresci indo à igreja. Muitos dos meus clientes usam a palavra para descrever o local onde acreditam que seus entes queridos falecidos estão, e alguns espíritos têm reforçado esse conceito.

Os espíritos fazem tudo o que está ao seu alcance para transmitir a realidade em que vivem. No entanto, sei que, ao falar de suas vidas, eles apresentam as coisas de uma maneira que eu e seus entes queridos possamos entender. Numa ocasião, conversei com espíritos que me mostraram mundos que estão muito além do que podemos imaginar aqui na Terra. Padrões matemáticos e geométricos sobrepõem-se num lugar amplo e extenso onde a luz e o som criam latitude e longitude. Sei que nada disso parece fazer muito sentido. Isso porque grande parte do que vejo não consigo nem sequer começar a decifrar. Simplificando, a vida além desta é tão ampla que está fora da nossa compreensão e não pode ser descrita inteiramente nem com precisão. Qualquer palavra que usemos para definir a vida após a morte muito provavelmente limita e diminui a sua magnificência.

O céu é muito parecido com a Terra?

Isso é como perguntar se Nova York é como Tóquio ou se Londres é como Bangcoc. Os edifícios são edifícios e as pessoas são pessoas aonde quer que você vá, mas eles muitas vezes têm uma aparência ou atitude diferente dependendo do lugar. O mesmo se pode dizer do céu. A vida continua lá, mas os costumes variam muito!

Com base nos vislumbres que tenho tido dos vários reinos do mundo espiritual, posso dizer que existem algumas coisas que são indescritíveis. Mas, na maioria dos casos, nossos entes queridos falam sobre o céu em termos que podemos captar e compreender.

Por exemplo, numa sessão com uma jovem e bela viúva chamada Galina, o espírito do marido, Vince, disse:

— Estou construindo a casa dos sonhos que você sempre quis.

Ele projetou três imagens na minha mente de uma propriedade que se parecia um bocado com Tara, do filme *E o Vento Levou*. Galina bateu palmas de alegria e disse:

— Essa é a casa que ele prometeu construir para mim!

Vince estava estudando arquitetura quando morreu em um acidente estranho, enquanto trabalhava construindo casas no seu emprego de verão. Sendo curiosa (como sempre sou), perguntei se havia construtores no céu. Ele me informou:

— Não, é só pensar numa casa que ela aparece.

Aqui na Terra, tudo o que criamos inicia-se com um pensamento e depois passamos pelo processo de trabalhar para fazer as coisas acontecerem. No céu, porém, o pensamento cria a realidade — instantaneamente! Pense nisso. O céu está continuamente sendo criado, alterado e transformado pelos espíritos que vivem lá.

Os espíritos falam sobre as cidades celestes em termos que às vezes parecem mágicos. Dustin, um jovem ator aspirante, sonhava em se mudar de uma cidadezinha no meio-oeste para Nova York. Depois da sua morte num acidente de carro, pouco antes do seu aniversário de 18 anos, Dustin viu-se numa cidade magnífica, além de qualquer descrição. Em vez de usar palavras, Dustin me transmitiu flashes rápidos de sua cidade celestial. Ela tinha muitos teatros, é claro. No entanto, o que me surpreendeu mais foi a imagem de um delgado arranha-céu dourado elevando-se, brilhante, contra a paisagem, mais alto do que qualquer um que pudéssemos construir na Terra. Tudo tinha um brilho luminoso e, embora não se visse uma rede elétrica, havia a sensação de uma poderosa fonte de energia.

Como é a paisagem?

Os espíritos descrevem jardins multicoloridos; montanhas com cumes que ultrapassam as nuvens; rios de correnteza suave, sempre fervilhando de peixes; lagos plácidos que refletem as cores do arco-íris e oceanos que se estendem até a eternidade. Embora extraordinariamente exuberante, tudo está em ordem. O espírito de uma jovem que estava estudando para ser paisagista antes de morrer disse à mãe que ela adorava os jardins do céu porque ali não era necessário capinar as ervas daninhas! (Acho que não precisarei levar uma enxada no meu caixão.)

O céu é grande também. Quando o espírito de um pai foi questionado pela filha sobre o que fazia com o seu tempo no céu, ele disse:

— Estou percorrendo os limites da propriedade.

Achei essa resposta estranha, até que a filha me explicou que ele costumava passear todas as noites pelos limites da sua propriedade rural, no Texas. O pai, em seguida, disse:

— Tenho feito muitas caminhadas aqui e até agora não encontrei as fronteiras do céu.

Posso esquiar ou surfar no céu?

Gostamos de pensar que nossos entes queridos estão "descansando em paz". Na verdade, nada poderia estar mais longe da verdade. Os espíritos são ativos! Richie, um rapaz de 22 anos que morreu num acidente de esqui, mal podia esperar para contar à irmã que, no céu, ele tinha finalmente aprendido a dar saltos. Espíritos que na Terra eram snowboarders, patinadores, alpinistas, skatistas ou surfistas contam que continuam fazendo o que gostam do outro lado. De certo modo, gosto de experimentar, por meio deles, o gosto de praticar esportes radicais; o mais próximo que consegui chegar da prática de esqui na neve foi beber chocolate quente numa pousada nos Alpes.

E se eu não gostar de todo mundo lá? Posso evitar as pessoas com quem não tenho nenhuma afinidade?

Conhece o ditado "dize-me com quem andas que te direi quem és"? Bem, isso é verdade no mundo espiritual, talvez mais do que qualquer outra coisa! Aqueles que têm pensamentos semelhantes, laços de família e ligações de afeto podem se reencontrar no mundo espiritual. O contrário também acontece: aqueles cujas ações prejudicaram outras pessoas aqui na Terra permanecem com seus afins até que passem por uma reforma íntima. Estou convencida de que essa é uma das razões pelas quais os espíritos querem se comunicar por meio dos médiuns. Eles têm a oportunidade de assumir a responsabilidade por suas ações diante daqueles que ficaram na Terra.

Ao pensar sobre isso, lembrei-me do espírito de um padrasto chamado Frank, que apareceu para sua enteada, Sarah, durante uma sessão em grupo. Frank pediu permissão para falar com Sarah. No início, eu não sabia com certeza se ela ia concordar. A moça se encolheu na cadeira, assumindo quase uma posição fetal. Frank, um homem alto, com cabelos louro-avermelhados e olhos azuis, disse a Sarah que lamentava muito o modo como a tinha tratado. Ele podia ver agora que estava errado e tinha que encarar a si mesmo e suas atitudes. Frank estava segurando um bebê que ele me disse ter sido abortado. E não parava de repetir:

— Eu sinto tanto!

Sarah aceitou o arrependimento de Frank. Seu corpo começou a relaxar e ela se sentou firme e ereta na cadeira.

Posteriormente, eu soube que o padrasto de Sarah tinha abusado sexualmente dela dos 12 aos 16 anos. Ela tinha engravidado e abortado o bebê. Vários meses depois da mensagem do padrasto, o marido de Sarah me deixou um recado pela minha assistente. O marido dela era um homem grande, alto e musculoso. Sua estatura é um pouco intimidante, ele é definitivamente alguém que você não quer ter como inimigo. Ele disse à minha assistente que Sarah passou a ser uma pessoa diferente depois de receber a mensagem do padrasto. A lembrança sombria do abuso que a assombrara durante anos finalmente tinha deixado de afetá-la. Sarah não só conseguia ver a vida de um modo diferente, como não tinha mais medo de encontrar o padrasto no mundo espiritual. Então, com lágrimas nos olhos, esse homem grande e poderoso disse à minha assistente que, mesmo que eu não fizesse mais nada de bom aqui na Terra, eu já tinha ganhado minhas asas de anjo. Toda manhã verifico no espelho para ver se as asas estão nascendo. Até o momento, não vi nem mesmo uma pena. Acho que isso significa que meu trabalho não acabou ainda.

Há "panelinhas" no céu?

Felizmente, o céu não é como a escola, onde atletas e líderes de torcida formam grupinhos e andam juntos. Não existem turmas às quais todo mundo quer pertencer. O céu é um lugar onde tudo o que você tem é a pessoa que você é de verdade. A ironia disso é que aqueles que vivem nas vibrações mais elevadas do mundo espiritual não estão interessados em ostentar sua posição. Na verdade, quanto mais nos elevamos no mundo espiritual, menos interessados ficamos em exibir nossos títulos e posições.

Existe essa coisa de "status" no céu?

Digamos que ter uma conta bancária polpuda na Terra não lhe garante um bom lugar no céu. Nossa reserva é garantida pela totalidade dos nossos pensamentos, palavras e ações no plano terreno. Os símbolos de status que valorizamos aqui, como mansões e carros luxuosos, estão ao nosso alcance no mundo espiritual, mas são expressões do pensamento e não é preciso batalhar para ganhá-los. Pense nisso desta maneira: o mundo espiritual é como o reflexo de um resort de luxo num lago cristalino nas montanhas. O que é grande e caro em terra firme é invertido e paira na superfície; parece real, mas não é. Morrer é como mergulhar no reflexo das coisas terrenas. Viver no mundo espiritual é como imergir nas águas refrescantes do amor, da paz e da alegria enquanto se desfruta do reflexo das coisas de que se gostava aqui na Terra.

E se eu ficar no limbo? Ou me desviar e acabar indo para o inferno? Vou conseguir encontrar o caminho do céu?

O bom é que você não precisa de um GPS para encontrar o seu caminho para o céu, mesmo que aqui na Terra nunca saia de casa sem ele! Você não precisa se preocupar porque os familiares e guias espirituais servem como um comitê de boas-vindas celestial. Ninguém morre sozinho nem jamais é abandonado.

Mas isso não quer dizer que não exista um estado equivalente ao "limbo". Alguns espíritos se veem nessa situação por causa de suas próprias crenças sobre a morte, assim como por sua recusa em deixar para trás emoções intensas como raiva, culpa e condenação. Eu conheci até mesmo espíritos que se recusam a aceitar que estão mortos! Isso parece mais frequente em situações em que o espírito não teve a chance de ver seu corpo espiritual se separando do corpo físico. Mas não deixe que isso o assuste, porque os médiuns ajudam os espíritos no "limbo" com o que chamamos de "grupos de socorro", um esforço cooperativo entre médiuns na Terra e guias espirituais no pós-vida. É mais fácil pensar nesses grupos de socorro em termos de viagens aéreas. Quando um passageiro chega a um grande aeroporto internacional, ele pode ficar um pouco confuso e desorientado. Pessoas de todos os países estão andando por seus corredores e seguindo para lugares diferentes. Se ele não vir um parente ou amigo no portão de desembarque (ainda que essa pessoa esteja lá, esperando), o passageiro pode começar a perambular por ali e tentar descobrir para onde ir orientando-se pelas placas do aeroporto. No entanto, o idioma é diferente nesse país estrangeiro e ele não entende o que as pessoas estão lhe dizendo. Felizmente, com um médium presente servindo como intérprete, o idioma do espírito começa a fazer sentido. Os guias espirituais são como funcionários *vips* do aeroporto, que indicam aos passageiros o portão de embarque onde vão pegar sua conexão. Esses guias também livram o passageiro da sua bagagem, pois ela não é mais necessária.

Existe, no entanto, mais uma coisa para se ter em mente quanto à transição entre os mundos. Nossa experiência de morte muitas vezes pode ser influenciada pelos nossos últimos pensamentos em vida. Existe uma crença budista segundo a qual a maneira como alguém inicia a vida após a morte é *determinada* pelo seu último pensamento. Os espíritos sempre enfatizam a importância desses últimos pensamentos (os nossos e os das pessoas à nossa volta). Um jovem que sofria de leucemia me disse que ouviu um cântico quando estava morrendo. Seus últimos pensamentos foram o amor de Deus e que ele estava passando para o mundo espiritual em harmonia. A mãe dele confirmou que vários membros do coro da sua igreja estavam cantando hinos do lado de fora do seu quarto de hospital. Como o filho estava inconsciente no momento da morte, ela não achou que ele pudesse ouvir a música. Mas o fato de o corpo não poder expressar a consciência não significa que o espírito não esteja plenamente consciente. Todas as palavras de amor e pensamentos que compartilhamos com aqueles que estão morrendo os ajudam muito mais do que imaginamos.

Até mesmo as pessoas que morrem em circunstâncias extremas são auxiliadas pelo amor que receberam durante a vida. Lembro-me de conversar com uma jovem que morreu em circunstâncias muito difíceis, aos nossos olhos, porque foi estuprada e assassinada. Ainda assim, quando se comunicou com seus pais, ela disse que a experiência de morrer era como um sonho. A única coisa real para ela no momento da morte era o amor que sempre recebera da família e o rosto da avó, que esperava por ela do outro lado.

Quando comecei a trabalhar como médium, deparei-me com uma frase, do dramaturgo inglês Philip Massinger, que inspirou minha vida e meu trabalho. Ele escreveu: "A morte tem mil portas para que a vida saia. Eu vou encontrar uma". O que eu percebi durante a minha busca por essa porta é que a morte também tem mil portas para que a vida *entre*. Os últimos pensamentos são como chaves para as mil portas. Com chaves de amor, alegria e paz nas mãos, a porta para o inferno não pode ser aberta por engano, porque as chaves simplesmente não se encaixam na fechadura.

Sinopse Espiritual

Pode ser devastador perder alguém que amamos, especialmente se a morte chega sem aviso. Quando um filho morre, a perda pode parecer insuportável e as perguntas são inúmeras. Como posso continuar vivendo sem meu filho? Ele está bem? Existe mesmo vida após a morte? Ou ele se foi para sempre? As crianças desencarnadas tentam aliviar a nossa dor enviando suas mensagens para nos tocar com o seu amor. Dando-nos um vislumbre da eternidade que todos nós conheceremos um dia, as crianças desencarnadas nos apresentam um mundo onde a vida é vivida sem limitações de tempo, idade, dor ou deficiência.

2

Brincando com os espíritos

Quando a comunicação espiritual acontece (e quando não acontece)

Mensagens dos Espíritos

"Eu gosto de brincar com você." (Declaração feita a mim pelo espírito de um menininho de 4 anos de idade, que "se sobressaiu" durante um evento em grupo.)

Pensamentos dos Espíritos

Jogando conforme as regras

Uma das razões por que eu gosto de me comunicar com espíritos de crianças é que elas gostam de brincar. O que eu aprendi, porém, é que elas nem sempre gostam de respeitar as regras.

Quando digo regras, refiro-me aos procedimentos que meus amparadores espirituais e eu seguimos para que a comunicação aconteça sem problemas. Falar com os espíritos é um processo organizado. Isto é, até as crianças aparecerem.

Assim como tenho assistentes que providenciam as cadeiras e verificam a entrada dos participantes nos eventos, tenho amparadores que fazem o mesmo no plano espiritual. Quando estou prestes a começar um evento, faço uma oração e me comunico com esses amparadores. Eles colocam os espíritos em fila, de maneira organizada. Então, quando chega a hora, eles dirigem minha atenção para o espírito seguinte na fila. O espírito fica perto ou atrás de uma pessoa na plateia. Esse sistema funciona muito bem. Sem organização, o evento seria caótico. Os espíritos disputariam a minha atenção e gritariam ordens como corretores da bolsa de valores. Eu ficaria desorientada com a cacofonia de vozes e seria incapaz de discernir mensagens claras transmitidas por qualquer um deles.

Bem, às vezes os espíritos de crianças simplesmente não gostam de esperar na fila.

Em uma sessão com um grupo pequeno, quando estávamos prestes a terminar, o espírito de um menino que parecia ter cerca de 4 anos começou a correr em círculos bem no centro da sala. Ele não estava fazendo nada que os espíritos bem-comportados fazem, como ficar atrás da pessoa que era seu parente ou se manter calado até que um amparador espiritual lhe desse permissão para falar. Eu não sabia o que fazer com esse pequenino, então perguntei do que *ele* mais gostava.

— Eu gosto de ir ao zoológico.

Ora, ora. Já era um começo.

— Há alguém aqui com quem você costuma ir ao jardim zoológico? — perguntei. (Achei que estava sendo muito inteligente e conseguiria descobrir quem era seu parente a partir da resposta que ele me daria.)

— Um menino da minha classe — ele respondeu. Isso não me ajudou muito.

Por fim, simplesmente comecei a descrevê-lo ao grupo, esperando que alguém o identificasse. Nenhuma resposta. Em meio à sua correria ao redor da sala, ele me deu dois nomes, Jared e Sarah. Uma senhora no grupo animou-se.

— Meus filhos se chamam Jared e Sarah — disse ela.

Então todos os fragmentos de informação começaram a fazer sentido. O filho dela, Jared, tinha visitado pouco tempo antes o zoológico com sua classe. Dois anos antes, um amigo de Jared, seu colega de classe, tinha morrido. Desde essa ocasião, Jared dizia à mãe que seu amigo ainda vinha brincar com ele. A mãe tinha presumido que o amigo de Jared era imaginário. Mas naquele dia descobrimos que o amigo de Jared era qualquer coisa, *menos* "imaginário". Um pouco antes de terminar o evento, recebi um dos meus maiores elogios. Esse menino, que não tinha parado de correr desde o momento em que apareceu, fez uma pausa e disse:

— Eu gosto de brincar com você.

Mentalmente respondi:

— Gosto de brincar com você também.

Embora as crianças nem sempre gostem de brincar respeitando as regras, como médium, é importante saber quais são as regras. Existem três níveis a considerar:

1. As leis gerais do universo, que também regem a comunicação espiritual.
2. As regras funcionais, que garantem uma boa conexão com os espíritos.
3. As diretrizes que cada médium estabelece para ajudar a tornar a comunicação espiritual confiável.

Isso é mais fácil de entender se pensarmos em termos do sistema de governo americano. Nos Estados Unidos, existem leis federais que regem todos os cidadãos do país; leis estaduais, aplicadas somente dentro dos limites de cada estado; e as municipais, que são aplicadas em regiões menores. Em nenhum momento uma lei estadual ou municipal pode contrariar uma lei federal. Por exemplo, Indiana, Flórida e Nova York não podem de repente decidir que, em seus estados, todos os motoristas devem dirigir do lado esquerdo da pista. O caos reinaria. No entanto, os estados têm soberania em outros assuntos.

Como médium, se eu for contra as leis gerais do universo, o caos irá reinar em minha vida porque, de certo modo, estarei dirigindo na contramão. Eu já tive nos meus cursos de desenvolvimento muitos médiuns que passaram por isso. Felizmente, depois que a pessoa aprende as leis e se dispõe a cumpri-las, a ordem é restabelecida.

Nessa analogia, as leis estaduais seriam as regras físicas para a conexão com os espíritos. Isso inclui as maneiras práticas pelas quais todos os médiuns veem, ouvem e sentem cheiros e gostos que passam despercebidos à maioria das pessoas.

As leis municipais são as diretrizes que cada médium estabelece com seus amparadores espirituais, como um instrumento organizacional e de taquigrafia para facilitar o processo de comunicação.

Uma das maneiras pelas quais os médiuns aprendem as regras, leis e diretrizes da comunicação espiritual é conhecendo outros médiuns e participando de grupos de desenvolvimento. Antes de começar a transmitir mensagens para grupos, eu assistia a essas reuniões toda semana. Fiz isso durante *anos*.

Quando os espíritos finalmente acharam que eu estava preparada para trabalhar com o público, pediram-me que fizesse uma apresentação numa organização metafísica em Anaheim, na Califórnia. A noite transcorreu muito bem e fiquei muito animada porque a mesma organização me pediu que voltasse.

Na reunião do grupo de desenvolvimento da semana seguinte, agradeci aos amparadores espirituais por tudo o que tinham feito por mim durante o evento. Disse que não via a hora de colaborar com eles novamente. Nesse ponto, várias pessoas na sala receberam mensagens dizendo que um auxiliar espiritual estagiário ia colaborar comigo no evento seguinte.

— Um *estagiário*?! — eu praticamente gritei. — Preciso de um profissional!

A ideia de ficar na frente de um grupo de pessoas com um amparador espiritual que tivesse tão pouca experiência quanto eu não me parecia *nada* animadora.

Depois que me acalmei, um médium do grupo me transmitiu outra mensagem dos espíritos.

— Confiança — disseram eles.

Um membro do grupo de desenvolvimento me deu uma pulseira de identificação com essa palavra gravada. Usei essa pulseira diariamente nos dois anos seguintes. Com o tempo, aprendi a confiar na minha ligação com os espíritos.

Quero deixar bem claro que não se trata de uma confiança *cega*. É, isto sim, uma confiança cultivada ao longo de muitos anos de relacionamento com aqueles que vivem no mundo invisível. Eu e os espíritos que se comunicam comigo trabalhamos juntos na criação das diretrizes que norteiam a comunicação espiritual. A consequente confiança na informação que recebo me permite manter uma posição firme, independentemente de a pessoa para quem estou transmitindo a mensagem compreendê-la ou não.

Céticos de plantão

Tim era um homem de presença marcante. Quando entrou no escritório para uma sessão, percebi que tinha o andar seguro de alguém que consegue tudo o que quer. Sua esposa, Barbara, o seguiu em silêncio e ambos se sentaram. Enquanto eu explicava rapidamente como os espíritos trabalham comigo, pude sentir a presença do espírito de um jovem. Ele se identificou como filho deles. A cada fragmento de informação que eu recebia, Barbara dizia "sim" ou indicava com a cabeça que entendia o que seu filho estava comunicando por meu intermédio. Tim, por outro lado, ficou o tempo todo sentado de braços cruzados.

Até então, o filho deles não tinha me informado seu nome. Ele havia fornecido detalhes da sua vida, incluindo uma descrição do uniforme que usava na pizzaria em que trabalhava depois da escola. Quando estávamos aproximadamente na metade da sessão, Tim me interrompeu bruscamente e disse:

— Será que ele pode lhe dar um nome?

Quase imediatamente, o nome Michael pipocou na minha cabeça. Quando eu disse o nome, Tim respondeu:

— Eu não acredito. O outro médium que fomos ver nos deu esse mesmo nome, Michael.

Tim então me disse o nome do outro médium que tinham consultado, um profissional respeitado que eu conhecia pessoalmente.

— Por que você não pode nos dar o nome do nosso filho ou pelo menos o nome do seu melhor amigo? — Tim perguntou.

Em resposta, ouvi o filho deles dizer:

— Aguardem. Vocês saberão o que isso significa dentro de alguns dias.

Então o filho riu no meu ouvido, mas eu não consegui entender o que havia de engraçado em sua mensagem. Por que um filho amoroso transmitiu a dois médiuns um nome que não fazia nenhum sentido ao pai?

No fim de semana seguinte, quando passei os olhos pela plateia de um evento aberto ao público, vi Tim sentado na terceira fileira. A esposa, Barbara, não estava. *Lá vem problema*, pensei. Durante a noite, não recebi nenhuma mensagem para Tim. Nem o vi levantar a mão para fazer alguma pergunta. Quando o evento acabou, preparei-me para ir embora. Mas quando ia sair pela porta, vi Tim caminhando na minha direção. Ele parecia determinado, e eu me preparei para um encontro desagradável.

— Hollister, você não vai acreditar — disse ele. — Convidei alguns amigos do meu filho a irem lá em casa ontem à noite para comer uma pizza.

Então ele fez uma pausa dramática.

— Os garotos começaram a falar sobre a pizzaria, e o melhor amigo do meu filho perguntou: "O que aconteceu com o Michael, que trabalhava no meu turno? Ele anda sumido".

Ficamos ali em silêncio por um momento e então Tim disse:

— Era o meu filho tentando me fazer acreditar.

O filho de Tim tinha feito uma brincadeira e usado dois médiuns para ajudá-lo nisso! Comunicou ao pai, um cético, que estava por perto e brincou com ele assim como tinha feito muitas vezes antes de morrer. Naquela noite, antes de ir para a cama, dei risada da coisa toda. Como eu já disse, os jovens desencarnados nem sempre respeitam as regras!

Um dos meus maiores desafios como médium é controlar as expectativas das pessoas que me procuram. Muito cedo aprendi que todo mundo que procura um médium tem um propósito.

Esse propósito pode ser uma simples curiosidade, ou um plano para provar que a comunicação espiritual é pura bobagem, ou um desejo desesperado de fazer contato com um filho ou filha. Portanto... Eu tinha que fazer uma escolha. Deveria me preocupar com os objetivos das pessoas, que podiam ser bem diferentes? Ou trabalhar com as leis espirituais, que são de uma ordem mais elevada? Optei por seguir as leis do mundo espiritual.

Essa escolha, no entanto, não me isenta de ter de lidar com aqueles que questionam se é mesmo possível falar com os espíritos.

Quando eu era menina, pessoas bem-intencionadas, que agora sei que também eram céticas e temerosas, diziam que eu estava imaginando coisas quando contava que havia espíritos no meu quarto à noite. No entanto, os espíritos não pareciam se importar se as pessoas pensavam que eles eram reais ou não. Eles apenas continuavam vindo, noite após noite, de qualquer maneira. Por fim, depois de muitos anos de experiências espirituais, fiquei mais confiante para apresentar a realidade do mundo espiritual, apesar do ceticismo daqueles que não viam espíritos.

Depois que comecei a aparecer publicamente como médium, encontrei em meu trabalho um ceticismo ainda mais amplo, que, algumas vezes, levou-me a dramáticos confrontos com os céticos. Lembro-me claramente de um caso em Santa Monica, na Califórnia, que ocorreu no início da minha carreira. Muitos espíritos apareceram para pessoas da plateia naquela noite. *Tudo está indo bem*, pensei, até que uma mulher de cerca de 35 anos de idade, com longos cabelos negros, levantou-se no fundo da sala e gritou:

— Nada que eu vi aqui hoje me prova que existe vida após a morte ou que você pode falar com os mortos!

Ela parecia ter tanta raiva que seu rosto estava vermelho e seus olhos me fulminavam. Antes que eu pudesse responder, outra jovem no meio da multidão se levantou, virou-se, encarou a mulher e disse:

— Ela me disse [apontando para mim] em outro evento que minha mãe estava arrependida por ter tirado a própria vida quando eu tinha 2 anos de idade. Ela também me disse que minha mãe estava me incentivando a superar a depressão para eu poder fazer escolhas diferentes. Eu disse a ela [apontando para mim de novo] que ela estava errada, porque minha mãe morreu de câncer de ovário. Mas, quando falei com minha avó, ela confessou que minha mãe havia se suicidado. Minha mãe me apareceu num sonho e eu sei que ela vai me ajudar. Então não me diga que não existe vida após a morte ou que ela [apontando para mim mais uma vez] é uma fraude.

Essas palavras ficaram pairando no ar como roupas penduradas no varal para secar. Refletindo mais tarde, constatei que duas pessoas, mesmo diante das mesmas provas, podem chegar a conclusões diferentes, dependendo das crenças a que estão arraigadas. A mudança de perspectiva é muitas vezes o resultado de um encontro direto e pessoal com o espírito de um ente querido. Ele não vem necessariamente por meio de uma consulta ou observação apenas.

Essa experiência certamente me ajudou a enfrentar os céticos com mais segurança em meu trabalho como médium, mas nada poderia ter me preparado para encontrar um espírito cético. Isso mesmo, até mesmo os espíritos podem ser céticos, às vezes, como eu mesma descobri! Sempre acreditei que, se um espírito estava falando comigo, era porque ele acreditava na comunicação espiritual. Mas isso não é necessariamente verdade. Anos atrás, em um evento pequeno, o espírito de um pai disse à filha:

— Eu não faria isso nem *morto* [ou seja, comunicar-se por meio de um médium].

A filha riu, dizendo que o pai tinha sido muito cético e achava o interesse da filha por videntes e médiuns uma bobagem. Eu respondi ao espírito do pai:

— Senhor, lamento informar que o senhor não só está morto, mas está falando com uma médium.

Ele, então, começou a discutir comigo.

— Eu não estou *morto*! — ele retrucou.

E eu tive que admitir que até certo ponto ele estava certo.

Curiosamente, ainda não encontrei um jovem desencarnado que fosse cético. As crianças e adolescentes dão a impressão de que viver no céu é algo natural para eles. Quanto mais tempo vivemos na Terra, mais fácil é esquecer que, a princípio, viver *aqui* não é natural. Nós tivemos que aprender a comer, a andar, a ler e escrever, em outras palavras, a viver em um corpo. Uma tarde, enquanto eu observava uma criança andando com o avô, notei que eles tinham *exatamente* o mesmo andar vacilante e desequilibrado. Ocorreu-me que, enquanto um estava se acostumando a ter um corpo, o outro estava se preparando para deixar para trás as suas limitações.

A ciência do pós-vida

A popularidade crescente da comunicação espiritual tem atraído o interesse da comunidade científica. Um novo ramo da investigação científica, chamado de "ciência do pós-vida", está se alicerçando em universidades de todos os Estados Unidos. Não desconheço a maneira que a ciência aborda a vida porque meu pai era professor de Ciências. Ele dedicou sua vida à educação dos jovens nas ciências naturais. Fiz muitas caminhadas em meio à natureza com ele, nas quais tomava consciência dos ciclos da vida e observava a vida selvagem em seu hábitat. Meu pai me ensinou a observar, a ter paciência e a aplicar os fatos e o pensamento crítico a qualquer situação que eu não entendesse. Não é de surpreender, portanto, que a influência do meu pai tenha me levado não só a me comunicar com os espíritos mas a entender o que estou fazendo para que possa ensinar outras pessoas a fazer o mesmo.

Esse interesse pela ciência levou-me a apresentar as minhas descobertas e experiências em workshops, simpósios e conferências com cientistas e pesquisadores da vida após a morte, em Nova York, Califórnia e Nevada. Uma pesquisadora que vim a conhecer e respeito muito é Dianne Arcangel, ex-capelã e diretora do Elisabeth Kübler-Ross Center, de Houston, no Texas. Autora de *Afterlife Encounters*, ela reuniu uma base de dados de 16.500 relatos de testemunhas oculares de contatos espirituais ocorridos com pessoas comuns.

Durante uma conferência de fim de semana em que éramos palestrantes, Dianne subiu ao palco primeiro, para apresentar suas pesquisas e discutir um projeto em que ela estava estudando os tipos de personalidade do mundo espiritual com mais probabilidade de se comunicarem. Nesse ponto, eu saltei da cadeira e exclamei:

— Esta é uma *ótima* notícia! Os espíritos estão sendo testados, não os médiuns!

Às vezes meu entusiasmo é difícil de conter, mas eu estava eletrizada com o fato de que agora os estudos estavam abrangendo até o aspecto espiritual da comunicação. Depois da minha explosão, aceita calmamente por Dianne, ela continuou a apresentar suas descobertas. Essa pesquisa indicava que as pessoas com uma forte presença pessoal e sensibilidade criativa durante a vida terrena tinham mais propensão para se comunicar com o mundo terreno com mais facilidade. Para a maioria dos médiuns, isso confirma o que já sabíamos, tanto instintivamente quanto na prática. Em minha experiência como médium, vi mais de um evento ser monopolizado por um espírito com uma forte presença pessoal que queria expor o seu ponto de vista... várias e várias vezes.

Terminada a palestra de Dianne, era minha vez de fazer uma apresentação experimental de comunicação com os espíritos, transmitindo mensagens de entes queridos falecidos. Antes de me levantar, pedi aos espíritos que usassem a sessão como uma oportunidade para ensinar, visto que esse era o tema da conferência. Depois de mostrar ao grupo maneiras práticas de melhorar a própria conexão com o mundo dos espíritos, chamou a minha atenção o espírito de uma senhora oriental, de estatura pequena, em pé na frente do palco. Quando viu que percebi sua presença, ela começou a correr pelo corredor lateral da plateia, até a parte de trás do auditório. No início, pensei que ela ia sair pela porta, mas, em vez disso, parou ao lado de um homem sentado na última fileira. Quando estava lá, ela me deu a sensação de "mãe" e de que estava muito animada por ser capaz de correr. Quando passei essa informação ao homem lá do fundo, ele confirmou que sua mãe era uma mulher de compleição pequena, que vivera presa a uma cama durante seis anos, antes de morrer. Ele costumava levá-la no colo de um cômodo a outro. Em seu leito de morte ela lhe dissera que não via a hora de poder correr de novo no céu. Enquanto eu falava com essa senhora encantadora, ela me transmitiu a palavra "jasmim". Quando mencionei isso para o homem, ele disse que não fazia ideia do que significava. Ela não me deu mais nenhuma informação, então eu disse a ele que talvez alguém na família pudesse lhe explicar o que aquilo significava. Fizemos uma pausa, em seguida, para um breve intervalo.

Quando eu estava prestes a continuar a transmitir as mensagens de espíritos, o homem da última fileira se levantou e disse:

— Durante o intervalo, liguei para minha irmã para ver se ela sabia o que significava "jasmim". Minha irmã me disse que "jasmim" é a tradução do nome chinês de minha mãe.

O silêncio reinou na plateia enquanto ele continuava:

— Quando ouvi a cientista dizer que as pessoas mais sociáveis têm mais facilidade para se comunicar, achei que nunca iria ouvir uma mensagem da minha mãe, pois ela era uma pessoa muito quieta e extremamente tímida.

Naquele momento, sua voz fraquejou e ele não conseguiu continuar. E foi bom. Todos nós estávamos um pouco emocionados. O que essa mãe amorosa tinha mostrado a todos nós era que não se devem fazer generalizações com respeito à comunicação espiritual. O amor de uma mãe pelo filho pode ir contra todas as estatísticas. Como eu estava prestes a descobrir durante as sessões daquele dia, o amor de um filho pela sua mãe e o de um irmão pela irmã também podem ir além das fronteiras da morte e vencer qualquer ceticismo.

História anônima

Parei de escrever este capítulo um pouco antes do horário habitual para atender alguns clientes. Quando olhei a agenda, um compromisso chamou minha atenção. Alguém "anônimo" tinha agendado uma sessão por telefone às onze da manhã. *Que ótimo*, pensei. *Outro anônimo*.

Como médium, às vezes cansa viver passando por "testes", especialmente porque não se trata de um teste no sentido real da palavra — ou seja, um experimento realizado em um laboratório sob condições controladas. Um amigo uma vez me disse:

— Você tem que provar para si mesmo todos os dias que é médium.

Embora seja verdade, há um engano nessa maneira de pensar, pois a comunicação espiritual não depende exclusivamente do talento do médium. Como Dianne Arcangel explicou, as capacidades dos espíritos para se comunicar também contam. E o mesmo se pode dizer da atitude, do sistema de crenças e do estado emocional da pessoa que recebe a mensagem. A comunicação espiritual é um esforço conjunto por parte de todos os envolvidos.

O telefone tocou um minuto antes do horário programado. Meu cliente anônimo desta vez era uma mulher. Comecei a sessão como qualquer outra, ou seja, com uma oração. Então senti os espíritos à minha volta. Predominava a energia de dois homens: um mais jovem e o outro com um pouco mais de idade. O mais jovem me deu dois nomes, "Jason e Brian". Minha cliente anônima disse que Jason era o nome do melhor amigo do mais jovem, mas que ela não conhecia o nome "Brian". O jovem me deu o início de outro nome, "Ly". A anônima disse que o irmão do jovem chamava-se Lyle Brian. Ela não reconheceu o nome Brian quando ele apareceu porque não era o nome pelo qual ela o conhecia. Depois de uma pausa, ela disse:

— Acho interessante essa prova ter vindo bem no início da sessão.

O mais jovem era filho dela. Eu estava quase certa de que o outro homem era seu irmão, e isso se confirmou quando ele me disse que seu senso de humor era como um cartum de Gary Larson e que a irmã sabia exatamente o que isso significava. A cliente anônima perguntou:

— Gary Larson é o cartunista que escreveu *The Far Side*? Se for, é curioso porque eu estava encomendando esse livro um pouco antes da minha sessão com você.

Foi assim que transcorreu a sessão. Os espíritos disseram algo e a cliente achou interessante. O irmão falou em adoção. Sim, eles tinham sido adotados. Contou algo sobre as tentativas dela para encontrar a mãe biológica. Também me contou que ele estava lá com alguém que tinha se suicidado. Sim, o filho dela tinha se suicidado. O filho falou sobre o interesse que ele tinha pela ciência da comunicação com os espíritos e mencionou que estava lendo livros com ela sobre o assunto. Felizmente, todas as informações estavam corretas e de fato eram interessantes.

No fim da nossa sessão, contei para a minha cliente, que a essa altura já tinha me dado o seu primeiro nome, que eu estava escrevendo sobre ceticismo e ciência um pouco antes da nossa sessão.

— Interessante — foi sua resposta.

Interessante mesmo, pensei. Só de uma coisa eu tinha certeza: a ironia não tinha passado despercebida pelo filho e o irmão dela. Como essa experiência mostra, às vezes as sessões que eu faço mais parecem um cartum bem-humorado do que comunicação com os espíritos.

Abrindo as comportas

Vários anos atrás, fui convidada a fazer uma palestra em um evento patrocinado por uma organização de apoio a pessoas que perderam um filho. Depois de ser apresentada, fiquei de frente para a plateia. Mantive-me em silêncio e a plateia também. De imediato, duas coisas me impressionaram: a energia, palpável e densa de sofrimento que se irradiou para mim e quase me derrubou e o fato de eu não conseguir ver nenhum espírito em meio a todos aqueles rostos.

Eu lembrei a mim mesma de respirar. "Vamos lá", eu disse mentalmente a qualquer espírito que pudesse estar ouvindo. "Não podemos decepcionar essas pessoas." Foi então que percebi um grupo deles em torno da sala. Havia crianças de todas as idades em fila junto à parede. Ali havia tantos espíritos, na verdade, que eu só conseguia distinguir os contornos da maioria. Eu olhei para eles. Eles olharam para mim. Em silêncio.

Já me perguntaram se fico com medo ao fazer esse trabalho. Sim, eu fico, mas só quando os espíritos não falam comigo. Essa foi uma dessas ocasiões assustadoras.

Eu realmente não sabia o que fazer. Essas crianças não estavam seguindo as minhas regras.

Passei os olhos pela multidão mais uma vez e vi o espírito de um senhor idoso de pé atrás de um homem da plateia. *Ufa*, pensei. *Pelo menos temos por onde começar*. O cavalheiro se identificou como o pai do homem sentado diante de mim. Ele me deu informações sobre si próprio e sobre a família. Na minha tela mental, ele me mostrou uma foto de si mesmo segurando um bebê nos braços e me transmitiu um nome, Jenny. O homem na plateia confirmou que ele realmente tinha uma foto de seu pai segurando a filha, Jenny, nos braços logo depois de ela ter nascido. O espírito do senhor idoso continuou:

— Eu quero que você saiba que ainda estou segurando Jenny em meus braços. Você achou que ela tinha morrido porque não foi capaz de protegê-la.

O homem na plateia parecia não conseguir recuperar o fôlego. Ele finalmente respondeu:

— Quando Jenny morreu, pedi ao meu pai que cuidasse dela no céu. — Agora ele parecia estar lutando para conseguir falar. — Porque eu não fui capaz de protegê-la.

Durante toda a noite as mensagens foram semelhantes. Pais devastados foram consolados pelos espíritos de pais e parentes, muito embora as crianças desencarnadas ainda cercassem a sala em silêncio. A dor dos pais sentados à minha frente começou a ficar mais amena, mas ainda parecia sólida. Na minha mente, tive a visão de um dique contendo a água, mas prestes a romper e inundar a todos nós. Havia buracos no dique, mas ele ainda resistia. Naquele momento, não entendi o significado do que estava vendo.

No fim da noite, saí exausta. Como o pai que achava que não tinha conseguido proteger a filha, eu me sentia como se não tivesse conseguido conectar os pais com seus amados filhos desencarnados.

Na manhã seguinte, durante o meu período de oração e meditação, eu chorei.

— O que aconteceu? — perguntei aos meus amparadores espirituais. — Como posso servir melhor aos espíritos?

A resposta que recebi veio de duas maneiras. A primeira foi a visão do mesmo dique que eu tinha visto na noite anterior. Ele estava intacto a princípio, depois a água começou a vazar através de alguns buracos causados pela pressão da água. Passado um tempo, a força da água era tão grande que ela conseguiu romper o dique e correu na minha direção numa velocidade e intensidade apavorantes. Foi uma visão aterradora, mas chamou minha atenção. Mesmo assim, ainda não conseguia entendê-la completamente. Então eu me sentei e esperei. A resposta veio num flash.

Quando alguém que amamos morre, é como se a morte criasse um muro ou dique intransponível, que nos separa de todos, de tudo e até da própria vida. No entanto, não é a morte que cria esse muro, nem a parede é tão sólida que não possa ser transposta pelos espíritos. É o nosso sentimento de perda, de raiva, de fracasso e de culpa com relação à morte da pessoa que adiciona montes de terra ao dique, fazendo com que ele pareça ainda mais espesso do que realmente é. Sim, perder alguém que amamos causa sofrimento. O que acreditamos sobre a maneira como morreram também contribui para esse sofrimento, até que ele se torna tão difícil que às vezes é quase impossível para os espíritos rompê-lo. Mas as coisas não têm que ser assim.

Às vezes, uma comunicação espiritual singular pode fazer buracos em nossos diques de dor; outras vezes é preciso o efeito cumulativo de vários buraquinhos para romper o dique, de modo que os espíritos possam nos inundar com seu amor. E, naturalmente, há aqueles momentos em que o dique se mantém firme por muito tempo.

Em seguida, meus amparadores me mostraram uma imagem de todas as crianças da noite anterior, que tinham ficado em fila junto à parede da sala.

— Elas *optaram* por permanecer em grupo junto à parede — os amparadores me disseram. — Sabiam que, se apenas algumas delas falassem com os pais, os outros achariam que os filhos não os amavam o suficiente para vir.

Em vez disso, permitiram que as mensagens dos avós iniciassem o processo de provocar buracos no dique para que, com o tempo, o amor dos filhos pudesse chegar aos pais.

Por um momento, fiquei pensando na sabedoria dos filhos. As crianças do mundo espiritual estão dispostas a jogar o jogo do amor de maneiras inesperadas porque sabem que, no fim, vão ganhar.

Respostas dos Espíritos

Quando está trabalhando como médium, você realmente vê os espíritos? Você os ouve falando?

Quando era mais jovem, e também quando comecei a trabalhar como médium profissional, os espíritos que eu via eram muito nítidos, muito reais. Eu conseguia descrevê-los dos pés à cabeça. Depois de alguns anos fazendo esse trabalho, meus guias e os espíritos desenvolveram uma forma de trabalho mais abreviada, para que eu pudesse me conectar especificamente com os entes queridos das pessoas que vinham me consultar. Acho que fizeram isso, em parte, porque descobriram como usar a energia de maneira eficiente e eficaz para comunicar determinadas características e, ao mesmo tempo, para preservar minha energia para o meu próprio bem-estar.

Vou dar um exemplo de como os espíritos trabalham comigo agora. Num evento em grupo em Maryland, o espírito de uma jovem me mostrou uma imagem de belos olhos azuis, um sorriso perfeito... e um troféu. Eu não via seu rosto inteiro. Quando mencionei essa imagem para a mãe, ela me disse que sua filha tinha ganhado um troféu na escola por ter os olhos e o sorriso mais bonitos da escola. Nesse caso me foi mostrado apenas o que era importante para identificar a jovem.

Durante os eventos, meus olhos físicos podem captar um movimento ou uma impressão de um espírito de pé perto de uma pessoa ou de um grupo. Em vez de se manifestarem plenamente ao lado de seus entes queridos, os espíritos usam o que chamo de "tela da minha mente" para projetar imagens e símbolos que são pontos significativos de identificação. Em algumas situações, posso realmente ter uma visão semelhante a um curta-metragem. Quando tenho uma visão, de fato presto atenção, porque, para mim, as visões muitas vezes representam um conceito maior com respeito à vida aqui e depois da morte.

Os espíritos gostam de usar símbolos para me fornecer informações sobre si mesmos e seus entes queridos. Alguns desses símbolos incluem sinais de pare, o internacional "não" e uma caneca sendo erguida (significando o consumo de álcool). Por exemplo, durante uma sessão com uma mulher e sua mãe desencarnada, o símbolo de casa (que parece uma pecinha de plástico do jogo Monopólio) apareceu sobre a cabeça da mulher. Essa é a maneira abreviada de dizer "você está comprando uma casa ou acabou de comprar uma casa". Quando um espírito me mostra um monte dessas casinhas do Monopólio sobre a cabeça de uma pessoa, muitas vezes significa que ela trabalha no ramo imobiliário.

Eu não poderia começar a fazer um dicionário de todos os símbolos que os espíritos usam comigo. Alguns relatos deste livro mostram como os espíritos usam símbolos para comunicar um conceito ou mensagem.

Estou convencida de que os espíritos usam os interesses e conhecimentos do médium para se fazerem entender também. Por exemplo, minha avó, minha mãe e eu adoramos livros, palavras, palavras cruzadas, quebra-cabeças e coisas assim. Quando os espíritos se comunicam comigo, às vezes tenho uma experiência que chamo de "escrita espiritual no ar", que acontece quando as palavras aparecem escritas ou desenhadas no ar, diante dos meus olhos. Outra paixão minha é a música, por isso os espíritos podem projetar na minha mente títulos de músicas ou me fazer ouvir uma música tocando, como se eu tivesse um iPod embutido no ouvido.

Parte do meu trabalho como médium é perceber os símbolos, visões, escritas espirituais no ar, canções — todos os fragmentos de informação fornecidos pelos espíritos — e juntá-los para formar um quadro completo, reconhecível para as pessoas com quem eles querem tanto se conectar.

Respondendo à pergunta sobre ouvir as vozes dos espíritos, eu diria que, sim, eu ouço as vozes dos espíritos *no ar*. Essa é uma ocorrência muito rara, e acho que posso me lembrar de todas as vezes em que aconteceu. Um desses momentos é relatado neste livro. Em geral, os espíritos falam comigo de outra maneira, que eu chamo de ouvir com o "ouvido interior".

Você pode pensar nisso da seguinte maneira: a maioria de nós tem um constante diálogo interior ao longo do dia. Podemos conversar com os amigos e familiares, e o tempo todo há uma voz interior comentando o que está acontecendo. Eu sou capaz de aquietar o meu diálogo interior e permitir que os espíritos usem esse mecanismo para se fazerem ouvir. Quando "ouço" os espíritos dizendo alguma coisa, pode ser qualquer coisa, desde um nome até algumas palavras e até mesmo uma frase ou sentença inteira. Por exemplo, posso ouvir um nome ou parte de um nome com o meu ouvido interior. Se o espírito não está comunicando um nome inteiro, posso ouvir algo que soa como "Ch-ch-ch", por exemplo, se o espírito está tentando transmitir o nome "Charlie".

Há ocasiões, no entanto, em que o espírito é especialmente hábil para usar a minha mente, e então frases e sentenças *inteiras* são despejadas na minha cabeça. Às vezes, esses pensamentos chegam tão de repente e com tamanha força que parecem gritar no meu cérebro. Nesses casos excepcionais (muitos dos quais relato neste livro), fico impressionada ao ver como essas mensagens são "alheias" a mim mesma e como elas podem ser importantes para muitas pessoas. Eu valorizo esses momentos de clareza impressionante e me esforço para que sejam cada vez mais frequentes.

Os médiuns podem "ligar" e "desligar" sua capacidade de se comunicar com os espíritos, como fazemos com um rádio?

Felizmente, sim. Caso contrário, não poderiam ir ao supermercado, cuidar da própria família ou ir ao cinema sem um bombardeio constante de espíritos. Afinal de contas, existem espíritos ao nosso redor o tempo todo.

O rádio é uma boa analogia. Estamos cercados por ondas de rádio, mas só ouvimos música quando sintonizamos o receptor em certa frequência. Acontece o mesmo com os médiuns. Por exemplo, quando estou fazendo minha lista diária de tarefas, meu cérebro está sintonizado com a estação de rádio da Terra. Quando é hora de me conectar com os espíritos, minhas ondas cerebrais mudam e eu me torno um receptor da estação de rádio dos espíritos. Esses diferentes estados de consciência (ou sintonia) são práticos somente quando usados na hora certa. Quando estou em sintonia com os espíritos, minha capacidade de funcionar no mundo cotidiano é extremamente reduzida. Fico num estado que eu chamo de "fora de órbita". (Alguns poderiam dizer que esse é o meu estado normal, mas não é verdade!) Quando estou "fora de órbita", para mim é difícil dirigir e executar qualquer tarefa que exija cognição. Posso ficar extremamente desorientada. Então, quando estou na mercearia escolhendo repolhos para fazer uma salada perfeita, entro em sintonia com a estação terrena para não ser distraída por todos os espíritos que estão perambulando pela seção de verduras e voltar para casa com uma couve em vez de um repolho. (Não ria, isso pode muito bem acontecer!) Quando, no entanto, é hora de me comunicar com os espíritos, eu saio da sintonia da minha consciência cotidiana (a que paga as contas etc.) e me sintonizo com a estação de rádio dos espíritos (o meu estado "fora de órbita"), para que possa ouvir a música de suas vozes.

Os médiuns ouvem os espíritos enquanto dormem ou só quando estão acordados?

Na verdade, é ainda mais fácil entrar em contato com o mundo espiritual durante o sono, e quando digo isso não estou me referindo apenas a nós, médiuns, mas a todo mundo! Quando estamos dormindo e as preocupações físicas não exigem a nossa atenção, ficamos mais receptivos às experiências que vão além de nós mesmos e das limitações do nosso mundo. Como já contei anteriormente, quando eu era pequena, a noite era o momento em que havia mais espíritos na minha casa. Antes de dormir, nos meus sonhos e um pouco antes de eu acordar completamente, havia espíritos em torno de mim, alguns querendo se comunicar comigo e outros apenas perambulando por ali. Atualmente, com bem poucas exceções, o tempo e o lugar das interações espirituais são planejados e posso ativar a minha receptividade quando necessário e desativá-la quando é hora de descansar. Vou contar mais sobre a conexão com entes queridos desencarnados durante os sonhos no capítulo 10.

Os médiuns conversam com os espíritos ou espera-se apenas que sejam bons ouvintes?

Uma das coisas que mais me agradam com respeito à comunicação espiritual é o fato de ela ser *interativa*. Embora não seja totalmente baseada em conversas, existe uma espécie de "diálogo" telepático entre o médium e os espíritos. Quando estou numa sessão com um cliente, peço que os espíritos me forneçam informações que os identifiquem. Depois que a identidade é revelada, fico aberta para receber mensagens para o cliente. Afinal de contas, uma mensagem só tem valor se soubermos a sua origem. Aqui está um exemplo de uma conversa com um espírito: durante uma sessão por telefone, Boomer, o espírito de um jovem, forneceu detalhes sobre si mesmo (seu nome, seus passatempos favoritos, seu amor pela praia) e sobre sua vida (que escola frequentou, as peças do carro que ainda estavam guardadas na garagem), sua família (a irmã mais nova que ele ainda estava protegendo e um pai que estava sofrendo muito por causa de sua morte) e o novo cão de terapia que sua mãe estava treinando. Ele então me disse que estava na companhia de uma senhora que havia se suicidado. Ao ouvir isso, a mãe dele, do outro lado da linha, respondeu bruscamente:

— Ninguém na minha família se suicidou. Não tenho a menor ideia do que isso significa.

Telepaticamente, eu disse a Boomer:

— Ela não entendeu. Você pode me dar outro dado que possa ajudar?

Naquele momento, o nome Ritchie surgiu na minha cabeça. Eu disse à mãe dele:

— Seu filho me deu o nome Ritchie. — Ela ofegou e disse: — Ritchie é o melhor amigo do meu filho, e a mãe dele se matou há duas semanas!

A mãe de Boomer então me contou que, depois de ouvir sobre a mãe de Ritchie, ela tinha se perguntado se o filho saberia da perda que o amigo sofrera. No entanto, se eu tivesse apenas no modo de escuta durante essa sessão, a mãe de Boomer e eu poderíamos ter perdido a resposta para a pergunta que ela se fizera *antes* de a sessão começar. Boomer tinha ouvido a pergunta da mãe, "Boomer, você sabe o que aconteceu com a mãe de Ritchie?" e dado prontamente uma resposta.

As conversas por meio de um médium são outra maneira de um ente querido mostrar àqueles que ainda estão na Terra que ele ouve o que lhe dizem. Dicas para ter as suas próprias "conversas" com os espíritos serão apresentadas no apêndice, "Tem alguém aí?".

Existe uma razão para eu ser o único da minha família que vê meus parentes desencarnados?

O fato de ser o único a ver parentes desencarnados não significa que eles o amem mais do que aos outros membros da família (embora possa ser agradável pensar dessa maneira). Há uma série de razões pelas quais isso acontece, então vamos começar com a mais comum.

Em primeiro lugar, você pode ter um dom e uma sensibilidade psíquica para se comunicar com os espíritos, quer você perceba isso ou não. Às vezes, é uma tragédia que desperta a consciência da nossa capacidade. Essa ativação pode acontecer imediatamente, caso em que você pode receber visitas em sonhos ou de várias outras maneiras depois disso. Ou pode acontecer ao longo do tempo e com a sua determinação. Vivian, uma mulher que eu conheci enquanto ministrava um curso, é um exemplo desse tipo de determinação. A filha dela, Paige, morreu aos 17 anos, após uma longa luta contra uma doença. Vivian, que queria desesperadamente saber se Paige estava bem, começou a ler tudo o que podia sobre a comunicação com os espíritos. Toda essa leitura inspirou-a a acreditar que a comunicação com os espíritos era possível. Em seguida, ela passou a assistir demonstrações de mediunidade, que a convenceram de que o fenômeno era real. Seu passo seguinte foi fazer retiros e frequentar cursos para desenvolver ainda mais sua percepção. Isso por fim lhe deu instrumentos para se abrir para os espíritos. Agora, depois de anos de prática, Vivian não só tem contato com a filha mas também é capaz de transmitir mensagens a outras pessoas que perderam entes queridos.

Em segundo lugar, pode haver membros da família cuja dor seja tão profunda que os impede de se abrirem para os espíritos, tanto quanto gostariam. Seu campo energético está tão sobrecarregado de emoção que eles não conseguem sentir a energia sutil dos espíritos. Nessas circunstâncias, os espíritos podem aparecer e visitar outros parentes (tios, primos e até primos de segundo grau) para quem a perda não provocou a mesma sensação de alienação da vida. *Você* pode ser essa pessoa. Um exemplo disso aconteceu num evento em grupo em Maryland. Quando olhei para a plateia, vi o espírito de um jovem (parecia ter cerca de 15 anos) em pé atrás de uma mulher, com a mão apoiada no ombro da senhora ao lado dela. No começo pensei que estava com visão dupla, pois essas duas senhoras pareciam quase idênticas! Felizmente, elas estavam vestidas com trajes diferentes e seus cabelos também não tinham o mesmo corte. Esse jovem me deu a sensação de que a mulher que estava à sua frente era sua mãe. Ele me transmitiu o nome "Jeffrey" e mostrou-me uma bola de beisebol. Naquele momento tive a sensação de um impacto súbito na minha têmpora direita. Quando repassei essa informação para a mãe dele, ela começou a chorar e não conseguiu falar. A senhora ao lado dela confirmou que Jeffrey morrera após ser atingido na cabeça por uma bola de beisebol. Jeffrey me transmitiu o pensamento de que tinha ido visitar a senhora que estava falando comigo, mas que ela tinha medo de contar isso a alguém. Ela confirmou dizendo:

— Sim. Jeffrey é meu sobrinho. Depois que morreu, ele começou a me visitar em meus sonhos e eu então achei que o tinha visto na minha casa quando meu marido estava assistindo a um jogo de beisebol. Tive medo de contar porque minha irmã queria tão desesperadamente ver o filho e, no entanto, ele estava aparecendo para mim! Achei que talvez fosse porque a mãe dele e eu somos gêmeas, ele tivesse ficado confuso e ido à casa errada!

Perguntei a Jeffrey por que ele estava visitando a tia, e não a mãe, e ele transmitiu o pensamento: "É mais fácil". Jeffrey estava certo. Às vezes é mais fácil transmitir uma mensagem para alguém que esteja por perto, mas não seja tão próximo.

Outra razão pela qual você pode ser o único na família que vê um parente morto é o fato de essa pessoa querer restabelecer contato com você depois que o relacionamento entre vocês foi rompido pela distância, por um mal-entendido, um mau julgamento e/ou pela morte. Lembro-me de uma ocasião em que três irmãs vieram para uma sessão alguns anos atrás. Quando elas se sentaram juntas, vi de relance, em pé atrás de uma das irmãs, o espírito de uma senhora com os cabelos perfeitamente penteados e muitas joias. O espírito me transmitiu a sensação de um vínculo materno. Então eu me senti de repente exausta, como se toda a minha vida estivesse sendo drenada de mim. Essa é frequentemente a sensação que eu tenho na presença de um espírito que morreu de câncer. A mãe, então, me transmitiu o pensamento de que a filha à sua frente era capaz de vê-la. Quando transmiti essa informação, as três moças disseram (praticamente ao mesmo tempo):

— É por isso que estamos aqui.

A mãe delas continuou, dizendo-me que era grata pelo amor, o cuidado e a atenção que duas das três filhas lhe tinham devotado quando ela estava morrendo de câncer. Ela agradeceu por permitirem que ela morresse em sua própria casa com dignidade.

— Nós temos tantas lembranças especiais juntas! — a mãe me disse. Ela foi então enfática (tão enfática quanto um espírito pode ser comigo) quando disse para a terceira filha: — Eu venho visitá-la porque você não estava com suas irmãs e comigo quando eu estava doente. Quero que saiba que eu a amo e estou feliz que você e suas irmãs estejam juntas novamente.

A essa altura, as moças começaram a chorar e passamos a caixa de lenços de papel umas para as outras. A "irmã pródiga" confirmou que não tinha conseguido ficar com a família quando a mãe estava morrendo; sempre tinha se sentido incompreendida e se achava uma estranha em sua própria família. As outras duas, embora felizes por finalmente conviverem com a terceira irmã, estavam um pouco ressentidas por ela ser a única a ver o espírito da mãe. O fato de a mãe ter feito algo tão inesperado, no entanto, levou as três a se juntarem para descobrir o que estava acontecendo.

E, por fim, você também pode ser a única pessoa em sua família a ver seus entes queridos em espírito porque esse é o seu trabalho. Assim como pode haver um grande cozinheiro em sua família ou um cantor ou contador de histórias maravilhoso, sua função pode ser o que eu chamo de "agente de cura designado". Essa pessoa é muitas vezes sensitiva e tem, em seu interior, o desejo de ser um pacificador e um agente de cura, não apenas dentro da família, mas no mundo também. A família dela pode enfrentar sérios desafios como abuso e dependências de todos os tipos. Embora o agente de cura designado sinta uma tremenda empatia pelas pessoas e possa muitas vezes querer consertar as coisas a fim de que tudo fique bem para todos ao seu redor, às vezes isso pode ter para ele um preço alto em termos emocionais, físicos e financeiros. No entanto, se o agente de cura designado começa a estabelecer limites claros, à medida que trabalha com mais espíritos, em vez de querer "consertar as coisas", ele pode começar a realmente "curar".

Os espíritos podem me contar quando vou morrer?

Não é preciso se preocupar com isso. Uma das leis da comunicação espiritual é que os espíritos não podem interferir no nosso destino ou no nosso livre-arbítrio, a menos que lhes concedamos permissão para fazer isso ou abdiquemos da nossa responsabilidade pessoal. Os espíritos podem orientar, podem dar apoio, podem inspirar e podem alertar, mas não causar ou prever a morte de uma pessoa.

Dito isso, aqueles que estão à beira da morte podem falar com espíritos que as outras pessoas não veem. É comum que as pessoas moribundas vejam os entes queridos que faleceram antes delas e conversem com eles, às vezes rindo, como se partilhassem uma piada cósmica particular. Muitas vezes, presume-se que essas conversas com entes queridos invisíveis sejam resultado dos sedativos ou da demência. Durante as sessões, no entanto, os espíritos de entes queridos muitas vezes mencionam que apareceram para ajudá-los a fazer a transição da vida por meio da morte e para uma nova vida.

Há também espíritos do outro lado cujo trabalho é ajudar quando o momento da morte se aproxima. Esses espíritos não são necessariamente amigos e parentes, mas podem ajudar a preparar as pessoas para a transição e acompanhá-las até o céu. Por exemplo, quando minha mãe estava chegando ao fim da sua luta contra um mieloma múltiplo, ela acordou uma manhã mais animada do que o habitual. Quando entrei no seu quarto de hospital, ela mal podia esperar para me contar sobre as crianças chinesas que tinham ido visitá-la durante a noite.

— Elas estavam tão adoráveis em seus uniforminhos escolares! — ela me disse. — Havia uma classe inteira, e elas trouxeram fotos bonitas para me mostrar.

Ouvi as notícias que ela me dava com uma cara que, eu esperava, parecesse de entusiasmo, pensando o tempo todo em pedir uma mudança na medicação. Mais tarde naquela noite, porém, cheguei a uma conclusão diferente. Eu sou médium, afinal de contas, então achei que deveria pelo menos considerar a possibilidade de que a minha mãe pudesse ver espíritos também. Enquanto eu estava sentada, pensando no que ela tinha dito, fiquei impressionada ao concluir como era bem apropriado que um grupo de crianças em idade escolar e de um país estrangeiro viesse animar a minha mãe. Afinal, ela tinha dedicado sua vida a ensinar crianças pequenas e era fascinada pelas culturas do mundo todo.

— Lembre-se, Holli — ela costumava dizer —, você é uma cidadã dos Estados Unidos, mas também uma cidadã do mundo. — Então, em vez de duvidar da experiência da minha mãe, agradeci às crianças por trazerem tanta alegria a ela durante esse período de doença, quando qualquer alívio da dor e do desespero era uma bênção.

Sinopse Espiritual

Os entes queridos desencarnados querem fazer contato conosco, talvez até *mais* do que nós queremos ouvi-los. No entanto, se a dor é muito profunda, ela pode criar uma barreira entre este mundo e o outro. Apesar dos desafios, os espíritos nos ensinam que, quando existe amor, existe uma maneira de fazer contato. Isso é especialmente verdadeiro quando se trata de crianças desencarnadas. Elas conseguem romper o bloqueio causado pela dor e pelo ceticismo usando formas criativas para transmitir suas mensagens. Como médium, muitas vezes me surpreendo com a determinação das crianças desencarnadas para tocar os pais e amigos com o seu amor.

3

Opa!

O que as crianças dizem sobre a morte acidental

Mensagens dos Espíritos

"A última coisa que vi foi a luz; a primeira coisa que vi foi a luz." (Palavras de um jovem que colidiu com um poste de luz, enquanto andava de skate, e morreu instantaneamente.)

Pensamentos dos Espíritos

Guia de um caroneiro para a vida

Era um dia de início de primavera, com a lembrança do inverno ainda bem viva no ar. Os picos das montanhas ao leste faziam o meu carrinho parecer ainda menor enquanto eu me apressava em direção a uma famosa estação de esqui, para uma série de eventos e sessões programadas. A temperatura caía à medida que a altitude aumentava. Eu olhava ansiosamente o relógio e *não* o velocímetro, porque tinha saído atrasada de Los Angeles. Então, pelo canto do olho, eu o vi.

À beira da estrada, nos arredores da cidade montanhosa, um jovem andava despreocupadamente com o que parecia ser uma prancha de snowboard pendurada no ombro direito. Voltei meus olhos para a estrada novamente. E, então, eu o senti. Ele estava sentado com sua prancha no banco do passageiro. Suspirei. Não era a primeira vez que eu dava carona a um espírito nessa estrada em particular.

Quando viajei pela primeira vez para essa região, uma mulher chamada Elizabeth, que viveu na época dos pioneiros, surgiu no meu carro. Assim que cheguei ao meu primeiro evento de grupo, mencionei que Elizabeth tinha guiado minha "carroça coberta" (que foi como ela chamou meu carro conversível) ao seu destino. O marido da senhora que tinha organizado o evento ficou pálido e, então, disse-nos que sua bisavó chamava-se Elizabeth e tinha vindo para a região numa carroça coberta. Esse homem, que costumava fazer troça da esposa por causa dessas "coisas de espírito", a partir dessa ocasião se tornou um grande amigo meu.

Em outra viagem para essa mesma região, o espírito de um jovem que tinha vivido no território da reserva pulou para dentro do meu carro. Contou-me que tinha morrido devido a um ferimento causado por um tiro, embora eu não visse um arranhão nele. Quando mencionei isso no meu primeiro evento, várias pessoas me contaram que sabiam da história do tiro, e a filha de uma senhora contou que tinha sido sua melhor amiga no colégio. Esse jovem havia sido baleado porque um bêbado o tinha confundido com outra pessoa. Ele morreu por causa dos ferimentos, duas semanas antes de se formar no ensino médio.

Em outra ocasião, um soldado que tinha sido morto em combate pediu-me que dirigisse mais devagar. Claro que eu estava em alta velocidade... novamente. (Quando um espírito lhe diz para dirigir mais devagar, você leva a sério.)

Não costumo dar carona. Mas por alguma razão eles sempre me pedem quando estou nessa estrada específica.

Então não pensei muito a respeito quando o jovem com a prancha decidiu pegar uma carona comigo. No entanto, depois de chegar ao meu hotel e fazer o check-in, eu ainda podia senti-lo ao meu lado. Ele na verdade foi meu comitê de boas-vindas.

Uma hora depois de chegar, eu estava em um evento com um grupo pequeno. Quando passei os olhos pelos participantes, vi esse mesmo jovem andando de lá para cá com impaciência, enquanto eu fazia as apresentações e a oração de abertura. Quando acabei, ele ficou atrás de uma linda jovem chamada Bailey, que viera ao evento com a mãe.

Descrevi o jovem a Bailey. Seus cabelos loiros e longos, seu sorriso encantador, seus olhos azul-claros. Eu também disse que ele tinha me encontrado na estrada, nos arredores da cidade, e estava levando uma prancha (que eu supus ser de snowboard). Ele me deu dois nomes: o seu, Jerry, e o de um amigo, Paul. Os olhos de Bailey se arregalaram. Paul era amigo *dela*. Ele então me transmitiu a palavra "professora" e olhou para a mãe de Bailey. A mãe dela exclamou:

— Eu sei quem é esse rapaz! Ele foi um dos meus alunos.

Jerry então descreveu sua cerimônia fúnebre, à qual a mãe de Bailey tinha comparecido. Pareceu-me estranho que Jerry não estivesse ali para falar com um dos seus pais ou outro parente, mas com uma jovem com quem ele apenas tinha um amigo em comum. No entanto, depois de lidar com espíritos por tantos anos, eu sabia que devia haver uma razão... e muito boa.

Jerry então continuou:

— Eu morri fazendo o que mais amo — e mostrou a sua prancha.

Bailey sabia exatamente do que ele estava falando. Jerry tinha morrido num acidente de skate durante uma exibição no Japão. (Eu não tinha visto as rodas do seu skate e presumi que era um snowboard.) Esse jovem tinha uma maneira artística de falar. Ele era gentil, amável e muito engraçado. Contou-me que Bailey tinha parado a faculdade porque estava com dúvidas sobre suas escolhas na vida. Ela queria ser uma artista gráfica, mas achava que não era boa o bastante. Bailey entendia tudo o que Jerry dizia. Ele me disse que ela tinha solicitado uma orientação naquela noite e por isso ele tinha sido enviado para falar com ela. Seu conselho, ao se despedir, foi:

— Não tenha medo de fazer o que você mais ama. Simplesmente faça.

E então, como a "voltinha" que é slogan da Nike, ele foi embora.

Após um momento de silêncio, Bailey disse:

— Antes de vir aqui esta noite, pedi para ouvir a orientação de um guia espiritual, e eu queria que ele fosse bonito!

Claro, todos nós rimos. Jerry era realmente bonito, mas, mais do que isso, era inteligente, engraçado... e sábio.

Naquela noite, antes de ir para a cama, pensei na visita de Jerry. Às vezes, acho que aquilo que os espíritos *não* dizem é tão interessante quanto o que dizem. Nem uma única vez durante o tempo em que Jerry ficou comigo ele me deu a sensação de estar decepcionado pelo fato de não ter vivido mais tempo. Em nenhum momento ele culpou a si mesmo ou outra pessoa pela sua morte. Nem uma vez pareceu estranho para ele que estivesse se comunicando com alguém com quem não tinha um relacionamento próximo. Ele não demonstrou nenhum sinal de arrependimento, dizendo algo como "se ao menos eu não tivesse ido naquela viagem" ou "se eu tivesse usado capacete" ou "se não tivesse dado aquele salto". Seu conselho para Bailey não era para que ela vivesse uma vida segura ou limitada. Seu conselho era para que ela vivesse uma vida em que pudesse se expressar. Simplesmente vivê-la.

Como já mencionei, os espíritos dos jovens com frequência evitam falar muito da sua morte ou da sua experiência de morrer. No entanto, aqueles que perdem entes queridos muitas vezes imaginam que a morte deles foi assustadora e dolorosa, e poderia ter sido evitada. Nesses casos, as crianças muitas vezes tentam desfazer essa impressão. Uma vez, quando uma mãe se sentou diante de mim, seu filho desencarnado ficou repetindo várias e várias vezes que ele não tinha ficado com medo. Ele queria que ela soubesse que sua transição tinha sido *instantânea*. Mas essa mãe enlutada não conseguia deixar de lado a ideia de que, se o filho tivesse sido resgatado logo após o acidente, ele poderia ter sobrevivido. Ela imaginou que ele tivesse agonizado e ficado ali, apavorado, enquanto morria sozinho. Até esse ponto na sessão, o filho não me contara como tinha morrido. Tudo o que eu ouvia era o som de um skate na calçada. Ele me mostrou a imagem de um skate e de um poste de luz na minha mente. Não senti nenhuma sensação de medo. Nem de dor. Então ele disse:

— A última coisa que vi foi a luz e a primeira coisa que vi foi a luz. — Foi só então que a mãe me contou que, enquanto andava de skate, ele havia colidido com um poste de luz e fora encontrado caído no local, sem vida. Com essas palavras poéticas, ele resumiu, ao mesmo tempo, sua morte instantânea e seu nascimento para a vida após a morte, colocando um ponto final nas sombrias suposições de sua mãe.

Sem apontar culpados

Quando comecei a trabalhar como médium, eu não queria lidar com crianças desencarnadas. Nas minhas orações, eu dizia, "Usem os meus dons de todas as maneiras possíveis, *menos* para falar com crianças". Na verdade, o que eu não conseguia era enfrentar a dor dos pais. Para ser sincera, só de pensar nisso eu ficava apavorada. Então, o que os espíritos fizeram para atender ao meu pedido? Eles me mandaram três grupos de pais e avós de luto em *uma* semana. Os espíritos não deixariam que meus medos pessoais interferissem nos *seus* planos.

Sioban entrou no meu escritório, sentou-se calmamente, apertou as mãos e se recusou a olhar para mim. O espírito da sua amada avó, Nana, veio visitá-la. Nana me transmitiu a sensação de um acidente vascular cerebral (a causa da sua morte), e eu senti o aroma de um prato de peixe pelo qual ela era famosa. Nana me passou a sensação de que não tinha vindo sozinha. Eu ouvi o nome "Jackie". À menção de "Jackie", os ombros de Sioban enrijeceram e ela cobriu os olhos com as mãos. Depois Nana me mostrou o assento de carro com uma cadeirinha de criança com listras marrons, azuis e brancas e uma van preta. Eu ouvi:

— Mamãe, eu estou bem. Estou com Nana.

Quando transmiti a mensagem, Sioban começou a soluçar. "Por favor, me ajudem!", supliquei mentalmente aos meus amparadores espirituais. Quando olhei para Sioban, vi o espírito de um menininho com cerca de 3 anos de idade tentando subir no colo dela.

— Mamãe, eu sei que você não quis fazer aquilo — disse o pequeno Jackie. Eu disse a Sioban que Jackie sabia que ela não tinha intenção de fazer aquilo. (Eu ainda não sabia a que ele se referia.) Nesse momento, um imenso e poderoso tsunami de amor cobriu a mim e a Sioban, vindo de Jackie. Eu quase perdi o fôlego. Tudo o que eu pude dizer foi:

— Jackie ama você.

Após essas palavras, Sioban olhou nos meus olhos pela primeira vez. E disse duas palavras:

— Muito obrigada.

Enquanto eu a acompanhava até a porta, Sioban me contou que um dia, enquanto tirava o carro da garagem, ela não viu Jackie atrás da van. Por acidente, atropelou o próprio filho. (Esse acidente ocorreu antes que as câmeras de vídeo para visão traseira fossem instaladas em veículos maiores.) Desde esse dia, ela não tinha mais conseguido dirigir a van, que ainda estava na porta da garagem, com a cadeirinha do filho dentro, a mesma, com estofamento listrado, que eu tinha visto. Pouco antes de ir embora, Sioban disse:

— Pensei que meu filho me odiasse por eu ter feito aquilo com ele. Se ele ainda pode me amar, talvez um dia eu consiga parar de me culpar.

As outras sessões com pais que eu tive na mesma semana foram semelhantes. Todas as crianças tinham morrido acidentalmente, quer devido a algo que um parente tinha feito ou na presença de um dos pais. Todas as crianças manifestaram um imenso amor pelos pais, apesar da maneira como tinham morrido. Todos os pais culpavam-se. Nenhuma das crianças os culpava.

Em cursos de metafísica, já ouvi as pessoas dizerem que acidentes não existem. Também já ouvi dizer que nós morremos quando chega a nossa hora. Eu mesma já ouvi pessoas dizendo que Deus queria seu filho de volta. *Deus poderia ser tão cruel a ponto de tirar um filho dos pais? Será que essas afirmações são verdadeiras, mesmo nos casos em que uma criança morre acidentalmente nas mãos dos próprios pais?* Eu precisava de respostas. Eu precisava entender.

Quando faço uma pergunta, os espíritos muitas vezes respondem com experiências, em vez de dar respostas rápidas e fáceis. Algumas respostas vieram por meio de acidentes que eu mesma vivi, incluindo um acidente de carro, uma queda acidental no trabalho e outro acidente no mar, quando fui arrastada por uma forte correnteza na costa de San Diego. Outras respostas vieram quando conversei com inúmeros jovens e crianças que morreram em decorrência do que chamaríamos de "morte acidental". Graças a todas essas experiências, comecei a entender os "acidentes" do ponto de vista das crianças desencarnadas.

Da nossa perspectiva, um acidente pode ser visto, na melhor das hipóteses, como uma trágica coincidência ou, na pior das hipóteses, como uma maneira de pagarmos pelas nossas falhas reais ou imaginárias. As crianças desencarnadas, no entanto, veem os acidentes como oportunidades. Elas os veem como uma chance de vivenciar e compreender os limites físicos, estimular o perdão e efetuar mudanças.

Antes de mais nada, as crianças da Terra aprendem mais sobre os limites do mundo físico interagindo com ele do que ouvindo sobre as experiências dos outros. Quando começam a andar, elas aprendem sobre a gravidade, caindo. Quando começam a dirigir, descobrem o poder da velocidade. Também tentam passar torpedos, arrumar o cabelo, comer batatas fritas e cantar suas músicas favoritas, tudo isso enquanto dirigem no trânsito. Testar os limites físicos é um interesse primário das crianças na Terra — e no céu.

Um jovem desencarnado que aspirava ser músico veio falar com a mãe e a irmã durante uma sessão no dia do seu aniversário. Ele me explicou que elas não estavam com ele quando morreu. Ele era um jovem sensível e muito responsável. Descreveu sua guitarra customizada, seus jogos de vôlei na praia, seus planos de gravar suas músicas e seu caso de amor... com a heroína. Esse rapaz via na heroína sua musa, sua inspiração. Ele me mostrou a imagem do seu quarto e, na mesa de cabeceira, havia um livro. Ele me disse que tinha lido sobre como usar a heroína para estimular a criatividade, *sem* se tornar um viciado. Sua mãe e sua irmã confirmaram e compreenderam tudo o que ele estava me dizendo.

Esse livro sobre o uso da heroína foi encontrado pela irmã na sua mesinha de cabeceira, ao lado do seu corpo. Esse jovem tinha morrido de overdose. Sua mãe disse a ele na minha presença:

— Nós todos tentamos avisá-lo, mas você não quis ouvir.

A irmã lhe perguntou:

— Qual foi seu primeiro pensamento quando descobriu que *nós* tínhamos razão?

— Opa! — ele respondeu.

Essa provavelmente não era a resposta que ela estava esperando. E deu a resposta que qualquer irmã daria:

— É, um *grande* "opa"!

Ao se referir à própria morte, *nunca* ouvi um jovem dizer que era simplesmente a sua hora de partir. Viver a vida com base no relógio é uma ideia estranha para as crianças que chegam aqui na Terra. Os bebês choram quando estão com fome, mas aprendem mais tarde que o jantar é às seis da tarde. As crianças não pensam no futuro, elas vivem o momento. E essa é também a maneira como eles vivem no céu.

A volta de Jesse para casa

Durante uma sessão em grupo, Jesse, um adolescente desencarnado, falou sobre o seu orgulho em aprender a dirigir. Ele insistiu várias vezes em dizer que era bom motorista.

— É, ele era mesmo — a mãe dele respondeu.

— É por isso que ficaram tão surpresos com a maneira como eu morri — ele me disse.

Ele me mostrou uma imagem de si mesmo em espírito observando a mãe indo e vindo, de carro, por uma estrada rural deserta. Ele estava tentando chamar a atenção dela para que soubesse que ele estava bem. Mas ela não só não conseguia vê-lo, em seu corpo espiritual, como também não via o carro em que ele estava, no fundo de um precipício. Ao dirigir para casa depois do trabalho, ele tinha feito uma curva em alta velocidade e saído da estrada.

— Como posso continuar vivendo sem ele? — a mãe de Jesse perguntou.

Em vez de responder, Jesse ficou muito mais jovem diante dos meus olhos e começou a dar pulos. Colocou orelhas de Mickey Mouse na cabeça, que são o meu símbolo para férias na Disneylândia ou na Disney World. A mãe começou a rir em meio às lágrimas. Ela lembrou que, quando a família tinha sido escolhida para pilotar um flutuador em um dos desfiles da Disney, o único membro da família que pulava e acenava com os braços era seu filho. Ele não estava fazendo uma coreografia porque tinha sido instruído a fazer isso. Ao contrário, ele estava pulando de pura alegria. Nesse momento de alegria, ele inspirou a família inteira, inclusive o pai, a pularem e dançarem como havaianas. Esse menino que morreu na adolescência ainda era a criança que dançava na Disney World. Suas experiências na vida e na morte existiam ao mesmo tempo no céu. E ele acreditava que a alegria que experimentara com sua família na Disney World ainda podia ser sentida pela família assim como ele sentia. Ele não via a alegria dessa experiência como coisa do passado, mas como se estivesse acontecendo no presente. As crianças desencarnadas vivem no tempo presente. Quando um acidente resulta na morte de um ente querido, há sempre o impulso de culpar alguém ou a nós mesmos. Deveria existir algo que poderíamos ter feito, nós racionalizamos. Se não houver alguém para culpar na Terra, então podemos culpar Deus por tomar o que era nosso. As crianças desencarnadas, no entanto, não culpam ninguém nem guardam rancor. Elas veem os acidentes como oportunidades para o perdão.

A visão de Lisa da montanha

Numa cidade cercada por montanhas, conheci uma garota desencarnada que demonstrou o poder do perdão. No início de um evento do qual eu estava participando, pude sentir um espírito de pé ao meu lado. Ela tinha longos cabelos loiros e era alta e esguia, como uma dançarina. Eu ouvi as palavras *Lisa* e *filha* na minha cabeça. Quando descrevi as minhas impressões de quem estava de pé ao meu lado, uma mulher chamada Roberta me disse que se tratava da sua filha Lisa. Lisa mostrou-me imagens de sua coleção de bonecas numa prateleira do seu quarto. Ela falou sobre dançar, sobre seu namorado, Bart, e sobre seu primeiro semestre na faculdade.

Então Lisa fez algo inesperado. Ela *queria* compartilhar sua morte comigo. Começou a projetar um filme numa tela em branco diante dos meus olhos. Um carro subia uma estrada escura e sinuosa nas montanhas. Então, de repente, um caminhão apareceu. Eu me senti atingida e empurrada. Nenhum medo. Nenhuma dor. Roberta confirmou que a filha tinha morrido quando seu carro foi atingido por um caminhão quando ela estava indo da faculdade para casa.

Fiquei surpresa com a forma cinematográfica com que Lisa descreveu a sua morte. Então ela me disse por quê. Lisa explicou por telepatia que o motorista do caminhão estava sofrendo muito desde a sua morte. Ele precisava saber que ela não o culpava. Ele precisava saber que tinha sido perdoado.

Roberta sabia quem era o motorista do caminhão. Ela tinha até informações sobre como entrar em contato com ele.

Semanas depois, fui informada de que Roberta tinha telefonado para a casa do motorista do caminhão. Ao falar com sua esposa, ela soube que ele nunca mais tinha dirigido o caminhão, desde o dia em que Lisa morreu. Sua vida desde o acidente tinha sido um inferno. A esposa disse que ele não dormia bem à noite, desde então, e vivia revivendo o acidente. Roberta contou a conversa que tivera com o espírito da filha e pediu que a esposa do motorista do caminhão transmitisse a mensagem de que ele fora perdoado. A mensagem de perdão de Lisa ajudou a iniciar o processo de cura de três pessoas: da mãe, do motorista do caminhão e de sua esposa.

As crianças desencarnadas não se fazem de vítimas quando me procuram. Em vez disso, elas parecem mais interessadas em provocar uma mudança no mundo, mesmo não vivendo mais fisicamente *aqui*. As crianças do céu unem-se às suas famílias em causas que podem ter sido inspiradas pela vida delas e criam legados positivos que sobrevivem à sua morte.

A campanha de Michael em prol da segurança dos ciclistas

Num evento com um grupo pequeno, o espírito de um menino de 9 anos de idade segurando um balão e exibindo orgulhosamente uma bicicleta vermelha ficou ao lado de uma mulher que acenava com a cabeça com entusiasmo enquanto outras pessoas recebiam suas mensagens. Esse menininho parecia feliz de esperar sua vez, o que é incomum em crianças. Quando eu disse a essa mulher que havia um menino muito educado em pé ao lado dela, ela reconheceu seu falecido filho, que era *muito* educado e paciente. A bicicleta vermelha era importante, ela me disse, assim como o balão.

Ela me perguntou se o filho tinha estado com ela e o pai no dia anterior. Quando fiz mentalmente ao filho a pergunta, ele me mostrou bicicletas, capacetes para ciclistas, montes de balões e seus pais em meio a uma multidão. Quando transmiti essa cena à mãe, ela me disse que eles tinham ido distribuir capacetes para crianças carentes que andavam de bicicleta. Para agradá-las, eles também distribuíram balões. O dinheiro para os capacetes foi arrecadado em memória do filho deles. Ele morreu depois de cair da bicicleta porque não estava usando capacete. Quando ela e o marido levaram para casa um balão do evento, ele voou pela sala e depois pareceu segui-la de cômodo em cômodo. Como não havia nenhuma corrente de ar na casa, ela achou que poderia ter sido o filho, para avisá-la de que estava por perto.

Durante as sessões e eventos, muitos jovens desencarnados mencionaram que árvores foram plantadas em memória deles, fundos escolares foram iniciados em seus nomes e fundações e instituições de caridade também foram criadas por suas famílias. Onde quer que haja oportunidade para uma mudança positiva, as crianças desencarnadas estão presentes.

Isso não quer dizer que cada família cujo filho morreu vá criar uma fundação, financiar bolsas de estudos ou patrocinar uma instituição de caridade. Nem essa é uma sugestão para que façam isso. As crianças participam de *qualquer* tipo de crescimento e mudança, mesmo que seja uma mudança no coração de uma pessoa no silêncio da prece. Onde quer que haja oportunidade para uma mudança positiva, as crianças desencarnadas estão presentes. As crianças crescem e mudam. Isso é o que elas fazem aqui na Terra... e é o que nos ajudam a fazer no pós-vida.

As crianças usam o que parece acidental como uma oportunidade para trazer ainda mais amor ao mundo. E *isso* não é acidental.

Respostas dos Espíritos

Existe diferença entre um sensitivo* e um médium?

Embora muitas vezes se presuma que seja a mesma coisa, existem diferenças significativas entre o trabalho dos sensitivos e dos médiuns. A principal diferença é que a fonte de informações que eles têm é diferente. Os sensitivos, ou seja, as pessoas que têm capacidades psíquicas, interpretam informações a respeito da energia em torno de pessoas, lugares e coisas aqui na Terra. Os médiuns, por outro lado, transmitem informações e detalhes específicos que recebem de uma entidade desencarnada. As maneiras pelas quais os sensitivos e os médiuns recebem e processam as informações podem ser muito semelhantes, o que é capaz de aumentar a confusão. Ambos podem, por exemplo, ter clarividência, o que significa literalmente "ver com clareza", e clariaudiência, o que significa literalmente "ouvir com clareza". É fácil pensar desta maneira: sensitivos e médiuns são como computadores, visto

* Em inglês, *psychic* ("psíquico"). (N. da T.)

que ambos processam informações do processo. O seu sistema operacional é o mesmo, mas seus servidores são diferentes. Os sensitivos estão conectados ao servidor da Terra, e os médiuns estão conectados não apenas ao servidor da Terra mas também ao servidor dos espíritos.

Para ajudar a esclarecer mais ainda a diferença funcional entre sensitivos e médiuns, eis um exemplo:

Digamos que você esteja numa entrevista para pleitear um ótimo emprego e queira alguns conselhos sobre a situação. No caminho para uma sessão com um sensitivo, você pensa: "Eu *realmente* quero esse emprego!" Bem, quando você entra no consultório do sensitivo, ele olha para você e diz: "Você realmente quer esse emprego!" E você pensa, "Uau! Ele é bom mesmo!" Como os seus pensamentos e intenções estão impressos no seu campo energético (que as pessoas chamam de "aura"), o sensitivo pode captar essas impressões. Ele pode, em seguida, receber impressões sobre a pessoa que o entrevistou e ver imagens mentais dos escritórios da empresa. Os sensitivos normalmente conseguem seguir a energia gerada em sua interação com a pessoa para ver se ela vai ser contratada.

Se, em vez disso, você optar por ver um médium, ele poderá dizer algo como: "Eu vejo aqui o espírito de um homem que é pai ou lembra a figura paterna. Ele é um homem alto. E me transmite uma dor no peito, como um ataque cardíaco, e um nome que começa com L e soa como 'Lou'. Esse Lou era um homem trabalhador e me passa a ideia de que você está interessado em conseguir um emprego". Nesse ponto, Lou pode proporcionar *insights* sobre sua vida profissional em geral ou sobre esse trabalho específico, mas de sua própria perspectiva individual. Os espíritos preferem fornecer orientações em vez de prever o futuro. Uma das razões para isso é que os entes queridos em espírito respeitam a nossa liberdade de escolha; eles honram nosso livre-arbítrio.

Se morremos, é apenas porque a nossa hora chegou?

Nós não nascemos com um temporizador dentro de nós que apita quando estamos prontos para partir. No entanto, de fato chegamos a este mundo com um destino, uma lista de tarefas e contratos a cumprir, juntamente com o livre-arbítrio necessário para tomar decisões. Tudo isso vem embalado em nosso corpo, o frágil receptáculo vivo do espírito.

Pode ser mais fácil entender se você pensar da seguinte maneira. Nosso destino inclui os dons e talentos que trazemos conosco para fazer diferença neste mundo. Há aqueles que vão ser mestres espirituais inspiradores, artistas talentosos ou cientistas brilhantes. A lista de tarefas da alma é a lista de desejos da nossa vida na Terra. Essa lista pode conter coisas como "Preciso de uma dose maior de compaixão desta vez" ou "Preciso aprender a ser responsável com relação a dinheiro". Nossos contratos muitas vezes incluem assuntos inacabados com aqueles que encarnam conosco (amigos, familiares e até mesmo estranhos com quem nos sentimos conectados). Os contratos podem ser acordos e promessas que fizemos com nós mesmos antes de vir para a Terra, ou votos que fazemos quando estamos aqui. Por exemplo, quando as pessoas entram para uma ordem religiosa, elas fazem votos de pobreza ou castidade. Nós fazemos a mesma coisa quase todos os dias ao enunciarmos declarações como: "Nunca mais vou fazer isso de novo". É importante lembrar que esses contratos e votos permanecerão em vigor até que sejam revogados ou alterados.

Felizmente, o livre-arbítrio nos dá liberdade para lidar com o que pode parecer uma miscelânea completa em nossas vidas. Ele nos dá a capacidade de optar por nos tornarmos mais conscientes da nossa lista de tarefas, das nossas propostas e contratos e alterá-los quando quisermos. Algumas pessoas vêm a este mundo com propostas ou destinos amplos, mas muito poucas listas de tarefas. Os maiores líderes espirituais deste mundo parecem cair nessa categoria. Outras pessoas entram neste mundo com listas e contratos enormes. Pessoas como essas parecem ter sempre inúmeras questões para resolver na vida e podem ter que superar muitas experiências difíceis. Outras optam por encerrar as suas listas de tarefas e propostas e cumprir os seus contratos na velocidade da luz; essas podem não ter vidas longas. A hora e o modo de morrer não são tanto uma questão de tempo, mas uma combinação de quatro fatores: o destino, os contratos, as listas de tarefas e o livre-arbítrio.

O céu é na verdade como uma gigantesca Terra do Nunca?

Bem, se você quer saber se, quando chegarmos ao céu, nunca teremos de crescer, não é isso o que os espíritos dizem. A vida depois da morte oferece uma oportunidade para darmos uma boa olhada na maneira como vivíamos na Terra. Dependendo das escolhas que fizemos, isso pode ou não ser uma coisa agradável. Um homem que bebeu até morrer me disse:

— Morrer foi uma experiência bastante sóbria.

Para ele, tenho certeza de que foi.

Todo espírito que encontro me diz como é o seu céu. Embora existam temas comuns nessas comunicações, os espíritos também me fornecem detalhes contrastantes e, às vezes, contraditórios. Como médium, sei que só tenho vislumbres do que existe além da nossa vida na Terra. Apesar da variedade de perspectivas que recebo dos espíritos, eu não poderia começar a descrever total e completamente a vida após a morte.

Quando me reúno com amigos que são médiuns, muitas vezes travamos debates animados sobre a vida, a morte e a vida após a morte. Para usar uma analogia muito desgastada, os médiuns são como cegos tentando descrever um elefante. Quando alguém toca a tromba, diz que o elefante é como uma cobra. Descrever o céu é bem assim. A vida após a morte é tão imensa, e vai tão além do nosso entendimento humano, que diferentes descrições podem ser válidas, mesmo que possam parecer contraditórias.

Será que perdoar uma pessoa que fez algo errado não é livrá-la das consequências dos seus atos com muita facilidade?

Quando uma pessoa magoa você ou alguém que você ama, é natural que se queira justiça e dar a ela uma lição. É fácil pensar que, ao *não* perdoar essa pessoa, a vida dela será prejudicada. No entanto, o contrário é o que acontece. Gosto de pensar nisso desta maneira: embora seja natural para um peixe agarrar a isca no anzol, ele rapidamente aprende que, depois de fisgado, não pode mais nadar para onde quiser, e sua liberdade e sua vida passam a ser controladas por outro ser. Quando engolimos a isca da raiva, do julgamento e do ressentimento, somos os únicos prejudicados, e não a pessoa que nos fez mal. No entanto, ao nos dispormos a perdoar as ações de alguém ou as nossas próprias, o anzol é retirado e podemos nadar livremente outra vez. Quando você perdoa alguém, a única pessoa que se liberta é *você*.

Os espíritos têm funções ou responsabilidades no céu?

Muitos espíritos, incluindo guias e anjos, povoam o mundo invisível. A maioria dos espíritos tem funções e responsabilidades. Os guias, por exemplo, nos ajudam a não nos desviarmos do curso ao longo da nossa jornada na Terra. Os "amparadores espirituais" com quem trabalho mantêm o processo de comunicação espiritual organizado. O objetivo principal do meu trabalho é conectar as pessoas na Terra com seus parentes e amigos que vivem no plano espiritual, e estes afirmam que também trabalham na outra vida. No entanto, seu interesse é normalmente ajudar aqueles que ficaram na Terra. Muitos espíritos me disseram que somente depois da morte assumiram total responsabilidade pelos seus atos na Terra. Ironicamente, assumir a responsabilidade por aquilo que foi feito na Terra parece ainda mais importante do que assumir novas responsabilidades no céu.

Como os espíritos passam o seu tempo?

Felizmente, não existem relógios na vida após a morte e o tempo como o conhecemos não afeta os espíritos. Quando uma mãe perguntou ao espírito do filho:

— Como você vive sua vida, Alex? — ele alegremente respondeu por meu intermédio:

— Vivo um dia de cada vez.

Fiquei surpresa com essa resposta e achei um pouco banal. No entanto, sua mãe, Diana, me disse que o filho tinha vivido a vida toda dessa maneira, um dia de cada vez. Ele havia dominado a arte de ser feliz a cada dia. Ela me contou que ela e o marido tinham até mesmo chegado à conclusão de que viver a vida um dia de cada vez, assim como Alex fazia, talvez fosse a lição que ele viera ensinar-lhes durante o tempo em que ficara na Terra.

Sinopse Espiritual

Quando alguém que amamos morre por acidente, é compreensível que fiquemos indignados. De um ponto de vista mais superficial, é como se uma vida preciosa tivesse sido roubada por um equívoco momentâneo ou uma série aleatória de coincidências. No entanto, os espíritos das crianças nos incentivam a olhar *abaixo* da superfície e ver os acidentes como oportunidades para explorar os significados mais profundos da vida, do amor e do perdão. As crianças que morreram "acidentalmente" inspiram outras pessoas a fazer mudanças na Terra que não só conferem mais significado às suas vidas mas podem proteger outras crianças, evitando que morram de maneira parecida.

4

Quem é seu pai?

Quando os laços sanguíneos importam e quando não importam

Mensagens dos Espíritos

"O início e o fim da ponte estão no céu. Vocês, na Terra, estão no espaço entre os dois" (Palavras de um espírito ao seu pai, logo após o Dia dos Pais.)

Pensamentos dos Espíritos

Uma cesta de perguntas

— Oi, eu sou Abigail e sou adotada — dizia a menina de cabelos louros e um corte de cabelo esquisito, sempre que conhecia alguém. Abigail era a melhor amiga da minha irmã menor, e seus pais eram amigos dos meus. Durante o processo de adoção, meus pais escreveram cartas de referência para os esperançosos candidatos a pais de Abigail. Fizeram o mesmo para velhos amigos da igreja que adotaram outra menininha, uma prima, por parte do meu marido. Quando criança, eu não tinha muita curiosidade para saber de onde vinham os bebês, fossem adotados ou não. Na verdade, eu supunha que Abigail tivesse chegado à casa dela da mesma maneira que o meu gatinho chegou, numa manhã de Páscoa — dentro de uma cesta. Como e por que aconteciam adoções não era uma preocupação quando éramos crianças. No entanto, quando uma das meninas adotadas que eu conhecia se tornou adolescente, ela quis saber mais sobre sua família biológica. Perguntas como "Por que minha mãe não me quis?", "Tenho outras irmãs ou irmãos?", "Será que eu me pareço com minha mãe ou meu pai?" começaram a fazer parte das conversas diárias. Na verdade, a frase "Eu sou adotada" transformou-se numa exigência: "Eu quero saber *por que* fui adotada".

Apesar do lar amoroso oferecido pela família adotiva, a necessidade de pertencer a uma família pode se tornar um sentimento de saudade. Essas perguntas básicas podem ficar sem resposta durante anos e, em alguns casos, durante a vida toda. *Isso tudo fica resolvido após a morte?* Vamos ver o que os espíritos dos jovens têm a dizer a respeito.

Meus dois pais

Ele estava vestindo a camiseta de uma banda de rock e tinha um corte de cabelo à escovinha. Um de seus braços envolvia de modo protetor os ombros da mulher ao seu lado, de cabelos longos e negros, com algumas mechas brancas emoldurando o rosto.

Formavam obviamente um casal e estavam sentados na primeira fila de um dos meus eventos.

Fiquei um pouco assustada com a presença repentina do espírito de um jovem dirigindo uma motocicleta. Ele passou pelo corredor central e sentou-se com descontração perto do casal na primeira fila. Essa era toda a informação que eu tinha, então perguntei se eles conheciam um jovem que gostava de andar de moto. O homem respondeu:

— Sim, é Ryan — e a mulher começou a chorar. A primeira coisa que Ryan disse foi:

— Vamos começar o agito.

O homem confirmou que essa era a frase favorita de Ryan sempre que uma situação começava a ficar séria *demais*. Também confirmou que andar de moto foi a última coisa que Ryan fez antes de morrer. O rapaz não perdeu tempo e foi direto ao ponto.

— Eu te amo, mamãe — disse ele para a mulher. — Por favor, diga ao papai que estou bem.

Parei por um momento quando percebi o que tinha acabado de dizer. Se o sujeito sentado junto à mãe de Ryan *não* era seu pai, então quem era? Ryan respondeu à minha pergunta, chamando minha atenção para o homem na primeira fila e dizendo:

— Obrigado por ser meu pai. — Então ele levantou dois dedos.

Quando passei a informação tal como tinha sido transmitida, devo ter parecido extremamente intrigada para o homem da primeira fila. Ele explicou com a voz embargada:

— Ryan é filho da minha esposa. Ele e eu passamos por um período difícil, porque ele realmente amava o pai. Uma semana antes de morrer, Ryan me disse que estava feliz por eu ser o seu pai número dois. Por uma semana inteira, ele me chamou de "Pai Número Dois". Do céu, Ryan ainda o chamava de "Pai Número Dois".

A conversa com Ryan lembrou-me de que nossa definição de família mudou drasticamente ao longo dos anos. Atualmente, é cada vez mais raro encontrar uma família composta de pais, filhos e avós vivendo na mesma casa. Agora as famílias incluem ex-cônjuges, padrastos, meios-irmãos, filhos adotivos de outras culturas e crianças concebidas com amor e a ajuda dos avançados métodos científicos de hoje. Felizmente, os espíritos no céu se mantêm atualizados. As intrincadas relações familiares podem provocar desafios logísticos, e às vezes emocionais, aqui na Terra. No céu, porém, as crianças aceitam com entusiasmo *todas* as transformações da "família".

Amor fraternal

Para o médium, essas árvores genealógicas intrincadas podem propiciar muito mais do que meros momentos intrigantes. Numa sessão por telefone com uma jovem chamada Alexia, foram precisos quase 45 minutos para que ela reconhecesse o primeiro espírito que veio visitá-la.

— Uma menina veio ver você — eu disse quando ela se sentou. — Ela está me passando a sensação de uma ligação entre irmãs.

— Eu não tenho irmã — disse Alexia.

— Bem, não sei o que dizer, então — respondi. — Há uma menina aqui que parece ter cerca de 7 ou 8 anos, e está me transmitindo um nome que soa como "Dan" ou "Don".

— Dan é meu pai — reconheceu. Mas ela ainda não reconhecia a menina que dizia ser sua irmã.

Durante nossa conversa, vários amigos e parentes visitaram Alexia. Quando estávamos chegando ao fim da sessão, a avó de Alexia por parte de mãe me mostrou uma foto do Grand Canyon em minha mente, e disse "Família" no meu ouvido.

— Sua avó, Ida, está me transmitindo a sensação de que há uma divisão na família e ela está me mostrando o Grand Canyon — eu disse. — A foto da família que ela está me mostrando está sendo rasgada em pedaços diante dos meus olhos.

— Eu sei do que se trata — disse Alexia. — A última vez que vi meu pai foi durante uma viagem com a família para o Grand Canyon. Logo depois que chegamos em casa, ele nos deixou para viver com outra mulher. Minha mãe rasgou todas as fotos da viagem.

A avó Ida, à sua maneira, estava tentando apresentar Alexia à sua meia-irmã, apesar de sua resistência. Alexia finalmente reconheceu que tinha ouvido falar que o pai constituíra outra família.

Foi então que o espírito da menina disse:

— Você sempre quis uma irmã.

Nesse ponto Alexia confessou que, quando criança, ela sonhava em ter uma irmã. Ela queria uma irmã porque detestava a solidão.

— Eu vim para te conhecer hoje porque não tivemos chance de fazer isso antes. Quero que você saiba que estou com você — a menina disse.

Houve uma longa pausa no telefone. No começo eu pensei que a linha tinha caído.

Então as palavras de Alexia soaram fracas e sua voz foi aumentando de volume aos poucos.

— Eu ouvi dizer que o meu pai tinha uma filha com essa outra mulher e que a menina tinha morrido. Minha mãe disse que meu pai teve o que mereceu. E agora você está me dizendo que devo ser uma irmã para uma *meia*-irmã que nunca conheci?

Tive a impressão de que Alexia queria me alcançar através do telefone e agarrar o meu pescoço. Ficamos ali sentadas por um momento em silêncio. Pedi que os espíritos me inspirassem as palavras certas.

— Não estou dizendo para você ser ou fazer coisa nenhuma, Alexia — eu disse. — No entanto, de fato acho interessante — continuei — que tenha sido a mãe de sua mãe quem trouxe a menina aqui. Sua irmã está entrando em contato com você com a bênção da sua avó. É claro que é escolha *sua* deixá-la fazer parte da sua vida ou não.

A linha caiu. A comunicação foi cortada. Eu não sei o que aconteceu com Alexia. O que sei, porém, é que ambos os lados da família vieram visitá-la juntos. A irmã veio em espírito projetando o sentimento de uma irmã, e não de uma *meia*-irmã. Ela parecia querer enfatizar a totalidade do relacionamento, não a metade criada pela divisão dentro da família.

A irmã de Alexia foi um dos primeiros espíritos a ignorar as divisões que *nós* criamos nas famílias. E certamente não foi o último.

Como mencionei anteriormente, existe um protocolo espiritual ao qual eu aderi em todos os meus eventos maiores. Também desenvolvi um procedimento sistemático com os espíritos que me ajuda a identificar quem é quem, nas sessões particulares. Quando os espíritos se aproximam de mim, peço que fiquem do meu lado esquerdo os que são parentes por parte de pai e do lado direito os que são parentes por parte de mãe. Irmãos e amigos ficam na minha frente ou ao lado da pessoa que recebe as mensagens. O lugar onde os espíritos estão no cômodo me ajuda a conhecer a relação deles com a pessoa encarnada que vieram visitar. Numa ocasião, vi um espírito de pé no canto do cômodo, em diagonal com a senhora sentada ao meu lado. Ele me deu o nome de "irmão John". Dei essa informação à senhora, juntamente com o lugar onde o irmão John estava na sala.

Ela riu e falou:

— Quando meu irmão John era vivo, nossos pontos de vista sobre a vida, a morte e a família eram diametralmente opostos.

À medida que o irmão John continuou a falar sobre as diferenças que havia entre suas escolhas de vida, ele começou a se aproximar cada vez mais da irmã, até que ficou ao lado dela. Quando chegou aonde queria, disse:

— Eu te amo mesmo assim.

Pareceu-me que John estava demonstrando que o seu amor pela irmã literalmente diminuiu a distância entre eles.

Além do lugar onde os espíritos estão, eles também indicam a relação que existe entre eles e o ente querido, fazendo com que uma palavra me ocorra, como "mãe", "pai", "marido", "filho", "filha" etc., ou transmitindo-me um sentimento de qual é a relação entre eles. Aprendi a identificar a sensação causada por diferentes relações. Houve inúmeros casos em que eu disse algo como: "Há uma senhora de pé perto de mim, na posição em que uma mãe ficaria. Ela me transmite o sentimento de avó". Em casos como esse, a senhora em questão pode ser uma avó que foi como uma mãe para a pessoa que recebe a mensagem. Mas as pessoas frequentemente me corrigem rápido quando eu descrevo um homem a alguém e depois o chamo de "marido". "Oh, não", elas me dizem. "Ele é meu *ex*-marido."

Os espíritos não se referem a si mesmos como "ex", "meios-irmãos" ou parentes por afinidade. Eles simplesmente se identificam de acordo com a sua relação primária com a pessoa. A menos que seja preciso dar alguma explicação a respeito, todos os prefixos e sufixos legais são descartados. Durante um evento em grupo, o espírito de um jovem apareceu atrás de um homem na plateia e disse uma palavra, "Júnior". Disse só isso, então eu tive que transmitir a informação. O homem se recostou na cadeira e não disse nada pelo que pareceu uma eternidade. Ele e o espírito eram, obviamente, homens de poucas palavras. O homem finalmente disse:

— Meu filho e eu temos o mesmo nome, um nome muito longo mesmo, a não ser por uma diferença. O dele tem um "Jr." no fim. Nós o chamávamos de "Júnior".

Os ex-maridos

Uma das minhas lembranças favoritas é a de uma ocasião em que três maridos de uma mulher apareceram no mesmo evento, ao mesmo tempo! Embora dois fossem ex-maridos, e todos eles fossem espíritos, os três comentaram tudo o que estava acontecendo na vida dela e na vida das filhas. O grupo caiu na risada quando um dos ex-maridos falou:

— Você me disse um monte de vezes para "ir para o inferno", mas em vez disso eu fui para o céu.

— Eu cheguei aqui esta noite — respondeu a mulher — me perguntando se seria possível falar com meu primeiro ex-marido, o pai dos meus filhos. Eu estava preocupada com a possibilidade de que ficássemos separados no céu como ficamos na Terra. É reconfortante saber que *todos* os meus maridos ainda estão olhando por mim e por minhas filhas.

As pessoas que não eram legalmente casadas durante o tempo que passaram juntas na Terra podem me transmitir o sentimento de que eram maridos ou esposas ao passar as mensagens. Uma mulher pareceu ficar perplexa, a princípio, quando me referi ao espírito de um homem chamado Dennis como seu marido. Na minha mente, ele me mostrou uma foto de um vestido de noiva com o símbolo internacional de "não" sobreposto a ele. (Os espíritos muitas vezes usam tanto símbolos comuns quanto outros mais específicos para que eu entenda, como se fosse uma espécie de taquigrafia.)

— Bem — eu disse —, Dennis está me transmitindo a sensação de marido, apesar de não haver vestido de noiva.

Ela riu e disse que, embora ela e Dennis não tivessem legalizado sua união, eles costumavam dizer que eram mais casados do que a maioria das pessoas que tinham uma certidão de casamento e fotos da cerimônia.

Visto que os "exs" não vivem todos juntos num departamento exclusivo do céu e os espíritos conhecem uns aos outros, pode-se imaginar que os segredos de família caem do céu como gotas de chuva. Bem, não se preocupe. Quando os espíritos falam comigo, fornecem apenas as informações mais essenciais para esclarecer o propósito de sua visita. Eles não estão interessados em fofocas (por mais divertidas que possam ser).

As maçãs nunca caem muito longe das árvores

Nos últimos anos, tem surgido um crescente interesse pela pesquisa genealógica. Esse interesse parece estimular espíritos desconhecidos da linhagem familiar a se apresentarem.

Os espíritos das crianças estão particularmente interessados em encontrar até os parentes mais longínquos, porque, ao encontrá-los, a velha pergunta "De onde foi que eu vim?" é respondida. Na prática, porém, sessões com muitos espíritos desconhecidos podem ser bastante irritantes para o médium. Isso foi particularmente verdade quando o espírito de um filho trouxe seus parentes recém-descobertos para apresentar à mãe.

— Eu não conheço nenhum dos nomes que você está me passando, com exceção do nome do meu filho — disse Carol, durante uma sessão por telefone. Eu podia sentir a frustração em sua voz.

— Tudo o que posso dizer — respondi — é que seu filho está segurando uma árvore genealógica e os nomes estão nela.

Então senti o impulso de perguntar:

— Alguém na sua família está fazendo uma árvore genealógica? Seu filho está me passando a sensação de que essas pessoas pertencem à família do seu pai. Ele se encontrou com eles em espírito.

— Isso é impossível! — respondeu Carol. — Meu pai foi adotado, por isso nós não conhecemos a família dele.

— Por que não espera para ver? — sugeri, em vez de discutir com ela.

Cerca de dois anos depois, Carol entrou em contato comigo novamente. Sem que ela soubesse, uma irmã mais nova se propôs a descobrir mais sobre a família biológica do pai. Alguns dos nomes mencionados na sessão de fato estavam em sua árvore genealógica.

As árvores genealógicas permanecem intactas depois da morte, mesmo que possamos ter cortado alguns dos seus galhos na Terra. Os espíritos das crianças parecem particularmente interessados nesses ramos cortados. Em casos de adoção, pode haver muitos ramos da árvore genealógica da família à espera de serem enxertados novamente na árvore maior.

Quando criança, eu passava tanto tempo quanto possível nas montanhas ao redor de Woodstock, em Nova York. Deitava de costas e ficava olhando a copa das árvores sobre mim. Gostava de ver os carvalhos e as bétulas balançando ao vento, pois parecia que estavam dançando. Com os olhos, eu seguia o tronco e depois um galho, em seguida um ramo menor até outro que fosse menor ainda. Conforme os ramos diminuíam de tamanho, ficava mais difícil separá-los dos raminhos das árvores próximas.

Quando penso nas famílias no céu, lembro-me dessas florestas. As famílias espirituais criam uma cúpula de proteção em torno da Terra. Cada pessoa pode ser vista individualmente como um ramo, pois ainda está ligada e interligada à floresta inteira.

Teorias comprovadas sobre o DNA

Um dia, ao abrir a porta do meu consultório, deparei-me com uma mulher segurando um ursinho de pelúcia do tamanho de um menino, vestido com camiseta, jeans e tênis. Quando eu a convidei a se sentar, ela aceitou, mas recusou-se a largar o urso. Seu nome era Susan e ela me apresentou ao urso, cujo nome era Buddy. Eu realmente não sabia o que fazer, mas já tinha aprendido a não descartar nenhuma recordação que alguém pudesse levar a uma sessão particular. Depois de uma sessão em Nova York, uma pessoa me perguntou se eu conseguia adivinhar o que havia em sua bolsa. Antes que eu pudesse responder, ela abriu o zíper da bolsa e uma cabeça pequena e peluda apareceu. Após o suicídio do filho, ela tinha comprado um cachorro para confortá-la e lhe fazer companhia. Esse cão ia com ela a *todos os lugares*, até mesmo a um encontro com uma médium.

Enquanto Susan estava sentada diante de mim, a sala começou a se encher de espíritos, muito mais do que eu poderia abordar durante uma sessão. Em minha mente pedi que o porta-voz do grupo se identificasse. Em resposta, vi um garoto, não muito maior do que o urso, de pé ao lado de Susan. Embora eu não pudesse vê-lo claramente, podia dizer que a cor da sua pele era diferente da de Susan. Apesar disso, ele me transmitiu a sensação de “filho”.

Quando eu disse a Susan que havia um menino na minha frente que se identificava como filho, mas tinha uma cor de pele diferente da dela, ela assentiu com a cabeça. O menino ficou em pé ao lado dela, como um homenzinho. Quando mencionei isso a Susan, ela confirmou que sempre se referia a ele como seu “homenzinho” e que ele sempre fora muito sério e extremamente bem-comportado. Esse menino parecia tão maduro que era até um pouco inquietante. Estou acostumada a ver espíritos de crianças correndo e agindo como crianças. À sua maneira muito séria, ele me contou que estava encontrando muitos membros de sua família no céu, muitos que ele nem conhecia. Ele queria que eu dissesse a Susan que toda sua família lhe agradecia por ter cuidado dele. Imaginei que isso provavelmente explicava a multidão de espíritos que o acompanhava.

Depois de cerca de quarenta minutos relatando detalhes a Susan, que compreendeu todos, esse homenzinho me mostrou um filme na minha tela mental. Com o olho da mente, vi dois jardins floridos, um ao lado do outro. Num deles havia uma planta que parecia atrofiada e no outro parecia não haver nada crescendo, como se ele fosse completamente estéril. A muda raquítica saltou do chão e pulou para o outro jardim, transformando-o. Num instante a muda cresceu, tornando-se alta e verdejante, e o jardim ficou exuberante. Ouvi na minha cabeça:

— Obrigado por me oferecer um lugar para crescer.

Quando contei isso a Susan, ela disse que o versinho favorito de seu filho era: "Mary, Mary do Contra, como vai o seu jardim?". Embora eu tenha certeza de que ele realmente estava se referindo ao verso, sabia que estava nos mostrando muito mais.

Quando estava se preparando para sair, Susan me disse que tinha adotado uma criança com necessidades especiais, com várias doenças congênitas que a impediram de crescer normalmente e contribuíram para sua morte precoce. Seu filho especial, chamado Kevin, também era de uma raça diferente. Susan usava o Urso Buddy como uma forma engenhosa de explicar a adoção para Kevin. Susan perguntava ao filho se ele amava Buddy mesmo ele parecendo diferente. Quando Kevin dizia "Sim", Susan então dizia que ela o amava ainda mais do que ele amava Buddy. Embora todos eles fossem diferentes uns dos outros, mesmo assim ainda eram uma família. Ao sair, Susan disse:

— Mesmo tendo ficado comigo por tão pouco tempo, Kevin mudou a minha vida por completo.

Quando Susan e o Urso Buddy foram embora, eu me sentei em silêncio por uns momentos, pensando sobre o que tinha acontecido. Eu sabia que Kevin tinha a intenção de nos proporcionar uma compreensão mais ampla da vida do ponto de vista dos espíritos. Às vezes, uma série de *insights* menores recebidos por meio de diversas experiências traz uma mudança no nosso modo de ver as coisas. No entanto, como os espíritos das crianças tendem a ser extremamente sinceros, eu tenho muitos momentos de "Heureca!" quando trabalho com eles. Depois do que o "homenzinho" Kevin me mostrou, compreendi que, ao deixar sua família biológica e passar a viver com uma família adotiva, sua alma teve o que precisava para crescer.

Ele precisava do DNA de uma determinada linhagem familiar, mas do carinho de outra. A combinação das duas criou a vida híbrida de que ele precisava, constituída dos parentes desconhecidos que ele conheceu no céu e da mãe que o adotou na Terra. Na situação de Kevin, o carinho de Susan beneficiou sua natureza, ajudando-o a evoluir e a transformar a vida dele — e a dela — pela eternidade. O que realmente me impressionou na imagem do jardim é que a plantinha se mudou *por vontade própria* de um jardim para o outro. Ela não foi abandonada por um jardim ou procurada por outro. A mudança de jardins foi uma escolha da muda. Pode ser que a adoção, que parece aleatória da nossa perspectiva, não seja de maneira nenhuma aleatória da perspectiva dos espíritos. Heureca!

Enquanto escrevia este capítulo, o espírito de um jovem fuzileiro naval me lembrou que a ideia de adoção se estende até muito além da família ou mesmo da morte. Esse jovem fuzileiro naval conseguiu vir ao nosso encontro devido a uma mudança de última hora na minha agenda. Quem me conhece pode dizer que sou um pouco paranoica quando se trata da minha agenda e da organização da minha vida. No entanto, aprendi a ser flexível com os espíritos, porque sei que o entendimento deles com relação ao "que é necessário e quando é necessário" é bem superior ao meu.

Cinco minutos antes da reunião final do dia, abri a porta para dois homens, um mais velho com um bigode magnífico, e outro que parecia estar na casa dos 30 anos, com grandes e expressivos olhos castanhos. Segundo minha agenda, só deveria haver um cliente na sessão do fim do dia. Antes que eu pudesse fazer uma nota mental para discutir esse assunto com minha assistente, o mais jovem dos dois homens disse:

— Oi, eu marquei a sessão para mim, mas meu tio, Jean-Louis, estava na cidade e achei que ele podia precisar mais. Vou esperar no carro.

— Tudo bem — respondi alegremente.

Jean-Louis não sabia o que esperar da sessão; ele nunca tinha feito nada parecido antes. Apesar de falar inglês muito bem, tinha um sotaque franco-canadense adorável.

Não demorou muito para o espírito de um jovem aparecer ao lado de Jean-Louis, de pé num uniforme militar de gala. Ele me transmitiu o nome "Matt" e eu o passei a Jean-Louis, junto com a sua ligação com os fuzileiros navais.

— Matt era meu filho — respondeu Jean-Louis.

— Bem, ele está me dizendo que se alistou mais de duas vezes. A honra, a lealdade e a vontade de lutar pelo seu país eram mais importantes para ele do que a própria vida — continuei.

— Sim, é verdade — disse o pai. — Matt até escreveu uma carta explicando sua devoção ao Corpo de Fuzileiros Navais usando essas mesmas palavras. Encontramos a carta depois que ele morreu durante o seu terceiro período de serviço.

Jean-Louis passou a me contar que o filho tinha morrido desdobrando-se para proteger os homens do seu esquadrão, e alguns deles também tinham morrido durante essa mesma missão. Matt mencionou uma reunião do seu pelotão, de que o pai tinha participado pouco tempo antes. Durante essa cerimônia, Matt foi homenageado. Jean-Louis confirmou que todas essas informações estavam corretas. Matt me disse que seu pai usava joias para comemorar o seu compromisso com a Marinha. Jean-Louis tirou um medalhão do pescoço para me mostrar; era chamado de medalhão do pai. Esse medalhão tinha uma bandeira americana sobre ele. Fiz uma pausa por um momento, considerando o fato de que um pai franco-canadense tinha perdido um filho enquanto este servia ao Corpo de Fuzileiros Navais dos Estados Unidos.

O pensamento não se estendeu por muito tempo porque as mensagens que Matt estava me passando tomaram um rumo inesperado. Ele mencionou sua família extremamente numerosa e dois pares de gêmeos, um fraterno e outro idêntico.

— Minha mãe teve treze filhos — disse Jean-Louis. — Matt está certo, quatro eram gêmeos idênticos e fraternos.

— Matt é *extremamente* preocupado com a família, com os que estão com ele no céu e com os que ainda estão na Terra — eu disse a Jean-Louis. — Ele está mencionando dois meninos, seus filhos, que são especialmente importantes para ele. Ele está me passando a ideia de que não conheceu o mais jovem muito bem e quase não teve a chance de pegá-lo nos braços.

— Isso mesmo — ele concordou. — O filho mais novo de Matt tinha uma semana de vida quando ele foi convocado para o Iraque da última vez.

— Matt está me dizendo que sempre quis ter uma filha. Está falando sobre sua *nova* filha — eu disse, percebendo o quanto aquilo parecia ilógico tão logo as palavras saíram da minha boca. — É muito importante para ele que ela saiba que ele vai tomar conta dela todos os dias de sua vida — eu continuei, porque Matt não tinha parado de falar. Os olhos de Jean-Louis se encheram de lágrimas.

— Sim, isso mesmo — disse ele. — Matt tem agora uma filha; a adoção está na etapa final. — Jean-Louis olhou para mim, do outro lado da mesa, e explicou: — Meu filho queria adotar a filha do primeiro casamento de sua esposa. Apesar de toda a papelada ter sido devidamente preparada, levou um tempo até que conseguíssemos superar a burocracia. Foi só há pouco que sua esposa recebeu uma notificação de que os desejos dele tinham sido atendidos.

Matt tinha deixado muito claro que estava ciente de que suas ações para adotar enquanto ainda estava na Terra estavam concluídas. A mensagem final dele foi a de que estava perto do pai, tinha encontrado familiares no céu, estava cuidando de seus companheiros militares, amando seus filhos e protegendo a filha, que agora levava seu nome.

Depois que Jean-Louis se foi, pensei sobre o tempo que passamos com seu filho. Pareceu-me que Matt estava mais preocupado com o legado que tinha deixado para trás, na Terra, do que com sua própria vida. Ele tinha se comprometido a defender uma nação que não era a sua terra natal, foi admitido na fraternidade do Corpo de Fuzileiros Navais, valorizava seu lugar dentro da linhagem da família do pai, tinha dois filhos para continuar sua herança de sangue e uma filha que era o seu legado de amor. *Uau*, pensei. Esse cara pulou de jardim em jardim, deixando pegadas em cada um deles. Matt estava em paz, com seus muitos legados garantidos.

Matt compartilhou seus legados comigo de um modo muito direto e determinado, do mesmo modo que perseguiu seus objetivos na Terra. Às vezes, porém, os espíritos recorrem à teatralidade para conseguir transmitir seus pontos de vista em relação a heranças de família. Uma noite, num encontro em casa, vários espíritos do sexo masculino ficaram em fila atrás de um jovem sentado na sala de estar. A fila de espíritos era tão longa que se estendia pela sala e entrava na cozinha. Os últimos espíritos pareciam desaparecer dentro da geladeira. O que era mais impressionante a respeito de todos esses homens era o fato de todos eles terem violinos e estarem tocando os instrumentos. Quando comentei isso com o jovem na sala, ele me informou que tinha vindo de uma longa linhagem de conhecidos violinistas irlandeses. Não muito tempo depois de todos os violinistas de sua família terem vindo para a visita, o jovem passou a gravar uma coleção de músicas tradicionais da Irlanda, que tinham sido escritas e tocadas pelos homens da família do seu pai.

No caso do violinista irlandês, o legado da música foi bem definido e repassado de pai para filho. Em situações em que um filho morre antes do pai, a ordem natural de primogenitura parece ser irrevogavelmente interrompida. No entanto, o espírito de um jovem surpreendeu seu pai (e a mim) com o que tinha a dizer sobre o legado de sua família.

Preenchendo as lacunas

Rick é alto e tem uma aparência intimidadora, especialmente quando estuda a gente através de seus óculos de aro preto. Ele é extremamente esguio e tem um ar confiante de quem acabou de ganhar uma maratona. Quando Rick e eu nos sentamos lado a lado um dia depois do Dia de Ação de Graças, vários anos atrás, ele se inclinou para a frente em sua cadeira, olhou para baixo e praticamente não disse uma palavra nos cinquenta minutos seguintes. O espírito de um adolescente chamado Jeff se identificou como filho de Rick. Jeff tinha muito a dizer, felizmente, porque o pai não estava dizendo uma palavra. Jeff trouxe outro espírito consigo, uma amiga da família que havia se suicidado por asfixia, e agradeceu Rick por ajudar o marido a enfrentar sua morte. Os espíritos continuavam a falar e não tínhamos ouvido nem mesmo um grunhido de Rick.

Quando a sessão acabou, ele perguntou:

— Você quer saber quem eu sou e por que estou aqui?

— Não — eu disse —, nenhuma outra informação é necessária.

Rick ignorou minha resposta e começou a explicar que havia trabalhado com pesquisadores da vida após a morte que sugeriram que ele se consultasse comigo. Rick recontou animadamente, ponto por ponto, como eram precisas as informações que os espíritos tinham fornecido.

Depois dessa visita, Rick passou a entrar em contato comigo a cada seis meses para receber visitas do filho, do pai e de pessoas que ele conhecia em espírito e que paravam para dizer "olá". O que eu mais gosto em visitas repetidas é que tenho a oportunidade de ver como os visitantes, tanto nesta vida como na vida após a morte, crescem e mudam. No pós-vida, os relacionamentos são tão dinâmicos e mutáveis quanto os desta vida.

À medida que os espíritos e os meus clientes se sentem mais à vontade uns com os outros e uma comunicação se estabelece, podemos começar a explorar juntos os conceitos mais complexos de vida, morte e pós-vida. Essas interações são o que realmente me mantêm interessada no processo de comunicação espiritual, porque esse processo começa a tratar dos maiores propósitos dessa comunicação e da própria vida.

Durante uma sessão recente por telefone no Dia dos Pais com Rick, seu pai e seu filho desencarnados vieram para uma visita. O pai de Rick é um homem pouquíssimo emotivo, de mente militar e espírito resistente, com um intenso interesse pela Segunda Guerra Mundial. Rick e seu pai não tinham uma relação afetuosa aqui na Terra. O pai considerava qualquer outra emoção que não fosse raiva como um sinal de fraqueza. Em sessões anteriores, o pai de Rick tinha pedido desculpas por não ser um pai amoroso e amigo. O relacionamento de Rick com seu próprio filho, Jeff, fora muito diferente do que aquele que tivera com o pai. Rick e Jeff eram grandes amigos. Eles brincavam e se divertiam juntos. Jeff apreciava as ironias da vida (e da morte). Quando Jeff morreu, tão jovem, Rick perdeu não só o filho mas também o melhor amigo e a chance de deixar descendentes. Jeff era filho único e, com sua morte, esse ramo da árvore da família não iria produzir mais galhos.

No início da sessão no Dia dos Pais, o pai de Rick disse que considerava o passado águas passadas sob uma ponte. Essa parecia apenas uma frase banal até que ambos, ele e Jeff, começaram a falar de pontes novamente, mas desta vez em relação a um novo militar na vida de Rick, que era engenheiro e construía pontes. Rick confessou que, por meio de um trabalho voluntário na organização de um asilo, tinha entrado em contato com um militar intratável que lembrava muito seu pai. Esse homem tinha feito parte do Corpo de Engenheiros, os construtores de ponte do exército. O pai de Rick informou que ele também estava ajudando o engenheiro inspirando em Rick pensamentos sobre como romper a carapaça de proteção desse homem. Rick disse que ele e o filho do homem estavam impressionados com o jeito como esse sujeito durão estava finalmente se abrindo, expondo seus sentimentos para as pessoas mais próximas, pela primeira vez na vida. O pai de Rick agradeceu-lhe por trabalhar com esse militar do exército (mesmo que ele tivesse sido da Marinha no seu tempo, e os dois grupos fossem rivais declarados, embora respeitosos). O pai de Rick disse-lhe que a cura proporcionada por essa relação na Terra estava permitindo que as limitações do relacionamento entre ele e o filho também se tornassem águas passadas sob a ponte.

Foi então que Jeff, o filho de Rick, entrou na conversa e me transmitiu mentalmente frases inteiras.

— O início e o fim da ponte estão no céu — disse ele. — Na Terra, vocês estão no espaço entre os dois. O que vocês fazem aí tem seu início e o seu fim aqui conosco. O que vocês fazem na Terra chega até nós, no céu, e nós somos transformados.

Essa afirmação nos deixou a todos calados por um momento. Eu sempre me considerei e a outros médiuns como pontes entre os que vivem na Terra e os que vivem no céu. No meu modo de ver, uma das extremidades da ponte estava na Terra e a outra estava na vida futura. Jeff estava usando a analogia da ponte de maneira nova e muito mais profunda.

Depois de falar com o pai de Jeff e o pai de Rick, sou obrigada a reconsiderar a maneira como via as linhagens e heranças familiares. O legado do pai é o legado do filho... e o legado do filho é também o do pai. Nossas vidas aqui estendem-se do passado ao futuro, da Terra ao céu, através do tempo até a eternidade infinita. O que fazemos aqui se inicia na Terra e acaba no céu. Outro "heureca"!

Os quatro pais

Nem *todos* os membros da geração mais jovem que eu encontro vivem no plano espiritual. Cada vez mais jovens encarnados vêm me consultar, porque querem aprender mais sobre a vida após a morte. No começo, eu ficava intrigada com o seu interesse, porque as crianças, em geral, não pensam muito sobre a morte. Mas passei a compreender que as crianças na Terra, na verdade, consideram os espíritos como uma parte da vida, por isso é perfeitamente natural que peçam ajuda para entrar em contato com o mundo espiritual ou para aprofundar uma ligação que já tenham com os espíritos. Recebo um número crescente de e-mails atualmente de pais que não sabem o que fazer com uma criança que vê e fala com espíritos como se isso fosse a coisa mais natural do mundo. A necessidade de ensinar adolescentes a desenvolver sua mediunidade é cada vez maior.

Depois de anos conversando com espíritos de crianças tão comunicativas, já não me surpreende que as crianças aqui da Terra também queiram se comunicar com os espíritos. As crianças têm simplesmente uma inclinação natural para fazer esse contato. O modo como as crianças enviam torpedos uns para os outros ou "tuitam" na Terra é muito parecido com a comunicação constante que vivencio com jovens espíritos, que também têm o desejo e a necessidade de se expressar e serem ouvidos. As crianças, tanto aqui como lá, acreditam que estamos todos de alguma maneira interligados. Os vários modos de comunicação novos, disponíveis para as crianças na Terra hoje, na verdade refletem o jeito como as crianças desencarnadas se comunicam naturalmente — com velocidade, facilidade e longo alcance. É apenas uma questão de tempo até que estejamos todos nós, deste mundo e do outro, conversando mais diretamente. Uma palavra do nosso vernáculo de hoje resume tudo para mim. Maneiro!

Mesmo com esse crescente interesse pela comunicação espiritual, eu não estava sintonizada quando um membro desta geração comunicativa marcou uma sessão comigo. Não fiquei pensando na razão por que ele havia marcado a sessão, mas fiquei surpresa quando a primeira coisa que saiu de minha boca foi:

— Você tem quatro pais. — Eu tinha certeza de que fizera alguma confusão embaraçosa.

— É, tenho mesmo — respondeu Walter, um rapaz de 23 anos de idade. Minha sensação de alívio foi breve, porque quatro figuras masculinas em espírito me cercaram, falando ao mesmo tempo. Foi um tumulto, até que percebi que tinham características bem diferentes. Um deles era extremamente alto, outro estava fumando um baseado, outro era careca e o outro falava alemão.

O alemão, Gunther, foi o primeiro a se comunicar. Ele era o pai biológico de Walter, e havia morrido num acidente de esqui antes de Walter nascer. Ele e a mãe de Walter tiveram um caso quando ela passou o verão na Suíça, fazendo um curso pago pela empresa em que trabalhava. Eles não haviam se casado.

O homem extremamente alto era o avô de Walter. Quando a mãe de Walter voltou para casa solteira e grávida, o pai dela fez o papel de pai para Walter. Walter o chamava de "Paizão".

O sujeito que fumava o baseado era o primeiro marido de sua mãe, o padrasto de Walter, que tinha sido preso por tráfico de maconha e morrido na prisão.

O careca era um velho amigo da família, que fora padrinho de Walter. Ele tinha acompanhado de perto e financiado a educação de Walter. Morreu subitamente de um ataque cardíaco, apenas duas semanas antes de Walter vir marcar uma sessão comigo.

Cada um desses homens se considerava pai de Walter. Todos demonstravam um grande interesse pela vida dele. Todos esses homens deixaram claro que estavam conscientes da presença dos outros e do papel que desempenhavam na vida de Walter. Dois tinham laços de sangue com Walter, um pelo casamento e o outro por compromisso. Quando Walter estava indo embora naquele dia, ele me agradeceu.

— Hoje o céu me devolveu meus pais — disse ele com um sorriso. — Todos os quatro.

O céu nos devolve nossos pais, nossas mães, nossos filhos, nossas irmãs e irmãos, aqueles que conhecemos e os que não conhecemos.

No céu, a família não se define apenas por laços de sangue. Ela se define também por laços de afeto.

Respostas dos Espíritos

Existem órfãos no mundo espiritual?

De jeito nenhum. *Todo mundo* tem família na vida após a morte, mesmo que os laços familiares da Terra tenham sido definitivamente cortados. Os órfãos da Terra também não estão sozinhos. A morte não impede os pais de zelar pelo bem-estar dos seus filhos. A cada ano, milhares de crianças perdem os pais devido a guerras ou desastres naturais e ficam completamente desamparadas por causa disso. Mas depois de desastres terríveis, muitas vezes ouvi histórias sobre como as pessoas — algumas delas com a própria família para sustentar — se mobilizam para adotar uma criança (ou várias de uma mesma família, para que os irmãos possam continuar juntos). Eu só posso pensar que os pais em espírito inspiram famílias amorosas a cuidar de seus filhos, depois que eles mesmos já não podem fazer isso.

Não importa o que aconteça para separar as famílias na Terra, há reuniões no céu para que elas possam se unir novamente. Já perdi a conta dos espíritos que disseram o quanto ficaram felizes ao serem acolhidos por membros da família que não conheciam enquanto viviam na Terra. Ninguém é órfão no céu. E mesmo que pareça o contrário às vezes, ninguém é órfão na Terra também. Ninguém está realmente sozinho nesta vida... ou na vida após a morte.

Se eu não sei quem é meu pai, como ele vai me encontrar no céu?

Em primeiro lugar, só porque você não sabe quem é seu pai isso não significa que ele não saiba quem você é. Em segundo lugar, assim como existem características distintivas nas famílias físicas da Terra, tais como um nariz aquilino ou um modo peculiar de caminhar, existem também similaridades energéticas entre os membros da mesma família. Embora o corpo físico não exista mais na vida após a morte, essas semelhanças energéticas permitem o reconhecimento imediato.

Não precisa se preocupar com o modo como vai encontrar membros da sua família e aqueles que você ama. Quando você morrer. Fica a cargo *deles* encontrar você.

Sinopse Espiritual

As famílias de hoje são muitas vezes um amontoado de ex-cônjuges, padrastos, meio-irmãos e parentes por afinidade. Com o número crescente de adoções, o conceito moderno de família se estende bem além das linhas culturais, religiosas e genéticas. As crianças desencarnadas trazem harmonia para o que de outro modo poderia parecer um amontoado confuso de relacionamentos rompidos. Elas definem as famílias como almas conectadas não só pelo DNA, mas por escolhas, algumas delas concebidas pelas próprias crianças. Embora os relacionamentos legais possam se dissolver na Terra, no céu o amor continua — e cresce.

5

Pelas próprias mãos

Crianças desencarnadas falam sobre suicídio

Mensagens dos Espíritos

"Haveria um motivo bom o suficiente?" (Palavras de um espírito de 19 anos de idade, quando sua mãe lhe perguntou por que ele tirara a própria vida.)

Pensamentos dos Espíritos

Pensamentos suicidas

Enquanto sonhava, durante uma noite de novembro anos atrás, ouvi o que parecia o estampido de fogos de artifício. Acordei com um gosto acre na boca, como se tivesse mastigado metal.

O gosto permaneceu durante todo o dia, não importa o quanto eu tentasse camuflá-lo com outros sabores fortes.

Eu estava acostumada a ter sonhos estranhos e presumi que esse, como os outros, era uma expressão noturna das minhas interações diurnas com os espíritos. As imagens desconexas ou os enredos cheios de reviravoltas normalmente já se dissipavam quando entrava no banheiro para escovar os dentes pela manhã. Raramente um gosto invade minha realidade durante um dia *inteiro*.

Esse sonho foi diferente de uma maneira que eu não entendia. Mas, na véspera do Dia de Ação de Graças, vários dias depois, finalmente entendi.

Na noite de Ação de Graças, meu lindo primo Tommy, loiro, de olhos azuis, um pouco mais jovem do que eu, esteve no portão da casa de sua ex-namorada, declarou seu amor eterno por ela e depois atirou em si mesmo. Ele tinha 19 anos.

Minha tia me pediu para cantar no funeral, mas parecia que cantar era algo impossível naquela situação. A música da minha própria alma tinha de repente se imobilizado, assim como eu imaginava que o seu corpo estava. Meus ouvidos, geralmente em sintonia com as harmonias suaves do céu, foram ensurdecidos pelo som de um único tiro, a bala que o tinha matado.

Suicídio. Essa palavra bate no peito com a frustrante finalidade de dar a alguém a última palavra numa discussão cósmica. Com o suicídio, qualquer oportunidade para discussão ou negociação morre também, ou pelo menos era assim que eu pensava na época.

Talvez ao boicotar o funeral eu estivesse boicotando a escolha do meu primo de morrer. No entanto, mesmo a minha decisão de me manter afastada (ou de desafiar) não poderia retardar as perguntas que davam voltas na minha cabeça como cavalos em torno de um carrossel enlouquecido.

"Por que ele fez isso?", eu perguntava a mim mesmo. "Por que não me ligou?" "Por que eu não entendi o sonho?", "Eu não deveria ter percebido os sinais?", "O que mais eu poderia ou deveria ter feito?"

Nessa época, eu ainda estava me recuperando de um grave acidente de carro, enquanto fazia uma pausa no meu agitado dia a dia na faculdade. O acidente não só me deixou com dor e problemas físicos que ainda persistem até hoje como também me trouxe um súbito influxo de uma sensibilidade intensa e descontrolada. Havia momentos em que a minha vida parecia um fardo pesado demais. Havia momentos em que eu também tinha pensado em morrer. Embora tenha escolhido ficar aqui na Terra, meu primo não escolheu. E eu queria saber por quê. Por quê? Por quê? Por quê?

Minha busca por respostas me levou a textos religiosos, estudos científicos e revistas de psicologia populares. Hoje em dia é muito mais fácil encontrar informações sobre o suicídio na internet. De acordo com o site do centro norte-americano de prevenção e controle de doenças (CDC), o suicídio é a terceira principal causa da morte de jovens com idade de 15 a 24 anos. São estatísticas impressionantes que se tornam ainda mais impressionantes quando alguém que você ama é um dos pontos percentuais. O que o CDC não pode medir é o efeito que o suicídio tem sobre as pessoas que sofreram essa perda.

O suicídio parece ser a rejeição suprema — a todos e a tudo. Ela parece muito pessoal e dirigida a nós, porque alguém que amamos escolhe ir para outro lugar em vez de ficar conosco. Pelo menos foi assim que eu me senti quando Tommy tirou a própria vida.

Eu... estava... com raiva.

Quando Tommy morreu, eu ainda não sabia direito lidar com os espíritos nem entender como as coisas funcionavam na vida após a morte. Minha falta de conhecimento provocou em mim um medo terrível pelo seu bem-estar e a incerteza sobre se iríamos ou poderíamos nos encontrar outra vez. O que eu não sabia na época era que, em vez de explicar-se *diretamente* a mim, Tommy iria curar nosso relacionamento apresentando-me a crianças e adolescentes que, como ele, tinham decidido quando e como morrer.

Conversei com uma amiga outro dia, que me perguntou como andava a redação deste livro. Respondi contando a ela sobre o meu primo Tommy.

— Surpreendentemente — confessei —, as lágrimas turvam minha visão e pingam sobre o teclado quando escrevo sobre seu suicídio.

Mesmo após todos esses anos, só o fato de pensar nele provoca em mim as mesmas emoções intensas que senti naquela época de tanta dor. Aparentemente, as emoções não têm uma data de expiração.

A reação que tive ao escrever sobre Tommy me ajudou a entender por que as crianças desencarnadas parecem ser particularmente resistentes à ideia de usar a palavra "suicídio"..., especialmente quando os pais estão sentados diante de mim. Essa palavra só traz de volta lembranças dolorosas, não as boas lembranças. Claro, sempre que penso que entendi bem alguma coisa, as crianças em espírito me lembram de que estou sempre aprendendo, e que toda regra tem sua exceção. Portanto, eu não deveria ter me surpreendido quando um jovem espírito sussurrou "suicídio" no meu ouvido, pouco antes de eu começar a transmitir mensagens para um grupinho reunido naquela tarde. Ele apontou para a senhora sentada ao meu lado.

A tal senhora, sentada à minha direita, estava muito bem arrumada. Com isso quero dizer que o cabelo dela estava perfeitamente penteado, as cores das suas roupas combinavam, a bolsa e os sapatos eram da mesma cor e suas joias complementavam o conjunto. Ela era a *última* pessoa para quem eu queria dizer "suicídio", mas o jovem não me deixou outra escolha. — Há um jovem em pé atrás da senhora com um nome que começa com J e que está dizendo a palavra "suicídio".

Ao som dessas palavras, toda a calculada compostura da mulher se dissolveu diante dos meus olhos e seus olhos azuis se encheram de lágrimas.

— É meu filho Jeremy — ela respondeu, quase engasgando com as palavras.

— Houve comentários de que a morte dele foi acidental — eu continuei —, mas ele está me dizendo que *a senhora* estava certa. Foi suicídio.

Um silêncio pairou sobre o grupo, ninguém respirava. E ninguém se moveu também, até que alguém passou a caixa de lenços para a mulher perfeitamente penteada.

— Eu sabia que meu filho tinha se matado — ela sussurrou —, embora as pessoas continuassem me dizendo que tinha sido um acidente.

Ao me forçar a usar o que eu considerava uma palavra dura — suicídio — o seu filho, Jeremy, estava de fato confirmando o que sua mãe sabia em seu íntimo ser verdade. Pessoas bem-intencionadas podem ter tentado protegê-la, mas, em vez de ajudar, esse engano só serviu para que ela se sentisse sozinha em sua certeza.

Jeremy, por outro lado, falou de um lugar onde a verdade é sempre uma expressão muito maior de amor do que qualquer mentira.

— Jeremy adora se divertir — eu disse à mãe dele. — Ele lutava contra as drogas, e essa foi uma batalha que ele não conseguiu vencer.

— É verdade — ela reconheceu.

Em seguida, Jeremy falou que via sua mãe lendo seus poemas. Ele lhe disse que os seus motivos para morrer estavam em seus escritos. Ele nunca se sentiu em casa aqui neste mundo, disse-me ele. Sempre lutou pelos oprimidos e não gostava da maneira como as pessoas tratavam umas às outras. Chegou um ponto em que a vida na Terra passou a ser dolorosa demais para ele. Quando transmiti tudo isso à mãe dele, ela respondeu:

— Eu compreendo. Ele escreveu sobre esses sentimentos em seus poemas.

Em seguida, Jeremy mudou o curso da conversa repentinamente. Isso é o que acontece quando se fala com o espírito de crianças; você tem que aprender a acompanhar!

— Jeremy adora surpreender as pessoas com presentes — eu disse.

— Ah, é verdade, ele vivia fazendo isso.

— Bem, ele trouxe uma surpresa aqui, hoje, um homem com as letras A-l-l no nome, que soa como "Allen".

— Allen?! — exclamou a mãe de Jeremy. — É o meu marido, o pai de Jeremy!

Eu continuei:

— Jeremy diz que ele e o pai tiveram um relacionamento difícil na Terra, mas estão juntos agora no céu.

Ela olhou para mim com os olhos arregalados e disse:

— É por isso que eu estou aqui hoje. — Quando fez uma pausa para respirar, também secou as lágrimas nos olhos. — Eu precisava saber que a nossa família pode se reunir novamente um dia. Quando Jeremy cometeu suicídio, eu pensei que ele estava perdido... para sempre.

Ah, não. Absolutamente não. O suicídio, embora seja uma expressão de alienação, não provoca a separação eterna. Em vez disso, as crianças em espírito que passaram pelo suicídio usam a experiência para iniciar um diálogo conosco sobre responsabilidade, a vida, o amor e os relacionamentos — as mesmas coisas que pensamos que o suicídio destrói. No que diz respeito às crianças, o suicídio não acaba com a conversa. É muitas vezes onde a conversa de cura começa.

Aprendendo a falar novamente

Durante os primeiros anos do meu trabalho, fui convidada a visitar uma pitoresca cidade turística na Califórnia, para atender alguns grupos pequenos e fazer sessões particulares. Eu estava muito animada, porque essa era a primeira vez que fazia uma viagem para conversar com os espíritos. Enquanto dirigia para o que parecia ser o cenário perfeito para um filme de faroeste, eu pensei, *Por que eles precisam de mim aqui? Este lugar parece a cidade ideal.* O celeiro vermelho na periferia da cidade, com suas placas em forma de cavalo com a inscrição "forragem", e a fileira de lojas da avenida principal reforçaram essa impressão. Mas durante a minha primeira sessão em grupo logo descobri que até mesmo as cidades "perfeitas" têm suicídios.

— Diga à minha mãe que estou vivo, que sinto muito tê-la feito sofrer, e que eu a amo! — exclamou um espírito chamado Nick, que havia se matado com a idade de 22 anos. Entre os detalhes que ele me deu sobre sua vida, havia o desejo que ele tinha na infância de ser detetive da polícia como o pai. Ele falou da sua bicicleta vermelha, do seu chapéu de caubói, do revólver de brinquedo favorito, das viagens da família para a feira de animais e da sua festa de formatura. E então pediu desculpas à sua mãe, Doris, por sua morte súbita e aparentemente não premeditada. Mas em vez de fornecer uma explicação para sua escolha, ele lembrou a mãe dos bons tempos que compartilharam. Ele lhe agradeceu por fazer seu bolo de morangos favorito em todos os aniversários e mencionou que seu aniversário tinha sido apenas há alguns dias. Ele terminou sua visita dizendo:

— Papai e eu somos muito parecidos. Nós lidamos com as coisas da mesma maneira.

— *Isso* é verdade — Doris disse entre dentes cerrados. Logo eu descobri por que eles eram tão semelhantes.

O marido de Doris, Gus, foi o espírito que falou em seguida. Com a mesma postura de quando era um detetive aposentado, Gus era um homem determinado, sistemático e muito preciso em sua forma de se comunicar comigo. Seu peito entroncado e sua postura sólida contribuíam para sua presença formidável na sala. Ele deixou claro desde o início que era um homem de ação.

— Depois que eu colocava uma coisa na cabeça, não sossegava enquanto não a fazia — ele me disse.

— É o jeito dele — Doris concordou, com os dentes apenas um pouco menos cerrados.

Gus, em seguida, mostrou-me seus momentos finais na Terra. Eu estava vendo as coisas do ponto de vista dele — esperando até Doris deixar a cidade. Caminhando até uma dependência da propriedade. Organizando as coisas para provocar o mínimo de bagunça possível, para que Doris não precisasse limpar nada. Bloqueando a porta para que Doris não o encontrasse. A arma. Os últimos pensamentos de Doris. Como seu filho, esse detetive aposentado, muitíssimo senhor de si, tirou a própria vida.

O marido então disse: — Eu te amo, Doris. Ainda caminho à margem do riacho com você todas as noites. — Não havia palavras para descrever adequadamente o amor que Gus estava me transmitindo para que eu passasse para Doris.

Doris, a esposa e mãe que havia sido deixada de modo tão dramático e definitivo por ambos, marido e filho, estava sentada estoicamente e imperturbável no sofá, reconhecendo serem verdadeiros todos os detalhes das mensagens que eu retransmitia. Todos os detalhes, menos um.

Não acho que ela acreditava que seu filho e seu marido a amavam, porque, em sua mente, se a amassem, teriam ficado com ela.

Na manhã seguinte, tive vontade de visitar uma pequena mas vibrante igreja na rua principal. Estava ansiosa para sentir o conforto, a paz e a tranquilidade que as igrejas das cidadezinhas tantas vezes transmitem.

Logo após a missa, quando estava me sentindo reflexiva e acalentada, meu braço foi agarrado e dei de cara com Doris, a viúva do detetive.

— Tenho algumas contas para acertar com você — ela disse entre dentes. — Estou fula da vida! Como o meu marido e o meu filho podem dizer que me amam? Eles me deixaram aqui sozinha! Como eles se atrevem? Como *você* se atreve?

Desnecessário dizer que fiquei muito surpresa. Enquanto recuperava o fôlego, pedi ajuda aos espíritos. — É natural sentir raiva — respondi. — Eu sei o que é perder alguém tão próximo desse jeito. — Lembrei-lhe então que os pensamentos finais de seu marido foram a preocupação com ela e que ele continuava a caminhar com ela todas as noites. Lembrei-lhe que seu filho tinha falado sobre os bons tempos. E, depois, procurei, como louca, o padre da igreja.

As emoções de Doris eram extremamente brutas. Parecia que os sentimentos que ela não tinha sido capaz de expressar durante anos agora estavam sendo extravasados com a violência de uma repentina tempestade de verão.

Eu queria contar com o apoio do padre, porque sabia que ela não só precisava de ajuda naquele momento como certamente precisaria nos dias seguintes.

Na situação de Doris, os suicídios do filho e do marido tinham causado uma interrupção em todas as conversas e no intercâmbio social. Soube mais tarde que, antes de receber as mensagens do filho e do marido, ela se recusava a falar sobre eles ou suas mortes. É claro que, para Doris, o suicídio representou um fim — o fim da vida deles *e* da dela, o fim das lembranças, o fim da alegria e o fim de qualquer conversa. Mas aqueles em espírito que a amavam queriam restaurar a vida, as lembranças dos bons tempos e até mesmo a esperança. Eles queriam começar as conversas de cura.

Alguns meses depois, o mesmo padre me contou que o encontro com o filho e o marido, de fato, fez com que Doris começasse a falar. Ela falou e falou e falou. Acabou superando sua raiva e recuperando a sua vida. O início da conversa foi o início de sua cura a longo prazo.

Foi também o início do meu relacionamento com pastores, psicólogos, psiquiatras e terapeutas. Curiosamente, eu tinha visitado essa cidadezinha a pedido de um psicólogo que era receptivo à comunicação com os espíritos. Nos anos seguintes, vários terapeutas enviaram seus pacientes para mim. Alguns dos mais corajosos até apresentaram workshops comigo. E eu reconheço que, embora a mediunidade seja uma parte valiosa do processo que acaba levando à cura, ela não consegue proporcionar o apoio necessário para se lidar com toda a tristeza. Como aconteceu no caso de Doris, os entes queridos desencarnados muitas vezes iniciam uma conversa por meu intermédio que continua por muito tempo depois de eu sair da cidade.

Agora quem é o responsável?

Depois de perdermos alguém que amamos, é muitas vezes difícil recuperarmos nossa vida. O suicídio parece tornar isso ainda mais difícil. Mas aqueles que põem fim à vida na Terra logo descobrem que a vida continua do lado de lá. E nenhum deles espera que *nós* paremos de viver por causa da escolha deles. Então, o que nos faz seguir em frente? Aqui está uma história verdadeira que pode dar algumas pistas:

Quando um pai desencarnado veio visitar a filha, o acesso de raiva dela no meio da sessão me assustou. — Quando ele se matou, me matou também! — ela gritou.

— Não se aproprie da minha morte! — ele gritou de volta. — Ela é minha, não sua!

A princípio as palavras pareciam petulantes, duas pessoas reivindicando uma morte. No entanto, essa troca desenfreada e indelicada foi surpreendentemente catártica para a jovem.

Ela e o pai haviam discutido antes do suicídio dele, e ela tinha certeza de que suas ações haviam determinado a escolha do pai. Gritando de volta (e continuando o relacionamento tumultuado), o pai queria deixar claro que a filha não era responsável por sua escolha.

— Eu entendi — disse ela depois que a nossa sessão terminou. — A morte dele realmente não tem nada a ver comigo.

Como esse pai, as crianças desencarnadas não querem que os entes queridos que ficaram na Terra se responsabilizem por suas mortes. Uma das grandes ironias de trabalhar com crianças que se suicidaram é que nós, aqui na Terra, muitas vezes aprendemos com *eles* sobre responsabilidade. A responsabilidade pessoal parece ser um de seus mantras — para eles e para nós. Embora as crianças possam mencionar fatores que contribuíram, como o uso de drogas ou álcool, problemas de relacionamento e a falta de esperança, eu não ouvi nenhuma criança desencarnada culpar um pai, um irmão, um amigo ou qualquer outra pessoa por sua ação final na Terra. O que parece ser uma escolha irresponsável e egoísta geralmente fornece ao espírito uma oportunidade para assumir total responsabilidade por suas escolhas na vida, mesmo que uma ou mais escolhas tenham resultado em sua morte.

As crianças desencarnadas falam muito sobre o quanto queriam ser livres, enquanto estavam aqui na Terra. O suicídio é muitas vezes uma expressão desse desejo de ser livre — livre das limitações da vida, livre da dor de relações conflituosas, livre das responsabilidades de ser responsável.

Depois que estão no céu, porém, elas contam que descobriram um tipo muito diferente de liberdade da que esperavam. Em vez de encontrar a liberdade, desligando-se dos outros, elas encontram a liberdade pela ligação com elas mesmas — assumindo a responsabilidade por suas próprias experiências, atitudes e escolhas, assumindo a responsabilidade por si próprias e reconhecendo que todos nós precisamos viver uma relação de interdependência com as outras pessoas, deste lado da vida e do outro lado.

— No céu não há lugar para nos escondermos — um jovem disse à mãe. — Eu me vejo com clareza.

Um jovem espírito chamado Ryan mostrou-me que, depois que se enforcou, ele acordou numa casa de espelhos, rodeado por reflexos de si mesmo. Enquanto estava na Terra, ele odiara sua aparência, a tal ponto que não tinha espelhos em seu quarto e evitava olhá-los sempre que possível. Chegou ao ponto de mutilar-se com navalhas e objetos cortantes. Ele havia morrido tentando fugir de si mesmo e, em vez disso, descobriu que agora tinha de enfrentar todos os seus aspectos, vendo-se literalmente de todos os ângulos. O céu, para ele, era como um parque de diversões, ele me disse. Havia Ryans altos, Ryans baixos, Ryans gordos e Ryans magros. "Apenas imagens", disse ele. "Imagens que estão sempre mudando." Que perspectiva maravilhosa ele tem agora!

Quando as crianças morrem em decorrência de suicídio, não só passam a se ver com outros olhos como também se tornam conscientes do impacto que sua morte exerceu na vida de todos os que conheceram. Desde pessoas que conheceram casualmente e que passaram a viver a vida mais plenamente até seus pais devastados pela dor, as crianças em espírito ouvem e veem tudo. Nada as protege de sentir o pleno impacto que sua vida e sua morte tiveram sobre a vida das outras pessoas. Um adolescente que se matou numa floresta me procurou com um pedido de desculpas para as crianças que o encontraram. Ele estava consciente do efeito que a descoberta exerceu sobre elas.

As revelações mais impressionantes dos que tiraram a própria vida vêm de espíritos que acreditavam que sua família e o mundo passariam melhor sem eles. Felizmente, eles relatam que esse ponto de vista limitado e limitante muda radicalmente com a morte.

Sentindo o amor

Fiquei surpresa um tempo atrás ao ouvir um adolescente que havia se matado contar sobre o caos que tinha provocado dentro da sua família. Normalmente, as crianças desencarnadas querem falar sobre seus momentos felizes. Mas esse jovem passou a dizer que tinha causado um grande desespero na mãe quando começou a roubar dinheiro para comprar drogas. Ele confessou que acreditava ser responsável pela separação dos pais e pelo fato de seu irmão mais novo estar apanhando de um traficante de drogas.

Depois que morreu, esse jovem foi finalmente capaz de ver e aceitar o amor que a família lhe tinha dedicado o tempo todo.

— Mãe, seu amor foi um presente que eu não soube como abrir — disse ele. (Na minha mente, ele me mostrou um belo pacote de presente amarrado com fitas e laços multicoloridos.) Ele continuou, dizendo:

— Eu trouxe o seu presente para o céu e o abri aqui. — Descrevi a imagem que ele me mostrou de um coração saindo de dentro de uma caixa embrulhada para presente.

— Será que ele realmente sabe o quanto eu sempre o amei? — a mãe me perguntou com olhos suplicantes.

— Com certeza — eu lhe assegurei. — Seu filho nos mostrou aqui hoje que o ditado "da vida nada se leva" não se aplica ao amor.

O amor e a compaixão que oferecemos para aqueles que tiraram a própria vida afetam sua experiência na vida após a morte. O amor eleva os espíritos.

Uma menina de 15 anos que tinha morrido depois de tomar uma overdose de remédios me disse que o amor de sua mãe iluminou o caminho dela até o céu. Sua mãe mais tarde me contou que ela se perguntava se sua filha podia ver as velas que ela acendia na igreja diariamente. Essa mãe tinha certeza de que seu amor ia iluminar o caminho da filha até ela ser capaz de ver, por si própria, a luz do amor de Deus. Tenho certeza disso, também.

Gravações

Uma das minhas cidades favoritas é Laguna Beach, talvez porque ela não se pareça tanto com uma cidade, mas mais com uma grande festa na praia prestes a começar. O sol parece brilhar sempre com um propósito ali e irradia para o resto do mundo como simples consequência. É sempre um tanto desconcertante, portanto, conhecer pais aflitos quando visito esse lugar iluminado.

Num dia particularmente ensolarado, abri a porta do meu quarto de hotel para um homem e uma mulher que, na minha imaginação, eram um típico casal de Laguna Beach. Ele estava vestido com um *short* e uma camiseta, e seu rosto era emoldurado por cachos avermelhados. Ela era alta, tinha pernas longas e um bronzeado maravilhoso. Seus longos cabelos loiros caíam até bem abaixo dos ombros. Fizemos nossas apresentações e fomos para a saleta que havia em meu quarto. Logo detectei um sotaque. Eu me peguei rindo de mim mesma, porque estava fazendo suposições, algo que ensinava meus alunos a *não* fazer! De muitas maneiras, prefiro as sessões por telefone às presenciais, porque tendo a me distrair bastante com a aparência das pessoas.

Quando o casal, Steve e Jane, se sentou e ficou à vontade, inseri uma fita no gravador e coloquei-o sobre o braço largo do sofá. Assim que terminei a minha bênção de abertura, o gravador *voou* do lugar onde estava. Steve deu um pulo e exclamou: "Mas ninguém tocou no gravador!". Da perspectiva dele isso podia ser verdade. Mas da minha, eu podia sentir a energia de um espírito jovem tentando anunciar sua presença.

Coloquei o gravador de volta no lugar e a mesma coisa aconteceu de novo. Dessa vez, ele quebrou.

— Bem — eu disse ao casal —, parece que não vamos ter uma gravação da nossa sessão.

Por alguma razão, os espíritos não resistem a brincar com um gravador. Por exemplo, uma mãe, decidida a gravar sua sessão para que seu marido descrente a ouvisse, me ligou para perguntar se o meu gravador estava com defeito.

— Não dá para entender nada do que é dito na fita. Às vezes a sua voz parece com a da Minnie, namorada do Mickey Mouse, e num ponto você está falando de trás pra frente! Meu marido disse que isso é impossível.

— Seu filho não disse que ia fazer o impossível para mostrar ao pai que ele está por perto? — eu lembrei a ela. Aliás, verifiquei o meu gravador e ele estava funcionando perfeitamente. Além disso, nenhum dos meus outros clientes tinha se queixado da qualidade da gravação de suas fitas.

Enquanto Steve, Jane e eu verificávamos o gravador quebrado, eu podia sentir o filho deles em pé, entre nós. Na minha mente, ele me mostrou uma garagem cheia de carros antigos e me transmitiu uma sensação de alegria com relação a esses carros. Quando comentei isso com Steve, ele respondeu:

— Tenho uma coleção e uma loja de carros antigos. Meu filho adorava me ajudar a polir e consertar os carros.

O jovem não parava de dizer "Bray, Bray, Bray" no meu ouvido, e seus pais confirmaram que na verdade o nome dele era Braydon. Ele tinha muita sensibilidade e consideração, e eu mencionei isso aos pais. Braydon me impressionou com sua criatividade e amor pela música. Ele queria ser músico e me mostrou uma imagem de sua mãe lendo os cadernos onde ele anotava suas letras de músicas. Jane reconheceu que ela se sentou no quarto dele uma noite e leu essas letras em busca de pistas.

— Pistas de quê? Da sua morte? — perguntei a Braydon mentalmente. — Como você morreu? — Eu não obtive uma resposta, então eu aceitei o fato de que a nossa conversa seria unilateral.

Depois que Braydon teve certeza de que seus pais não tinham mais nenhuma dúvida de que ele estava conosco, ele começou a falar:

— Não culpo ninguém pela minha morte. Estou assumindo a responsabilidade.

Tive a sensação de que ele tinha tirado a própria vida. Embora não tenha me dado nenhum detalhe, ele mostrou uma foto na minha mente de uma cama com uma colcha listrada. Quando transmiti essas informações, os olhos de Jane adquiriram repentinamente um brilho que foi apagado pelas lágrimas. Ela começou a torcer as mãos, enquanto me contava que o filho tinha cometido suicídio no quarto em que estava a colcha listrada. Ela é que o tinha encontrado. Jane ficou aliviada ao ouvir que ele tinha assumido a responsabilidade por sua própria morte. Por causa de uma discussão que eles tiveram no dia da morte dele, Jane tinha se culpado. Apesar de seu alívio, ela ainda queria saber mais. Num sussurro rouco, ela perguntou:

— Por quê?

Eu me recostei na minha poltrona e respirei fundo. Expliquei a Jane que eu iria fazer a pergunta, mas duvidava de que Braydon fosse responder (especialmente porque, até aquele momento, ele não parecia interessado em responder a nada que eu perguntava). Em minha mente, eu perguntei:

— Por que, Braydon, por quê?

Braydon respondeu tão de repente que foi como se tivesse jogado um tijolo através da janela da minha mente. E então eu percebi que o tijolo que ele jogou não fora uma resposta, mas uma pergunta.

Ele perguntou:

— Haveria uma razão boa o suficiente?

Então foi a vez de Jane se recostar na poltrona e tomar fôlego.

— Você é Braydon, certo — disse Jane. — *Nenhuma* resposta seria boa o suficiente.

A pergunta de Braydon continuou na minha cabeça durante todo o dia e à noite. Naquela noite, fui para a cama e refleti sobre meu primo Tommy. Décadas tinham se passado desde o dia da sua morte e eu ainda me perguntava: "Por quê?" A pergunta de Braydon, no entanto, me acalmou. Braydon me lembrou de que explicar a morte, independentemente de como ela tenha acontecido, não curava a dor da perda. Francamente, nunca haverá uma razão boa o suficiente para uma mãe ou um pai que tenha perdido um filho, pelo menos uma que eles estejam dispostos a aceitar. Em vez de motivos, Braydon ofereceu um relacionamento, que continua, apesar do suicídio e além da nossa busca desesperada por respostas. Só depois de muitos meses, percebi que meu primo Tommy estava tentando fazer a mesma coisa... há *anos*.

Visita de surpresa

Ah... As Bahamas. A promessa de brisas mornas vindas do mar, praias de areia branca, ondas suaves de água azul-esverdeada e reggae nas ruas. Tudo é melhor nas Bahamas... até mesmo os retiros espirituais. Todas as primaveras, durante sete anos, lecionei comunicação espiritual e transmiti mensagens a grupos do mundo todo, reunidos em um resort nesse ambiente glorioso.

Uma das grandes alegrias desses eventos de uma semana de duração é encontrar e trabalhar com outros médiuns. Trata-se realmente de um grupo internacional, mas com uma missão singular: ajudar as pessoas a compreender os princípios da comunicação espiritual e demonstrar a cura que esse trabalho pode proporcionar.

Num certo ano, um casal encantador da Suíça se juntou à nossa equipe de professores. Eva era tão adorável em sua conduta quanto em sua aparência. Seus cabelos longos, grossos e brancos ficavam presos em uma trança única, solta nas costas. Ela se movia de maneira graciosa, sua figura ágil parecendo valsar a cada passo. Em comparação, Matthias, o marido de Eva, tinha uma aparência leonina. Seu cabelo grisalho, cacheado e rebelde emoldurava-lhe a face e uma espessa barba obscurecia quase todo o seu rosto, com exceção dos olhos. Por causa de sua aparência imponente, quase não se via o brilho em seu olhar. Quer dizer, até que ele achasse algo engraçado e soltasse sua risada cheia de *ho-ho-hos*, com mais entusiasmo que o Papai Noel.

Enquanto eu dava minhas aulas de manhã, Eva e Matthias faziam anotações — *muitas* anotações. Parecia que eles estavam escrevendo *tudo* o que eu dizia. Francamente, isso me deixou nervosa. Suas reputações como líderes em mediunidade eram amplamente conhecidas, então eu me perguntava: “O que eles poderiam estar aprendendo *comigo*?” Quando comentei sobre o meu receio com Matthias, ele jogou a cabeça para trás e riu. — Estamos sempre aprendendo — disse ele, citando Michelangelo.

Já trabalhei com muitos médiuns maravilhosos ao longo dos anos e todos eles compartilham uma característica surpreendente... uma grande humildade. Isso foi certamente demonstrado aqui.

Durante toda a semana esperei com ansiedade para ver esse lindo casal trabalhando juntos, mas meu interesse aumentou significativamente depois que eu soube que, enquanto Eva transmitia mensagens, Matthias desenhava retratos do espírito com quem ela estava se comunicando. Eu simplesmente mal podia esperar para ver isso!

A grande noite finalmente chegou. Sentei-me no fundo da sala com outros facilitadores do retiro. Nós, médiuns, participávamos de todos os eventos ao longo da semana, a fim de que nossa energia coletiva potencializasse ao máximo a comunicação espiritual para os participantes do retiro.

Quase no fim da noite, Eva ficou em silêncio por um momento, com os olhos fechados. Então começou a falar com sua voz suave, quase infantil.

— Vejo um jovem espírito aqui, com pouco menos de 20 anos — disse ela. — Ele morreu por causa de uma decepção amorosa. Ah, não, esperem... ele sofreu uma decepção amorosa, mas morreu por causa de um tiro. Ele atirou em si mesmo.

Houve um burburinho na plateia e, em seguida, Matthias começou a desenhar em silêncio. Um rosto arredondado surgiu, debaixo de um tufo de cabelos loiros na ilustração que tomava forma num grande bloco de papel.

— Ele está me mostrando um uniforme, ele estava nas forças armadas — disse Eva. Matthias continuava a desenhar furiosamente, enquanto seu corpo bloqueava a visão do cavalete onde estava o bloco de papel e o desenho.

— Alguém sabe quem é este jovem? — Eva perguntou. Ninguém disse uma palavra.

— Vamos ver o que mais ele pode nos dizer — Eva continuou. — Ah, ele adorava música e tocava violão. A pessoa por quem ele está aqui também adora música e era musicista, talvez profissional.

Meu coração começou a bater rapidamente e as palmas das minhas mãos ficaram suadas. Meu primo Tommy fora da Marinha. Ele adorava música e estava aprendendo a tocar violão antes de morrer. A música fora uma das minhas especializações na faculdade e eu tinha sido musicista profissional durante alguns anos. *Espere um minuto*, pensei. *Esse não pode ser Tommy. Estou aqui para ajudar as pessoas nesse retiro, não para receber mensagens para mim mesma.* Eu continuei a me dissuadir da possibilidade de que Tommy pudesse estar falando com Eva. E então aconteceu.

Matthias afastou-se do cavalete e ali estava o rosto do meu primo Tommy, um jovem belo e loiro, de olhos azuis.

— Eu sei quem é este jovem — eu disse. E então comecei a chorar sem parar.

É claro que eu não tinha nenhum lenço comigo. Eu não estava esperando ter notícias dos meus próprios entes queridos. Felizmente, aqueles que estavam esperando mensagens tinham trazido caixas de lenços, que me passaram às pressas.

Mas Tommy não tinha terminado ainda.

— Esse rapaz é seu primo, mas era como um irmão, não é? — perguntou Eva.

— Sim — respondi.

— Ele quer que você saiba que ele a ajuda no seu trabalho. Ele traz os espíritos até você, aqueles que morreram como ele. Ele sabe que você pode ajudar a eles e às suas famílias.

— Obrigada, Eva — consegui dizer entre as lágrimas. E então assoei o nariz.

Pode parecer estranho que eu mesma não tenha me comunicado com Tommy ao longo dos anos. O trabalho de comunicação espiritual é engraçado assim. Parece haver um mecanismo de proteção embutido no sistema de defesa dos médiuns que os impede de estabelecer contato constante com seus próprios entes queridos. A mediunidade é para servir aos outros, não para servir a si mesmo. A verdade é que os médiuns precisam de médiuns, também.

Naquela noite, quando Tommy falou por intermédio de Eva, ele me mostrou a existência de um relacionamento que eu pensei ter acabado com seu suicídio. Por meio de cada jovem que ele trouxe até mim ao longo dos anos, ele me ensinou sobre amor, compaixão, perdão, responsabilidade pessoal e clareza de visão. Embora eu tenha pensado que essas comunicações espirituais tinham como objetivo a cura de suas famílias e amigos, elas eram, em parte, para a minha cura também. Ele tinha sido um parceiro silencioso para mim, durante todo esse tempo. Naquela noite, com a minha recém-descoberta consciência da sua presença, nossa conversa começou... novamente. Assim como o nosso trabalho em conjunto.

Respostas dos Espíritos

Deus castiga as pessoas que tiram a própria vida? Será que para ele esse é o seu papel?

Embora os espíritos nunca tenham me falado que Deus ficou propriamente zangado, eles reconhecem prontamente a ira de suas famílias, amigos e colegas de trabalho. Um jovem na casa dos 20 anos, que cometeu suicídio logo após abrir uma empresa virtual com uma amiga, disse a ela durante uma sessão:

— Eu sei que você está p*** da vida por eu não cumprir a minha promessa. — Fiquei surpresa com essa declaração, porque geralmente minhas interações com os espíritos não incluem uma linguagem grosseira.

— Ele não tem ideia de como eu estou p*** da vida — respondeu ela.

— Ah, eu acho que ele sabe, sim — eu lhe disse.

Uma moça bonita que morreu de anorexia aos 21 anos de idade disse aos pais:

— Eu sinto o amor de Deus aqui. Eu não podia aceitar que Deus me amava quando eu estava na Terra. Aceito isso agora.

Essa declaração foi um grande alívio para os pais, que eram religiosos e estavam preocupados que sua morte, que poderia ser vista como uma lenta forma de suicídio, poderia ter desagradado a Deus.

Os espíritos adultos muitas vezes falam sobre as escolhas que fizeram ao longo da vida e que contribuíram para a morte. Um homem que morreu de complicações provocadas pelo alcoolismo disse ao filho:

— Eu me matava um pouco a cada dose que tomava.

Um pai que continuou a fumar, apesar de sofrer de enfisema, disse à filha:

— Algumas pessoas escolhem morrer de uma vez só. Alguns de nós apenas fazem isso sem tanta pressa.

Uma mãe em espírito pediu desculpas à filha por não manter seu diabetes sob controle; ela morreu muito jovem de um ataque cardíaco, como resultado de suas escolhas.

— Ah, ela se recusava a fazer dieta e não controlava os níveis de açúcar — a filha dela me disse. — Ela não ouvia ninguém que tentava ajudá-la.

Conheci o espírito de um jovem soldado que morreu ao salvar membros do seu pelotão. Numa fração de segundo ele fez a escolha de morrer para que outros pudessem viver. Sua família ficou inconsolável com sua morte, mas também orgulhosa. Seus colegas soldados e suas famílias ficaram agradecidos. Esse jovem soldado resumiu sua escolha, me dizendo:

— Fiz o que tinha que fazer. Não tive tempo para pensar a respeito.

Quando falei com um homem que se enforcou em seu celeiro, fiquei surpresa ao ouvi-lo dizer:

— Achei que minha família ficaria melhor sem mim.

Seu filho ficou indignado com essa declaração.

— Como meu pai pode pensar assim? — perguntou. De uma forma estranha, esse pai acreditava que sua morte tinha sido um ato de autossacrifício.

Damos muita importância, na Terra, ao modo como pomos um fim à nossa vida aqui. No entanto, é nossa responsabilidade ficarmos mais conscientes do modo como nossas escolhas afetam os outros. É nossa tarefa fazermos escolhas de forma consciente, e não inconsciente. A vida não acontece simplesmente; nós a fazemos acontecer. Muitas vezes, o mesmo ocorre com a morte.

Se você se matar, não pode ir para o céu enquanto não decorrer o tempo de vida que você teria naturalmente?

Muitas pessoas, incluindo alguns médiuns, acreditam que isso seja verdade. Felizmente, segundo minha experiência com os espíritos, ninguém jamais relatou ter ficado do lado de fora dos portões do céu. Isso fazia com que eu me perguntasse por que as minhas experiências eram diferentes das de alguns outros médiuns. Quando pedi ajuda para compreender isso, recebi uma resposta do espírito de um jovem que me esclareceu um pouco as coisas. Ele me contou como tentou ajudar certo homem que havia se matado a aceitar o fato de que ele não tinha sido exilado do céu por causa de suas ações. Mas o espírito que tinha se matado não se convenceu. Depois desse encontro, tive que considerar a possibilidade de que, se alguém acredita que suas ações podem afastá-lo de Deus e de todas as bênçãos do céu, essa crença pode criar a realidade da vida após a morte.

Outra coisa que aprendi com os espíritos é que eles estão conscientes dos nossos pensamentos e do que dizemos sobre suas mortes, seja isso bom ou ruim. Presume-se então que, se os seus entes queridos na Terra dizem que suas ações vão impedi-lo de entrar no céu, o espírito vai se sentar fora dos portões e esperar.

Acho importante observar que como médium não tenho todas as respostas. Na verdade, meu trabalho é um pouco como montar um quebra-cabeça. A princípio há muitas peças espalhadas sobre a mesa. À medida que mais mensagens são recebidas, as peças do quebra-cabeça começam a se encaixar. Ao longo dos anos em que falei com os espíritos sobre muitos temas, inclusive os que trato neste livro, as peças do quebra-cabeça começaram a se assemelhar a um quadro mais completo.

Uma das razões por que gosto muito de trabalhar como médium é que sou curiosa. Fico ansiosa para ver todo o quadro, se não hoje ou amanhã, um dia.

Os espíritos que cometeram suicídio sentem remorso?

As pessoas que morreram por suicídio frequentemente expressam profunda tristeza pelo modo como as suas escolhas afetaram as pessoas mais próximas a elas. No entanto, esses espíritos não são os únicos que as visitam com a intenção de se desculpar.

Há dias em que parece que a única mensagem dos espíritos é: "Sinto muito por (preencha o espaço em branco)".

Quando o marido de determinada mulher morreu, ela descobriu que ele tinha hipotecado sua casa e perdido o dinheiro em um negócio que faliu. Quando ela veio me ver, a hipoteca estava prestes a ser executada. Nem preciso dizer que o marido disse "Sinto muito" várias e várias vezes.

Como os outros espíritos tratam aqueles que se mataram?

A resposta para isso é simples: com amor. Com muita frequência, os espíritos que morreram por suicídio vêm visitar seus entes queridos aqui na Terra acompanhados de outros membros da família. Eles não são marginalizados pelos outros espíritos. Quanto a isso, eu tenho certeza.

As pessoas que tiram a própria vida passam por algum tipo de julgamento?

Na outra vida, cada um de nós precisa assumir a responsabilidade total e completa por *todas* as escolhas que fez enquanto vivia na Terra. Alguns espíritos me disseram que só depois de morrerem, eles compreenderam plenamente como suas ações afetaram a si próprios, os outros e — sem a intenção de parecer dramática — toda a criação. Um jovem que se matou disse:

— Eu estava vivendo no meu mundinho. Quando me matei, não sabia que o mundo maior, lá fora, não me deixaria ignorar o que eu tinha criado.

Ele era um garoto muito filosófico que finalmente percebera que não poderia fugir do que criara em sua vida, e tinha que enfrentar isso.

Viver em um corpo físico é algo de imenso valor e proporciona uma oportunidade para o crescimento espiritual acelerado. A importância da nossa vida na Terra é ressaltada por todos os espíritos que vêm me ver. Nada causa mais arrependimento na vida após a morte do que as oportunidades perdidas. Não estou falando aqui de coisas como "escalar o Monte Everest" ou "velejar no rio Nilo". Os espíritos demonstram enorme interesse no modo como vivemos nossas vidas e nas escolhas que trazem amor, esperança e cura. E os espíritos *sempre* pesam para o lado da vida.

Falei com espíritos de crianças que de fato estimularam o pai ou a mãe a permanecer na Terra. Eu não deveria ter ficado surpresa ao descobrir que muitos pais pensaram em se suicidar depois da morte dos filhos. Mas, apesar do sofrimento que eles sabiam que seus pais estavam passando, nenhum filho jamais apoiou essa opção de suicídio. Um adolescente chegou ao ponto de dizer:

— Fique na Terra, mãe. Você me mantém vivo aí. Além disso, você tem muito trabalho a fazer.

Uma mulher chegou a dizer depois de uma sessão:

— Eu queria ouvir meu pai me dizer que tudo bem eu morrer agora. Mas ele só falou sobre a minha vida e sobre como ele estava me ajudando a enfrentá-la.

Sim, uma coisa é certa. Os espíritos nos encorajam a ficar aqui na Terra; eles estão nos ajudando a enfrentar nossa vida aqui.

Quando penso na perspectiva dos espíritos sobre a vida, o Google Earth me vem à mente. Os espíritos têm uma visão mais ampla e podem ver o mundo, os países, os estados, as cidades, as ruas e as pessoas, tudo ao mesmo tempo. Eles são capazes de ver todos os caminhos que podemos tomar, os lugares que podemos visitar e as pessoas que ainda não conhecemos. Nós, porém, temos uma visão bem mais limitada, pois só podemos ver o caminho em que estamos fisicamente, entre todos os vários que estão disponíveis para nós. É fácil pensar que só existe um caminho enquanto estamos caminhando por ele, especialmente se for um caminho de dor física ou emocional. Estes são caminhos que parecem ter placas dizendo "rua sem saída". Uma das razões pelas quais os espíritos vêm nos visitar é o desejo que eles têm de nos lembrar de que *nenhum* caminho é um beco sem saída. De acordo com a perspectiva deles, existem muitos caminhos, e todos eles dizem "ajuda disponível".

Saber que os espíritos estão com você é um pouco como ter um seguro de automóvel na estrada da vida. Se você tiver problemas, é só dar um telefonema. É por isso que as pessoas se sentem inspiradas a ligar para o CVV quando passam por uma crise pessoal em vez de puxar um gatilho. Os espíritos sempre nos encorajam e inspiram a ficar na Terra.

A morte não soluciona nenhum problema. Na verdade, com a ajuda dos espíritos, a vida pode ser, e geralmente é, uma maneira de resolver nossos problemas.

Sinopse Espiritual

O suicídio não só provoca o sofrimento daqueles que nos amam como também deixa para trás perguntas sem respostas: "Por que você fez isso?", "Por que não pediu a minha ajuda?", "Eu poderia ter feito alguma coisa para evitar?" Mas todas essas perguntas só contribuem para aumentar o sofrimento de quem perdeu um ente querido que tirou a própria vida. Por essa razão, não surpreende que as crianças e os adolescentes que fizeram essa escolha também se esforcem ao máximo para nos dizer que sobreviveram. Embora os portões do céu não estejam fechados para aqueles que cometeram suicídio, os espíritos arcam com as consequências de seus atos na Terra e estão plenamente conscientes de como suas escolhas afetaram as outras pessoas. Sempre que existem perguntas sem respostas sobre a morte, as crianças desencarnadas trazem respostas inesperadas. Quando o suicídio causa um silêncio ensurdecedor, os espíritos das crianças restabelecem o diálogo outra vez. Elas estão determinadas a nos elucidar sobre essa questão, em benefício delas próprias e também das outras pessoas.

6

A necessidade de superação

Os vícios na vida e na morte

Mensagens dos Espíritos

"Às vezes só a morte traz a cura..." (Palavras de um jovem desencarnado que morreu devido a uma overdose de heroína.)

Pensamentos dos Espíritos

Frases de sabedoria

— Eu *tenho* que falar com ele? — perguntou Ingrid no meio da nossa sessão, com os lábios pressionados com tanta força que mais nenhuma palavra poderia passar por eles.

— Claro que não — respondi, enquanto sentia o espírito em questão me puxando pela manga.

Um puxão espiritual causa a mesma sensação que um puxão físico. Às vezes, quando sinto um forte puxão na manga, eu me surpreendo ao ver que ninguém mais na sala notou minha manga se mexer. Espíritos de *todas* as idades fazem isso, embora deem a impressão de uma criancinha tentando chamar a atenção de uma mãe distraída. Outras vezes, posso sentir esse puxão lá dentro de mim ou meu ouvido direito parece a ponta de uma bala puxa-puxa sendo esticada. No caso desse espírito que gostaria de falar com Ingrid, senti o puxão de todas essas três maneiras. "Tudo bem, tudo bem", eu disse mentalmente. "Já entendi. Essa mensagem é importante."

Ingrid estava sentada perto da porta do meu quarto de hotel, tão longe de mim quanto possível. Ela tinha propositadamente se sentado de lado na cadeira e seus pés apontavam para a porta. Eu estava meio que esperando que ela se levantasse e saísse correndo do quarto a qualquer momento. Assim que ela entrou, reparei que seu rosto bronzeado tinha rugas profundas, mas seus olhos azuis brilhavam com a energia de alguém com metade da sua idade.

A filha de Ingrid, Marthe, estava sentada entre mim e a mãe. Ela parecia ter pouco menos de 50 anos e, embora ainda fosse jovem, parecia mais envelhecida que a mãe. Na cadeira mais próxima a mim estava uma jovem muito bonita, com longos cabelos escuros e encaracolados. Ela estava grávida — e sua gravidez estava tão avançada que fiquei com receio de que emoções fortes pudessem precipitar o trabalho de parto. Eu não sabia de quem tinha sido a ideia de consultar um médium, mas, à medida que as coisas progrediam, tornou-se óbvio que ela não tinha partido de Ingrid.

Embora eu preferisse ignorar o espírito em pé ao lado dela, visto que *ela* evidentemente não queria falar com ele, eu não podia fazer isso. A insistência do espírito não me deixava. Além disso, essa insistência também me lembrava do acordo que eu tinha feito com os espíritos. Minha missão era ser seu porta-voz, mesmo que alguém não quisesse ouvi-los.

Com isso em mente, respirei fundo e resolvi facilitar as coisas para mim falando com um dos outros espíritos que estavam ao lado de Ingrid. Como descobri depois, tratava-se da irmã mais velha de Ingrid, Emily, e felizmente ela transmitiu sua mensagem de maneira muito amorosa; Emily agradeceu a Ingrid por cuidar dela quando ela estava à beira da morte, sofrendo de câncer, e Ingrid, por sua vez, agradeceu a Emily por cuidar dela quando elas eram crianças. Mas logo depois disso Emily se voltou para o homem impaciente que estava ao seu lado. Foi nesse ponto que as coisas começaram a se complicar. A pele do homem tinha uma aparência áspera e avermelhada, como se ele tivesse ficado horas exposto ao vento frio. Ele me transmitiu o nome "Jack". Foi nesse momento que ela me perguntou se precisava mesmo falar com ele.

Em momentos com esse, eu me sinto mais uma mediadora do que uma médium.

— Claro que não — respondi. — Mas eu gostaria que você pensasse na possibilidade de ouvir o que ele tem a dizer, visto que foi a sua irmã Emily quem o trouxe até aqui.

— Tudo bem, eu lhe dou um minuto — disse Ingrid, de má vontade.

Eu não estava preparada para o que viria em seguida. Tão logo Ingrid concordou com a comunicação, eu me senti afogada num tsunami de álcool. Era como se todo o quarto estivesse afundando num mar de uísque barato. Ao mesmo tempo, Jack me transmitia imagens de um celeiro pitoresco. Meu coração ficou oprimido no peito, como se fosse explodir em lágrimas.

— Fui um bêbado desprezível — ele disse. — Lamento. Lamento muito por *tudo* o que eu fiz.

Eu não sabia o que ele queria dizer por "tudo". Mas sabia que, o que quer que tivesse acontecido no celeiro, tinha trazido imensa dor e desgraça para todos os que estavam ali. Parecia, sem sombra de dúvida, que o alcoolismo tinha sido um fator determinante para o ocorrido.

Hesitei por um instante, antes de transmitir todas essas informações. Tinha receio de que o teor emocional da mensagem tivesse efeitos deletérios sobre as mulheres, especialmente a linda jovem grávida.

No entanto, meu acordo com os espíritos não inclui privilégios de censura. Eu concordei em transmitir as mensagens que recebo, sem aumentá-las nem diminuí-las. Se um cliente me pergunta, "Você me disse tudo?", não quero ser obrigada a revelar algo que deixei de transmitir.

Sem editar a informação em nenhum sentido, eu a apresentei a Ingrid. Um palavrão se fez ouvir na sala:

— Ele tem muito que lamentar! — ela vociferou.

— Eu captei esse sentimento nele — eu disse. — Por isso ele está aqui... para se desculpar.

— Não aceito desculpas — ela retorquiu. — Meu pai começava a beber pela manhã e, quando eu e Emily chegávamos da escola, ele estava num estado lamentável. Costumava bater em nós, no celeiro, todos os dias. Emily me fazia fugir e me esconder, e apanhava no meu lugar. Era uma vida miserável. Um dia ele não veio atrás de nós e não apareceu para jantar, então minha mãe me mandou ir ao celeiro procurá-lo. Lá estava meu pai, morto no chão, com uma garrafa de uísque ainda na mão. A única coisa que pensei foi "Já vai tarde".

A torrente de palavras não pareceu surtir nenhum efeito sobre o pai, apenas pareceu deixá-lo ainda mais determinado. Ele ainda insistia em falar com ela e não parecia querer desistir.

— Perdão — ele sussurrou no meu ouvido.

— Eu *tenho* que perdoá-lo? — Ingrid me perguntou. — Porque não quero — ela disse enfaticamente, cruzando os braços sobre o peito e se aproximando um pouquinho mais da porta.

Nesse momento notei outro homem encostado na parede, entre Ingrid e a filha. Ele me passou a sensação tanto de pai quanto de marido. Senti cheiro de fumaça de cigarro, vi um maço vermelho e branco com o olho da mente e vi a imagem que para mim simboliza beber cerveja, que é uma garrafa sendo erguida e seu conteúdo despejado. Eu me voltei para a filha de Ingrid, Marthe, e disse:

— Você tem um pai falecido que bebia e fumava quando era vivo. Ele está me mostrando um maço vermelho e branco, por isso eu acho que ele fumava Marlboro.

— É, meu pai fumava Marlboro e bebia cerveja — Marthe confirmou.

— Pode apostar que é ele — acrescentou Ingrid.

Ah, não, pensei eu. *Lá vamos nós outra vez*. Esse pensamento foi acompanhado de uma dor na lateral do meu corpo e nas costas, que é a sensação que os espíritos me transmitem para comunicar um problema no fígado e nos rins.

Marthe disse:

— Meu pai morreu de falência nos rins e no fígado. Ele praticamente morreu de tanto beber.

Antes que eu pudesse refletir sobre as semelhanças entre os dois homens na sala, um terceiro chamou a minha atenção. Ele estava de pé entre Marthe e a bela jovem.

— O espírito de um jovem está presente aqui também — eu disse. — Parece ter uns 19 ou 20 anos. Ele está desenhando no ar um J e um R diante dos meus olhos, por isso podem ser as iniciais do seu nome.

— Esse é o meu marido, Jr. — a jovem confirmou com um suspiro.

— É o meu filho — disse Marthe. — O JR é de "júnior". Ele tinha o mesmo nome do pai.

— É por isso que estamos aqui — disse Ingrid. — Para falar com Jr.

As primeiras palavras de Jr. foram:

— Eu não bebo.

— Está certo — a mãe respondeu. — Jr. viu o que a bebida fez com seu pai; ele não quis nem começar — ela continuou com orgulho.

Para alguém tão jovem, Jr. parecia bastante maduro em seu modo de pensar. Embora tivesse uma personalidade forte, foi extremamente gentil quando falou com cada uma das mulheres da sua vida. Agradeceu à avó por ajudá-lo a comprar um carro. Agradeceu à mãe por cuidar de sua esposa. Brincou com a esposa sobre o nome do bebê, dizendo que seria melhor que ele não fosse Júnior Júnior. A mulher de fato riu ao lembrar que ele tinha dito a mesma coisa quando soube que ela estava grávida.

Então Jr. ficou sério. Na minha mente, ele me mostrou a imagem de um bar antigo. No bar, havia um chapéu de caubói junto com um livro bastante grosso. Marthe confirmou que Jr. sempre usava um chapéu de caubói e trabalhava num bar à noite para ajudar a pagar a faculdade. Jr. me mostrou a imagem dele fechando o bar no fim da noite e entrando no carro. Então uma série de impressões me dominou, como se eu estivesse embarcando numa montanha-russa. Vi árvores passando por mim rapidamente, uma curva na minha frente e então uma mudança abrupta na direção, como se algo tivesse me jogado para fora da estrada. A visão de Jr. tinha sido ofuscada literalmente por outro carro que vinha a toda velocidade na direção contrária, na estrada. Ele queria que a família soubesse que sua morte foi repentina, rápida e indolor. O que mais me intrigou, porém, foi que eu senti o cheiro de álcool no momento em que vi o acidente.

Depois que transmiti todas essas informações para as três mulheres que o amavam, a única capaz de falar foi a avó.

— Jr. foi morto por um motorista bêbado filho da p*** — ela disse, mal conseguindo controlar a raiva.

Jr., um belo jovem com uma família que o amava e uma esposa grávida, tinha feito a escolha de não beber. Ele estava determinado a criar uma vida diferente para si próprio e para a família. No entanto, apesar de ter feito escolhas melhores, sua vida na Terra também foi ceifada pelo abuso do álcool.

Fiquei atônita quando me dei conta de que estava diante de cinco gerações afetadas por mortes relacionadas com o álcool.

Jr. interrompeu meu breve devaneio com três palavras, "perdão, esperança, ajuda". Ele me mostrou mentalmente a imagem de si mesmo segurando um bebê.

Quando mencionei isso, Marthe contou que ela sempre dizia ao filho que ele era sua única esperança de que o álcool deixasse de assolar os homens da sua família. Agora que Jr. estava morto, ela disse, não havia mais esperança.

— Hã, não acho que isso seja verdade — eu disse para Marthe —, do contrário Jr. não me diria a palavra "esperança" enquanto segura um bebê, seu bebê. — Perdão, esperança e ajuda — eu repeti.

Justo quando a sessão estava para acabar, os espíritos dos três homens se aproximaram de Ingrid. Eu senti novamente o "puxão", dessa vez como se meu coração estivesse sendo arrancado do peito. Ouvi a palavra "perdão" novamente, com a força do amor por trás dela.

— Ingrid — eu disse —, o seu pai está ao seu lado, com seu marido e seu neto. Estou sentindo um amor imenso e ouvindo a palavra "perdão".

— Não — ela disse, e saiu do quarto.

O encontro com Ingrid e com sua família deixou uma impressão profunda em mim. Embora eu tenha conhecido outras famílias destruídas, por gerações e gerações, pelo alcoolismo e outros vícios, nenhuma me afetou tanto quanto essa. O que fez desse encontro algo tão marcante não foi só a presença de cinco gerações *na mesma sessão*, mas o fato de que essa foi a primeira vez em que vi a comunicação espiritual como algo maior do que uma maneira de aliviar a dor de uma perda. Os espíritos estavam determinados a usar a comunicação como um instrumento de cooperação para transformar a vida de gerações passadas, presentes e futuras. Na sessão de Ingrid, o que começou como uma reunião amistosa com uma irmã acabou se transformando numa oportunidade de transformar todo o relacionamento da família com o álcool e uns com os outros. O alcoolismo roubou a esperança, a felicidade e, em alguns casos, a própria vida de cada geração daquela família. Embora a morte não tenha diminuído a determinação de Jr. de mudar o futuro, nem toda sua força de vontade poderia libertar a ligação da família com o alcoolismo. A mim parece que os espíritos dos três pais estavam se unindo para demonstrar que essa transformação tinha que ser um esforço coletivo. No entanto, Ingrid não estava pronta para ouvir a mensagem ou para mudar a história de sua vida. Não estava pronta para aceitar que a chave para transformar o destino das futuras gerações muitas vezes requer o perdão e a ajuda às gerações passadas.

Ingrid parecia convencida de que, se perdoasse o pai, isso iria ajudá-lo, e ela não estava disposta a fazer isso! Mas a insistência unida ao amor que eu sentia emanar dos espíritos presentes me convenceu de que as escolhas de Ingrid dali em diante poderiam afetar não só a própria vida mas também a vida do neto que ia nascer. Evidentemente, Ingrid tinha livre-arbítrio para aceitar ou rejeitar o que os espíritos tinham a dizer.

Como médium, meu papel na vida das pessoas é limitado. Aprendi muito cedo que, embora possa transmitir mensagens dos espíritos, não posso ter nenhuma expectativa com relação ao efeito que essa informação venha a causar. Quando Ingrid saiu do quarto, eu tinha que deixá-la sair de qualquer maneira. Meu único consolo, porém, depois de anos trabalhando com os espíritos, é saber que o amor que eles demonstram afeta seus entes queridos, mesmo que não se perceba nenhuma mudança imediatamente.

Os espíritos podem até perceber mudanças sutis em nossos pensamentos. Do ponto de vista deles, a menor mudança nos pensamentos dos encarnados pode acabar provocando uma grande transformação.

Acho que é por isso que eles têm tanta persistência paciente em suas comunicações. Porque eles reconhecem que mudanças infinitesimais no presente podem afetar dramaticamente a história de toda a família por todas as gerações.

Os espíritos querem ajudar a escrever um fim diferente para as nossas histórias, pois elas também são a história deles. Anos depois de encontrar Ingrid, outro jovem desencarnado me mostrou como uma história muito parecida com a dela pode ter um fim bem diferente.

Rompendo o ciclo

Pat deu bastante atenção aos meus gatinhos quando chegou. (Eu simpatizo imediatamente com pessoas que amam os animais.) Conversamos sobre diversas instituições que resgatam animais abandonados, tratamentos holísticos e animais de estimação que amamos e perdemos. Pat estava tranquila e relaxada, e parecia se sentir muito à vontade sendo ela mesma. Seu comportamento era o de alguém que não tinha nenhuma preocupação no mundo.

Mas a irmã de Pat, Mary, era totalmente diferente. Ela estava tão tensa que seus ombros estavam no mesmo nível que os lóbulos de suas orelhas. Ela parecia irritada com a nossa conversa casual. Até então, a sua única contribuição à nossa conversa tinha sido um "olá".

Tão logo nos sentamos juntas, senti o cheiro de álcool e de cigarros. O cheiro não exalava das duas moças sentadas na minha frente, por isso eu sabia que vinha dos espíritos. Também tive uma sensação de vertigem que muitas vezes acompanha espíritos que eram viciados em drogas.

— Uau! — eu disse para Pat. — Sinto o cheiro de álcool e cigarros, e também há alguém aqui que morreu sob a influência de drogas.

— Isso faz todo sentido — disse Pat, num tom de voz quase alegre demais. Os olhos de Mary se arregalaram por trás das lentes dos óculos.

— A primeira pessoa que nos visita hoje é um pai ou a figura de um pai — eu disse. Ouvi a música infantil "Georgie Porgie Puddin' and Pie"* no meu ouvido. Quando mencionei isso, Pat riu e disse que o nome do pai delas era George. Era uma piada particular da família cantar a musiquinha para o pai, porque ele adorava mingau, pudim de chocolate e torta de maçã. Bem, eu sabia pelos odores na sala que aquelas não eram as *únicas* coisas de que George gostava.

— Sinto o cheiro de cigarros sem filtro, e o pai de vocês está me mostrando um camelo. Ele fumava Camels, não é?

— Até o dia em que morreu — Pat respondeu.

---

* Jorge Mingau, Pudim e Torta de Maçã.

— E ele também trouxe consigo o cheiro de álcool, e ouvi o nome “Johnny”.

— “Johnny Walker é o meu melhor amigo”, meu pai costumava dizer — explicou Pat.

George me mostrou seu uniforme da Marinha e um carro que ele adorava. Ouvi um som de “pop” na minha cabeça, que geralmente significa que a pessoa morreu de um aneurisma. Mencionei isso para Pat, e ela disse:

— Não sabemos realmente do que meu pai morreu, mas o médico achou que tinha sido um aneurisma. Ele foi encontrado sentado em sua cadeira com um cigarro queimando no cinzeiro e uma garrafa de Johnny Walker do lado.

Você pode achar que, só porque eu reconheci o cheiro de fumaça de cigarros sem filtro, eu mesma sou fumante. Na verdade, nunca fumei um cigarro. No entanto, depois de anos trabalhando com os espíritos, posso até reconhecer as embalagens das diferentes marcas de cigarro. Sei a diferença entre o cheiro da fumaça de um charuto, de um cachimbo, de um cigarro com filtro e um cigarro sem filtro. Os espíritos que foram fumantes inveterados chegam envoltos numa nuvem de fumaça. Já senti a dor provocada por um câncer no pulmão; já senti meus pulmões se enchendo de fluido, como se eu estivesse morrendo de insuficiência cardíaca.

Quando os espíritos começaram a me transmitir essas lembranças vívidas, eu às vezes tinha que pedir a eles que parassem. No curso do meu trabalho como médium, já senti os sintomas de tantas doenças que poderia facilmente ter me tornado hipocondríaca. Por exemplo, uma vez comecei a tossir tanto que mal conseguia respirar e tive que mudar de posição na cadeira para conseguir respirar melhor.

— Você está sentada como meu pai se sentava nos seus últimos dias — disse a minha cliente. O pai dela morreu de enfisema.

Depois de anos de experiência, agora raramente me sinto tomada pelas sensações provocadas por vícios ou por doenças fatais. Os espíritos só me transmitem o suficiente de um odor, um gosto ou uma dor para que eu possa entender o que eles estão tentando me mostrar.

Essas experiências passaram a ser tão corriqueiras que eu às vezes me esqueço de contar às pessoas que seus entes queridos desencarnados não sofrem mais nem com o vício nem com a doença que os levou à morte. Eu explico isso da seguinte maneira: imagine que você esteja dirigindo pelo bairro onde costumava morar. Quando vê a sua antiga casa, você decide parar e visitá-la. Tão logo passa pela porta, você pode ser inundado pelas lembranças dos anos que morou naquela casa. É isso o que acontece com os espíritos. Quando eles nos visitam, aqui na Terra, é como se estivessem visitando a casa onde moravam. Muitas vezes, quando eles se aproximam de mim, a primeira lembrança que compartilham comigo é a última lembrança que tiveram na Terra — a lembrança do modo como morreram. Nesse segundo, sou lembrada de que os espíritos não sofrem mais, eles estão só se lembrando.

Eu expliquei a Pat e Mary que, embora o pai delas trouxesse consigo os cheiros familiares de fumaça e de álcool, isso não significava que ele ainda estivesse fumando ou bebendo na vida após a morte. Pat disse que entendia e parecia não ter nenhum problema com relação a tudo isso. Mary permaneceu em silêncio.

George interrompeu minha explicação para me transmitir a imagem de uma casa com uma placa de "Vende-se" na frente. Havia duas meninas, segurando cada uma a sua mala, defronte de casa. Ele me transmitiu o nome do estado de Ohio. Mary suspirou.

— Por causa do alcoolismo do meu pai — ela falou —, ele perdeu o emprego e tivemos que vender a casa. Minha irmã e eu fomos mandadas para Ohio, para morar com nossos avós.

— Obrigada por me perdoar — George disse para Pat.

— Eu só o perdoei depois que ele morreu — Pat explicou. — Estou feliz que ele saiba.

Os espíritos muitas vezes se referem a acontecimentos que ocorreram depois de suas mortes. Ao mencionar essas coisas para um médium, eles lembram suas famílias de que ainda estão a par do que ocorre na vida deles e acompanham seus entes queridos para ver o que lhes acontece.

George dirigiu minha atenção para o espírito de um jovem que estava ao lado de Pat. Pude ouvir uma música desagradável em torno dele. Ele estava tocando guitarra, mas o som era parecido com o miado dos meus gatos quando estavam de mau humor. O cabelo do jovem era preto e espetado.

Quando eu contei tudo isso a Pat, ela disse de maneira muito prática:

— Ah, sim, é o meu filho! Ele estava aprendendo a tocar guitarra quando morreu.

— Parece que ele está tocando com uma banda, uma banda bem barulhenta — eu disse.

— Ah, ele realmente gostava de música alta — ela concordou.

— Bem, então você deve gostar também — eu disse a ela. — Ele está me mostrando que à noite, antes de ir dormir, você ouve a música que ele tocava.

— É verdade — ela confirmou. — Eu me deito na cama e aumento o volume para que ele possa ouvir lá do céu.

— Ele está me transmitindo dois "A", como se existisse um nome importante que começasse com essa letra ou como se elas fossem iniciais. Também estou ouvindo o nome "Ron".

— Aaron é o nome do meu filho — Pat disse com uma risadinha. — Ele sempre fazia questão de dizer a todo mundo que o nome dele começava com um duplo "A".

— Oi, Aaron com um duplo "A" — eu disse para o jovem de cabelo espetado. Depois disso, Aaron e eu entramos num ritmo confortável de comunicação. Alguns espíritos são bons comunicadores, e Aaron era um deles. Ele me mostrou dados e uma placa indicando Las Vegas. A mãe confirmou que ele sempre sonhara em ir para Las Vegas.

— Ele está me dizendo que esteve em Las Vegas com você — eu disse a ela.

— Oh, não — ela disse. — Nunca fomos a Las Vegas juntos.

— Ele está me dizendo que ele foi, sim, a Las Vegas com *você*, e parece que foi uma viagem recente.

— Eu fui a Las Vegas duas semanas atrás para uma reunião escolar. Será que foi isso? — ela me perguntou.

Aaron me transmitiu a imagem de um flamingo.

— Se você ficou no hotel Flamingo, então é isso mesmo, ele estava lá.

— Estávamos mesmo no Flamingo! — ela exclamou.

Nesse momento, fui atingida por uma sensação desagradável de tontura, que é o que sinto quando alguém morreu sob a influência de morfina ou heroína. Aaron estava aprendendo a se comunicar comigo, mas exagerou um pouco ao passar a sensação de uma pessoa drogada.

— Aaron era viciado em heroína. Ele foi internado em uma clínica de reabilitação e tentou parar — eu disse.

— Isso mesmo — Pat confirmou.

— Ele conseguiu ficar longe das drogas por um tempo, ele está me dizendo — eu continuei. — Por isso foi uma decepção tão grande quando ele morreu de overdose.

Lágrimas silenciosas escorreram dos olhos de Pat.

— Ele está me dizendo que morreu porque não tinha a mesma tolerância à droga — eu disse.

— Eu sei — Pat sussurrou. — Ele usou uma dose muito forte e morreu.

Aaron não deixou Pat ficar lá chorando.

— Mamãe — ele disse, obrigado. Obrigado por me amar, por me incentivar.

Depois Aaron fez algo inesperado. Ele me mostrou o símbolo que os espíritos muitas vezes usam para bebidas alcoólicas. Ao fazer isso, ele apontou para a mãe!

— Você era alcoólatra — eu disse a Pat. — Aaron me fez entender que você largou a bebida depois que ele morreu. Ele disse que a ajudo, assim como ele está ajudando Ricky.

Mary soltou um gemido, que se parecia com o miado de um gatinho. Ela olhou para Pat, pedindo que ela me explicasse.

— O filho de Mary, meu sobrinho Ricky, também está passando pela reabilitação atualmente — Pat disse. — Ele tem problemas com drogas também. Viemos aqui hoje querendo saber se existe esperança para ele.

Foi então que vi a imagem do pai de Pat se aproximando do filho dela.

— O pai de vocês está ao lado do seu filho. Eles estão me transmitindo a sensação de que ambos estão ajudando Ricky — eu disse a Mary. — Seu pai está me mostrando uma escada de três degraus. Quando ele sobe um degrau, pinta uma palavra na parede lateral de uma casa. Perto do degrau mais baixo ele pintou "perdão"; naquele que vem logo acima ele pintou "esperança" e no degrau mais alto, pintou "ajuda".

— Isso é bem interessante — disse Pat. — Meu pai foi pintor de paredes quando era moço. Ele costumava dizer que, quando temos um problema, precisamos subir um degrau por vez. — Pat fez uma pausa. Depois de respirar fundo várias vezes, ela continuou. — Depois que o meu filho morreu, perdi a vontade de viver e comecei a beber cada vez mais. Quando minha irmã me pediu que não morresse e a abandonasse, percebi que as coisas tinham que mudar. Comecei perdoando meu pai, porque esse era o único jeito de me manter sóbria. Algo mudou quando dei esse primeiro passo; finalmente, tive esperança de que talvez existisse um jeito diferente de viver. Eu sei que estava sendo ajudada, porque não teria forças para fazer aquilo sozinha.

Senti uma urgência repentina por parte de George. Ele queria me mostrar alguma coisa.

— Seu pai está me mostrando outra placa de "Vende-se" em frente a outra casa. Ele concorda com você quando diz que o dinheiro da venda da casa pode ajudar a cobrir as despesas da reabilitação de Ricky, ajudá-lo a começar uma nova vida.

— No caminho para cá, minha irmã e eu estávamos conversando exatamente sobre isso — disse Pat. — O dinheiro da venda da casa dos nossos avós está na conta de um banco, esperando para ser dividido. Eu disse a Mary que nossa família gostaria de ajudar Ricky, e eu também.

Mary respirou fundo, talvez pela primeira vez desde o início da sessão. A sala de repente ficou em silêncio, o que muitas vezes acontece quando os espíritos estão prestes a ir embora.

— Antes de acabar nossa reunião, gostaria de saber se alguma de vocês tem perguntas.

— Sim — disse Pat. — Meu filho está bem agora? Ele finalmente conseguiu superar o vício?

Quando olhei para Aaron, esperando uma resposta, eu o ouvi dizer:

— Mamãe, às vezes só a morte traz a cura.

Aaron realmente me deu muito em que pensar. Por mais que possa ser um alívio saber que as drogas não acompanham as pessoas no pós-morte, as ramificações de uma vida restrita pelos vícios continuam. Com a morte, os efeitos isolantes da droga desaparecem. Enfrentar cara a cara o impacto do vício é algo marcante. Da perspectiva deles, os espíritos são capazes de ver claramente que os vícios podem persistir em suas famílias caso não ocorra uma mudança. É por isso que acredito que os membros da família, mesmo aqueles que foram maltratados pelos filhos e filhas, são *movidos* pelo desejo de se comunicar.

Depois que Pat e Mary foram embora, eu me lembrei da minha sessão com a família de Ingrid, tanto anos antes. As mesmas palavras, "perdão, esperança, ajuda", foram transmitidas a elas. Por que as pessoas que transformaram nossa vida num caos quando vivas pedem perdão depois da morte? O que o perdão tem a ver com a esperança? Os espíritos podem realmente ajudar a curar nossos vícios?

É fácil presumir, como Ingrid, que perdoando o pai ela estaria ajudando apenas a ele. No entanto, depois de ouvir as palavras "perdão, esperança, ajuda" de incontáveis espíritos, vim a perceber que esse triângulo nada mais é que uma oportunidade para transformar as gerações passadas, presentes e futuras. O que Ingrid e eu não entendemos todos esses anos é que seu pai e seu neto estavam dando a todos nós a fórmula secreta da liberdade, não só dos vícios mas de todas as limitações autoimpostas.

Nos capítulos anteriores, ouvimos os espíritos descrever como é o céu. Trata-se de um mundo onde as limitações físicas são substituídas por reinos de *possibilidade*. Também é onde todo o impacto das escolhas que fizemos na Terra pode ser visto de todos os ângulos. A morte, para ser sincera, é algo que transforma a vida.

Aqui na Terra vivemos no mundo da *probabilidade*. As companhias de seguros sabem, como ninguém, trabalhar dentro das estruturas deste mundo. Com base em certos fatos da história familiar e dos hábitos da pessoa, as estatísticas podem prever quanto tempo ela vai viver e quanto ela deve pagar pelo privilégio de morrer. Diariamente, cada um de nós olha as situações e julga o que provavelmente vai acontecer consigo e com as outras pessoas. Não é sempre mais fácil ver o que o outro está fazendo de errado? Pense assim: os espíritos têm uma visão mais ampla dos vivos que a nossa. Eles querem nos transmitir sua visão da vida, de modo que possamos, por nossa vez, ver a vida da mesma maneira.

Falando nisso, eu me lembrei de um filme que adorava na infância, *O Mágico de Oz*. O filme começa em branco e preto. Quando o furacão arrasta a casa de Dorothy, sua vida sai de controle e ela não pode mais determinar seu destino. Num certo sentido, os vícios criam furacões na nossa vida.

No entanto, quando a casa de Dorothy volta para o chão, ela abre a porta para um mundo colorido e completamente diferente daquele que ela conhecia. No nosso mundo, o perdão abre a porta que separa uma vida sem cor e fora de controle de um mundo cheio de cor, diferenças... e transformação.

O perdão é o componente que falta para a mudança *duradoura*. Perdoar ou não perdoar não é a questão. É a resposta para a pergunta, "Minha vida pode ser diferente?" O perdão nos ajuda a tomar consciência dos reinos da possibilidade. Essa consciência, por sua vez, gera a esperança de que pode haver um jeito diferente de viver. Aquilo que é mais provável que aconteça é substituído pela possibilidade de que *qualquer coisa* possa acontecer. Os espíritos vivem dessa maneira do outro lado da vida. Esse é o mundo que eles querem compartilhar conosco, deste lado da vida.

É na possibilidade que vive a esperança. A esperança de que os espíritos falam não é um substantivo, é um verbo. É um verbo de ação na voz ativa. A esperança é movimento. É na atividade da esperança que os espíritos podem ajudar.

Durante as sessões, os espíritos muitas vezes dizem que ajudarão certa pessoa ou situação. Essa declaração é quase sempre recebida com uma mescla de alívio, gratidão e... ceticismo. Uma mãe solteira uma vez veio me ver, preocupada com a raiva incontrolável de seu filho, Caleb. O espírito do marido, que tinha abandonado a esposa e o filho bem antes de morrer, disse a ela:

— Vou ajudá-la com Caleb.

A mulher respondeu:

— Seria ótimo, mas agora é um pouco tarde, não acha?

Não, não acho. Não se abrirmos a porta para a possibilidade e o perdão.

O perdão abre a porta para uma comunicação nos dois sentidos — sem a necessidade de um médium. Durante as sessões, muitas vezes ouço perguntas do tipo, "Você pode dizer ao meu filho que eu o amo?". Sempre respondo dizendo que não é preciso um médium para se dizer alguma coisa aos espíritos. Eles podem nos ouvir! Nossas preces chegam até eles, nossa raiva chega até eles, nosso amor chega até eles.

Quando o espírito de uma senhora muito religiosa veio visitar a neta durante uma sessão, ela disse:

— Rezo por você todos os dias, assim como fazia na Terra.

Essa declaração realmente me fez pensar. Sempre achei que a prece fosse uma comunicação num só sentido: da Terra para o céu. Mas e se a prece fosse um processo recíproco e os espíritos rezassem por nós? E se eles também irradiassem seus pensamentos para nós, seu amor por nós, seu reconhecimento para nós?

Gosto de pensar na ajuda que os espíritos nos dão como preces do céu, e não como respostas às preces que fazemos na Terra. Depois que perdoamos, depois que tomamos consciência dos reinos da possibilidade, depois que começamos a ter esperança, então podemos nos abrir para a ajuda dos espíritos.

As preces de esperança podem chegar na forma de uma palavra de estímulo de um estranho ou de uma mudança de horários, que nos dá uma chance de um encontro que vai mudar nossa vida. O perdão é o que permite que as preces do céu sejam recebidas e que as nossas próprias preces, pedindo ajuda, sejam atendidas.

Fazer a opção de curar enquanto ainda estamos aqui na Terra tem implicações, não apenas para nós mesmos, mas para todos à nossa volta, tanto para os que já se foram quanto para os que ainda vão vir. Como disse Aaron, às vezes é a morte que traz a cura..., mas nem sempre precisa ser assim. Nem para nós nem para aqueles que vêm depois de nós.

Respostas dos Espíritos

Na vida depois da morte, as pessoas têm desejos pecaminosos? Pode-se fumar ou beber? Essas coisas são consideradas vícios lá?

Quando o corpo físico morre, os espíritos se libertam do aspecto físico do vício. Portanto, depois que alguém morre, essa pessoa não precisa mais sofrer os sintomas da abstinência. No entanto, todos os vícios têm componentes espirituais e emocionais também. Embora não estejam mais presos ao corpo físico, os espíritos enfrentam as amarras emocionais e espirituais que os ligam ao mesmo comportamento, sem, no entanto, viver o caos criado por ele. A luz brilhante do céu não deixa que os espíritos se escondam nas sombras da racionalização. Os espíritos podem ver os efeitos dos vícios na sua própria vida e na vida dos familiares e amigos. Repetindo as palavras de um espírito, "A morte devolve a nossa sensatez".

Embora os espíritos às vezes se apresentem envoltos em nuvens de fumaça e bafo de álcool, isso não significa que eles ainda fumem ou bebam. Eu gosto de pensar nessas coisas como "identificadores", apenas outra maneira de um espírito definir seu eu encarnado. O cheiro de fumaça e de álcool é uma lembrança e, como as condições da morte, é muitas vezes impresso em mim para que os espíritos possam se referir ao modo como suas ações afetaram a existência daqueles que os amaram em vida.

As pessoas que bebem e usam drogas estão desperdiçando a vida aqui na Terra?

Os espíritos me disseram muitas vezes que a vida nunca é desperdiçada. No entanto, isso não significa que eles não admitam que perderam oportunidades de viver de modo diferente. Muitas vezes, a visão do caos que deixaram na esteira de seu vício leva os espíritos a querer ajudar outros que sofrem o mesmo problema. Eles realmente querem nos ajudar a arrumar a bagunça.

Os espíritos fazem sexo?

Essa é sempre minha pergunta favorita, porque a maioria das pessoas tem medo de fazê-la. Detesto ter que dizer que, não, os espíritos não fazem sexo, porque não precisam. Não que eles não tenham o aparato físico para realizar atos sexuais. No entanto, os espíritos têm algo melhor do que sexo... união com amor. Na vida após a morte, não existem corpos físicos para separar uma pessoa da outra. Embora a energia dos espíritos possa manter uma forma que se assemelha a um corpo, a essência de quem eles são pode facilmente se misturar com a energia de outro ser. Os espíritos no céu estão ligados de maneiras que nós nem imaginamos aqui na Terra. No céu, a união completa com outro ser que amamos é possível.

Os espíritos levam suas dívidas consigo para o céu?

Para responder a essa pergunta, tenho a obrigação moral de citar um único caso do espírito de um adolescente que falou comigo sobre deixar muitas dívidas. Em algumas situações, os adolescentes contam que os pais contraíram empréstimos para financiar sua educação e ainda estavam pagando quando eles morreram. Mesmo assim, os espíritos deixam claro que sua educação não foi inútil, pois o conhecimento é algo que levamos conosco quando morremos. No entanto, quando se comunicam com os pais ou amigos, eles se preocupam em fazer com que acreditem que eles sobreviveram à morte e continuam ligados àqueles que amam. O único débito que procuram pagar, quando estão no céu, consiste em retribuir o amor dos pais... com juros.

Sinopse Espiritual

Como vemos com frequência, os vícios destroem relacionamentos e vidas. Quando um jovem morre em decorrência de um vício, pode parecer que o resto da família está fadado a continuar sofrendo. No entanto, os adolescentes desencarnados são motivados pelo amor a substituir o desespero que veem na Terra pela esperança de que existe um jeito melhor de viver. No céu, as crianças e adolescentes estão determinados a ajudar a romper o ciclo do vício na família de uma vez por todas. Por meio do poder do perdão, eles nos mostram que a mudança é possível. Aqui mesmo, agora mesmo.

7

A pressão dos pares

Como as crianças desencarnadas ajudam as crianças na Terra

Mensagens dos Espíritos

"Estamos ligados." (Palavras de um grupo de jovens a um membro da gangue responsável pelo assassinato de alguns deles.)

Pensamentos dos Espíritos

Pet-dagogia
(ou: as coisas que aprendemos com os animais!)

— Estou vendo um burro, o traseiro de um burro e um hambúrguer. Um traseiro e um hambúrguer. Sei que parece estranho, mas isso é o que sua irmã está me mostrando — eu disse a Marion, uma atraente senhora de meia-idade, que estava sentada à minha frente.

Como médium, às vezes recebo informações que parecem perfeitamente ridículas ou absurdas. Em vez de interpretar o que o espírito está tentando me transmitir, aprendi a apresentar a informação "assim como ela é", por mais irracional que ela possa parecer. O mantra que eu vivo repetindo é: "Transmita-a como lhe foi transmitida".

Marion tinha uma risada musical. O "traseiro" e o "hambúrguer" fizeram com que essa risada subisse várias oitavas e ficasse mais aguda.

— Minha irmã tinha um grande senso de humor — ela disse. — Será que ela está querendo dizer que meu filho tem síndrome de Asperger*?

Eu tinha que dar à irmã de Marion o prêmio máximo por inovação. Tínhamos de fato conversado sobre o filho de Marion e sobre as preocupações que ela tinha com suas chances de entrar na faculdade e sobre questões médicas.

Minha sessão com Marion e sua irmã foi extremamente positiva e, obviamente, bem-humorada. Não fiquei surpresa, portanto, quando ela se inscreveu para participar de um grupo pequeno e trouxe o filho. O que nos surpreendeu a todos, porém, foi o espírito que apareceu para falar com ele.

— Miaaaaaau — fez Chi, meu gato Bengal, na porta da frente, quando eu estava arrumando as cadeiras na sala para receber o pequeno grupo. — Miaaaaaaaau! — ele fez de novo, com mais ênfase ainda.

* As palavras em inglês *ass*, traseiro, e *burger*, hambúrguer, lembram juntas a pronúncia da palavra "Asperger".

— Seja bem-vindo — eu disse para o espírito que entrou pela porta.

Sempre que Chi dava esse tipo de miado, eu sabia que o espírito de um suicida estava nos visitando.

Chi era sensível aos espíritos desde que era um filhotinho. E sua saudação vocal é um tributo ao seu gene de leopardo asiático. É assustador, inconfundível e *alto*.

Uma razão que me levou a incluir Chi neste capítulo é que ele é uma peça fundamental desse encontro específico com os espíritos. Outra razão é que alguns dos leitores podem ter notado que seus animais de estimação percebem coisas que vocês não veem. A terceira razão de eu falar sobre Chi é o fato de ter ficado impressionada com ele desde a primeira vez que o vi.

Em torno de uma hora antes do encontro, Chi começou a miar. Recomeçou com mais intensidade quando Marion chegou com o filho, Jordan, que tem a síndrome de Asperger. Jordan se sentou à minha direita. Ele dava a impressão de ser tímido e retraído, e não parecia disposto a me olhar nos olhos. Fiquei um pouquinho preocupada com a possibilidade de a intensidade da energia espiritual ser demais para ele. Fiz uma prece rápida, pedindo que os meus amparadores espirituais ajudassem esse jovem a se sentir à vontade na sessão.

Tão logo começamos a sessão, o miado de Chi se intensificou e eu vi o espírito de um jovem atrás de Jordan. Ele me disse que tinha tirado a própria vida. Estava usando uma malha esporte e era bastante expansivo e simpático. Deu-me um nome que começava com "C" e soava como Carl.

Eu disse a Jordan o que estava vendo e perguntei se ele conhecia essa pessoa. Sem olhar para mim, ele disse: — Não.

O espírito não estava disposto a receber um "não" como resposta e colocou as duas mãos sobre os ombros de Jordan. Então Chi pulou no colo dele. Se Jordan se sobressaltou, não deixou transparecer. Eu, contudo, fiquei estática. Esse não era o comportamento normal de Chi.

— Jordan — eu disse. — Este jovem que se matou, *sem dúvida está* aqui por sua causa.

Chi se acomodou no colo de Jordan. Chi não tem o hábito de se acomodar no colo de *ninguém*, nem no meu.

Carl começou a falar. Falou sobre o seu relacionamento com a família por meio da irmã de Jordan. Relatou como maltratava Jordan na escola e gozava da cara dele. Deu exemplos específicos, que Jordan reconheceu e dos quais se lembrou.

— Eu realmente sinto muito por ter tratado você tão mal — desculpou-se Carl.

Jordan respondeu com um "tudo bem", mas Carl não parou por aí. Jordan estava sentado em sua cadeira, olhando para o chão, com Chi deitado em seu colo.

— Não deixe que ninguém lhe diga que você não pode fazer alguma coisa — continuou Carl. — Você pode ir à escola. Você é um rapaz muito inteligente. Pode fazer muito mais do que as pessoas pensam.

Ao ouvir essa afirmação, Jordan levantou a cabeça. Ele não olhou para mim, nem para mais ninguém, mas assentiu com a cabeça. Em seguida, Carl se despediu e Chi desceu do seu colo. Ficamos todos um pouco... *admirados* é a palavra que me vem à cabeça.

A irmã de Marion também apareceu aquele dia, mas foi a mensagem de Carl que exerceu maior impacto. Terminada a sessão, as pessoas não paravam de falar sobre Carl, Jordan e Chi. Que belo trio eles formaram — um valentão que veio do pós-vida incentivar um garoto a enfrentar um desafio, e um gato que, depois de anunciada a presença de um dos rapazes, assumiu o papel ativo de confortar o outro.

Como Chi foi um elemento importante desse encontro com os espíritos, eu gostaria de aproveitar a oportunidade para falar um pouco sobre os animais, os de estimação em particular.

Na minha própria vida, não consigo me lembrar de uma época em que os animais não foram uma parte vital da minha família. Na infância eu tive pássaros (minhas lembranças mais remotas são de periquitos chamados Petie 1 e Petie 2), peixes, répteis (inclusive um iguana chamado Ignatius), hamsters, porquinhos-da-índia, gatos (Peppi, Cassandra, Nefertiti e Cleópatra) e cães (todos beagles, por alguma razão desconhecida).

Atualmente só tenho gatos que insistem em decorar minhas roupas com os pelos que soltam. Outro benefício mais surpreendente da sua presença em minha vida é que eles me ajudam no trabalho. Por exemplo, tão logo alguém chega para a sessão, Isis, minha geriátrica gata Manx acinzentada, fica manquejando pela sala para ter certeza de que não passa despercebida por ninguém. Seus olhos suplicantes imploram, "Me faz carinho, me faz carinho", e seu ronronado em resposta a uma carícia na cabeça conforta o mais recente cliente enlutado. Vandal, que derruba tudo o que sua perna toca (ele age como uma criancinha que quer chamar a atenção), consegue arrancar um sorriso até daqueles que estão em profundo sofrimento. Rhaevan, que tem uma cara bonita e a pelagem perfeitamente arrumada dos gatos angorás, traz ordem e paz para o caos que a perda repentina provoca. Mas era Chi, meu lindo gato Bengal, que causava mais impressão nas visitas.

Chi se tornou meu confiável compatriota, especialmente nas situações em que alguém tinha tirado a própria vida. Foi, portanto, devastador ser obrigada a decidir sacrificá-lo, para pôr fim ao seu sofrimento quando agonizava por causa de um linfoma. Como de fato tomei a difícil decisão de libertar seu espírito do seu corpo, agora é mais fácil para mim entender e, portanto, sentir empatia por qualquer pessoa que tenha perdido um animal de estimação muito amado.

Uma das razões que me levaram a incluir algumas reflexões sobre animais de estimação neste capítulo é o fato de que às vezes um deles faz o papel de "pseudoirmão" para as crianças de uma família. Eles podem ser ótimas companhias, especialmente para filhos únicos. O animal de estimação pode ser um colega de brincadeiras, alguém com quem falar, alguém que nos faz companhia sem nos dizer o que fazer ou como nos comportarmos. As crianças da Terra — e as desencarnadas — adoram seus animais de estimação e falam muito deles.

— Brandy está aqui — disse-me Larry, um adolescente desencarnado, durante uma sessão por telefone. Descrevi o cachorro branco e preto que vi ao lado do menino.

— Eu tinha um border collie chamado Brandy na minha infância — disse o pai de Larry, hesitante.

— Bem, Larry está me mostrando a imagem de outro border collie, que ainda está vivo — eu respondi.

— Temos o cachorro do Larry, Jam, que é border collie também — a mãe disse.

— Seu filho está me passando a sensação de que está cuidando de Brandy enquanto vocês cuidam do Jam — eu disse aos pais de Larry.

Pareceu-me uma estranha piada cósmica que Larry estivesse com o cachorro da infância do pai, enquanto o pai tomava conta do cachorro da sua infância na Terra.

— Fico muito aliviado em saber que Brandy está com Larry — disse o pai. — Eu não conseguia imaginar meu filho sem um cachorro.

"Cuidar" de um animal de estimação da família é muitas vezes um treino para a criança aprender a se responsabilizar pelo bem-estar de outro ser. Não devia nos surpreender, portanto, que as crianças continuem expressando esse cuidado no mundo espiritual.

Já tive muitos encontros parecidos entre crianças e animais de estimação, mais encontros do que posso contar. Fiquei tocada com a preocupação de um filho desencarnado quando os pais mencionaram seu cachorro.

— Seu filho, Ethan, tem um pastor-alemão ao lado dele — eu contei. — Mas o mais estranho é que, em vez de latidos, eu ouço piados parecidos com os de uma coruja! — eu disse, intrigada.

Houve silêncio do outro lado da linha. Por um instante achei que os pais de Ethan estavam tão intrigados quanto eu. Então ouvi uma risadinha.

— O cachorro de Ethan chamava-se Hoot, coruja — disse o pai.

Ethan continuou me dizendo que Hoot pouco tempo antes tinha ido ao encontro dele, no pós-vida. Os pais confirmaram a informação.

— Tudo bem, mãe, eu ainda estou com vocês e Hoot também — disse Ethan.

Numa voz chorosa, a mãe de Ethan me disse que tinha mandado sacrificar Hoot por causa de um doloroso problema no quadril que tirou toda a mobilidade dele. Para ela foi muito difícil perder Hoot, porque ele era um elo vivo com o filho. Ao visitar os pais na companhia do cachorro, Ethan fez a mãe saber que ambos tinham sobrevivido à morte e que ela tinha tomado a decisão certa ao deixar que Hoot se fosse.

Uma das muitas coisas maravilhosas com relação aos animais de estimação é que eles não reparam se estamos vestindo roupas que estão na moda e não zombam de nós quando perdemos um jogo por causa da nossa falta de jeito. É o que os diferencia dos nossos colegas humanos, cuja pressão às vezes pode ser impiedosa.

Ponto a ponto

Quando minha sobrinha e meu sobrinho eram crianças, eu os observava com seus amigos. Era meio assustador ver o quanto os amigos e colegas de escola influenciavam seu jeito de se vestir, os jogos que disputavam, as músicas que ouviam e até seu vocabulário. Havia ocasiões em que eu nem conseguia saber que língua estavam falando, porque não era capaz de entender uma palavra.

As crianças conversam com crianças, as crianças ouvem crianças... crianças da Terra e crianças do céu. A morte não parece acabar com o interesse que elas têm por outras crianças. Isso é curioso, porém, do meu ponto de vista como médium.

Na maior parte das vezes, quando as pessoas vêm me ver, elas querem notícias de um ente querido em particular. Esse ente querido geralmente é um parente ou amigo próximo. Ocasionalmente, um espírito não tão próximo vem dar um "alô", mas normalmente há uma clara intenção por trás das visitas espirituais. Uma circunstância incomum como essa me ocorre agora.

Vários anos atrás, eu estava passando momentos muito agradáveis com uma mulher chamada Betty e sua família. No meio da sessão, um espírito chamado May veio fazer uma visita. Betty negou conhecê-la, mas May insistiu em dizer que ela logo entenderia. A mensagem de May era:

— Diga ao meu marido que eu o amo e estou com ele.

Agradeci a May por sua visita, mesmo deixando Betty intrigada tanto com a sua identidade quanto pela sua mensagem.

Semanas depois, recebi uma ligação de Betty, que é assistente social. No dia seguinte ao nosso encontro, ela precisou atender com urgência um viúvo que estava arrasado com a morte recente da esposa.

— Não posso viver sem a minha May — ele disse. — Sinto muita falta dela. Quero que ela saiba o quanto eu a amo.

A única coisa que Betty conseguiu dizer foi:

— O senhor disse que o nome da sua esposa era May?

Quando o homem confirmou, Betty se viu diante de um dilema. Como assistente social, não poderia dizer ao homem que a esposa falecida tinha feito uma visita durante uma sessão com uma médium. O que Betty fez, no entanto, foi insistir bastante para que ele visitasse o cemitério e dissesse à esposa o quanto sentia falta dela e a amava.

— Tenho certeza de que May o ouvirá — disse Betty, com absoluta confiança de que isso era verdade.

Betty também o ajudou a procurar aconselhamento com um profissional especializado em perda de entes queridos.

Alguns dias depois, Betty recebeu uma ligação do marido de May. Ele se sentia muito melhor depois de falar com a esposa, disse ele. Era como se May estivesse com ele. Quando Betty me contou essa história, foi muito cuidadosa ao proteger a privacidade do seu cliente. May não teve a mesma preocupação; tudo o que ela queria era mandar uma mensagem para o marido. Viu uma oportunidade e a aproveitou.

Os espíritos são assim. Eles são oportunistas — no bom sentido. O que me espanta é quanto essas comunicações parecem ser bem organizadas. Na maioria das vezes, os espíritos não aparecem simplesmente durante a sessão. Com zilhões de espíritos no astral, promover encontros entre eles e seus entes queridos parece uma tarefa quase impossível. Felizmente, antes de alguém vir me ver, seus pensamentos sobre a sessão chegam como um e-mail na caixa postal do céu. O destinatário certo recebe a mensagem certa (pelo menos na maioria das vezes).

Como discutimos no capítulo 2, os esforços para coordenar as comunicações não são feitos apenas por nós. Os espíritos também fazem sua parte para ajudar a organizar os encontros.

Anos atrás, durante um ciclo de desenvolvimento, um grupo de espíritos amparadores veio fazer uma visita. Um dos médiuns do grupo disse:

— Eles estão me dizendo que estão falando de você, Holli.

— Ótimo — eu disse. — Não basta ter que lidar com as fofocas da Terra, ainda tenho que aguentar fofocas do outro mundo também!

— Oh, não! — o outro médium disse. — Eles estão discutindo quem vão mandar para você.

Todos caímos na risada. Nada como ter um serviço de agendamentos no céu.

Passei por uma experiência que esclareceu o modo como os espíritos conduzem esse serviço de agendamentos.

Uma senhora que veio me ver disse-me:

— Uma colega de trabalho comentou comigo sobre o seu trabalho um ano atrás. Então eu recebi um e-mail de outro médium e o seu nome constava nele. Um mês atrás apenas, quando eu estava pensando em marcar uma sessão com você, uma garota entrou na sala com uma camiseta da marca Hollister. *É isso aí*, pensei. Você é a médium que eu preciso ver.

Quando as pessoas me contam histórias como essa, eu digo:

— Bem-vindo ao meu mundo.

Os espíritos que enviam seus entes queridos para mim não fazem isso necessariamente porque acham que sou a melhor médium do mundo. É geralmente porque acham que minha energia, meus dons e minha personalidade são os mais compatíveis para os seus entes queridos.

Estou dizendo tudo isso para que você entenda que a comunicação espiritual não é algo aleatório; pelo contrário, é algo muito direto. É por isso que é até mais interessante para mim que as crianças desencarnadas falem com as crianças da Terra, apesar de suas ligações mais tênues. Para que uma criança da Terra se comunique com uma criança desencarnada, basta que tenham sido colegas de classe, colegas num acampamento de verão, vizinhas ou simplesmente um amigo de um amigo. Isso foi demonstrado de maneira bastante impressionante uma noite, em Maryland, alguns anos atrás.

Aviso de perigo

— O meu neto Andrew pode participar da nossa sessão familiar hoje à noite? — perguntaram-me.

Andrew, um jovem tímido de 18 anos, tinha demonstrado interesse pela comunicação espiritual e também sensibilidade com relação aos espíritos.

Naquela época eu não costumava permitir que pessoas com menos de 18 anos participassem das sessões, dos eventos e dos cursos. A razão é muito simples. A comunicação espiritual é uma atividade energeticamente intensa e pode ser uma sobrecarga emocional principalmente para participantes mais jovens. Nos últimos anos, porém, encontrei muitos jovens prontos, dispostos e bastante capazes de interagir de maneira segura e agradável com aqueles que vivem no mundo espiritual.

Andrew era um desses adolescentes que, a meu ver, estava pronto para essa interação.

Nosso grupinho se reuniu na acolhedora sala de estar de uma casa encantadora. Com a lareira atrás de mim, vários membros da família sentados confortavelmente na minha frente e vários pratinhos com petiscos altamente calóricos, estávamos prontos para começar.

Os espíritos de alguns familiares começaram a chegar para a visita. Avós, tias, sogros, sogras e os cães favoritos visitaram o grupo. Depois de muita risada e da troca de inúmeras recordações, notei o espírito de uma menina que parecia ter 17 ou 18 anos. Seu cabelo era comprido e loiro. Ela tinha uma compleição frágil, mas um ar de determinação. Andava de um lado para o outro atrás das pessoas, sentadas confortavelmente num sofá de tecido xadrez. Eles estavam alheios à sua presença, mas, quando ela percebeu que chamou minha atenção, começou a percorrer o grupo a passos largos até ficar em pé ao lado de Andrew.

— Não sei quem é — Andrew disse, quando eu a descrevi para ele.

A garota não titubeou. Aproximou-se ainda mais dele, de modo que eu não tivesse dúvida de que ela estava ali por causa dele. Então ela começou a falar.

— Estou ouvindo um nome que parece ser Christa, Crystal ou algo parecido — eu disse a Andrew. — Ela também está me transmitindo os nomes Jimmy e Tony. Essa garota morreu num acidente de carro e insiste em dizer que você a conhecia. Ela era de outra escola, que competia com a sua nos esportes. Ela não se formaria junto com sua classe aquela semana.

À medida que ela continuou falando, os olhos de Andrew se arregalaram.

— Jimmy e Tony são meus melhores amigos — ele disse. — Hoje estávamos falando de uma garota de outra escola que eles conheciam. Ela morreu há algumas semanas e não vai se formar com o resto da classe. É, e o nosso time de futebol ganhou do time deles.

— Ela está me mostrando duas luzes ofuscantes, as luzes de um farol que pisca à noite depois de certa hora. Você sabe onde fica?

— Não — Andrew respondeu.

— Esse farol fica no caminho para a sua casa, ela está me dizendo. Está pedindo que você tenha cuidado nesse cruzamento onde essas luzes ficam piscando.

Embora eu tivesse certeza de que Andrew estava achando o aviso sobre o farol um pouco exagerado, ele achou legal que alguém da sua idade tivesse vindo lhe dizer "olá".

Depois de fechar o círculo, nossa atenção se voltou para os pratos de salgadinhos. Falar com os espíritos sempre me dá fome.

Como tenho certeza de que você sabe, esse não foi o fim da história.

Vários dias depois, recebi um telefonema da avó de Andrew. Depois de ficar até tarde na casa dela conversando sobre nossa sessão em grupo, Andrew foi para casa dirigindo. Quando virou uma esquina, ele viu... um farol piscante. No cruzamento, estava parado um carro da polícia com a sirene ligada. Havia uma barreira policial. Depois de responder a algumas perguntas, Andrew perguntou o que tinha acontecido. O policial lhe disse que tinha ocorrido um assassinato num centro recreativo no fim da rua. Um homem armado ainda estava à solta.

— Mantenha as portas do carro trancadas. Tenha cuidado — avisou o policial, quando Andrew estava dando a partida.

Andrew continuou em seu caminho, dirigindo bem abaixo do limite de velocidade, com os faróis altos acesos, com a impressão de que qualquer movimento nas sombras era um homem com uma arma.

Num trecho sem curvas da estrada rural deserta, ele pôde ver outra luz piscante à distância. "Tenha cuidado". As palavras do policial ainda ecoavam nos seus ouvidos. Ele diminuiu a velocidade, ao se aproximar do cruzamento com cautela. Outro veículo policial estava parado no cruzamento. Andrew ficou em seu carro enquanto o policial se aproximava. Em vez de falar com Andrew, no entanto, o policial sacou um rifle e saiu correndo na direção de um descampado. Andrew descobriu mais tarde que, um pouco antes de ele chegar ao cruzamento, o suspeito armado tinha aparecido a pé.

Não é possível afirmar que Andrew teria cruzado com esse sujeito armado e desesperado se tivesse dirigido na velocidade permitida. Mas é reconfortante pensar, no entanto, que uma garota da sua idade se interessou por ele a ponto de avisá-lo do perigo. O espírito de uma jovem e dois faróis piscantes, na minha cabeça, é uma coisa muito importante.

Durante minhas visitas posteriores à Costa Leste, Andrew compareceu a outros eventos. A garota loira não voltou, mas sei que sua única visita deixou uma impressão forte em Andrew. Deixou uma impressão forte em mim também; e, olhe que, depois de todos esses anos, eu não me impressiono com facilidade.

Cuidados intensivos

Mesmo as crianças que não se conheceram na Terra vêm em auxílio umas das outras, quando estão desencarnadas, especialmente se morreram de modo semelhante. O encontro com um bebê chamado Trevor demonstrou isso de uma maneira que nunca esquecerei.

A mãe de Trevor, Judith, me ligou para ter uma sessão. Quando eu lhe disse que um menininho estava ali para vê-la, ela me disse com entusiasmo que essa era a razão do seu telefonema. O garotinho usou blocos de construção para soletrar o seu nome para mim, o que foi muito útil. As letras do nome Trevor apareceram escritas em blocos com letras vermelhas, laranja, amarelas, verdes, azuis e roxas.

— Mas ele não sabia escrever — disse Judith.

— Ele diz que você costumava soletrar seu nome para ele — eu respondi.

— Sim, é verdade — replicou ela. — Eu costumava escrever as letras do nome dele em sua barriguinha.

— Trevor está me mostrando uma cama que me parece uma maca de hospital. Ele diz que vivia lá — eu disse a ela. — Ele está me mostrando muitos tubos e ouço máquinas apitando.

Houve silêncio na linha.

— Você está aí, Judith? — perguntei.

— Estou — ela disse calmamente.

— Trevor está me mostrando uma cicatriz no peito causada por uma cirurgia. Ele está sorrindo, no entanto, e rindo. Está me mostrando três dedos.

— Eu sei o que ele quer dizer — Judith sussurrou.

A sala ficou em silêncio. Eu não podia mais ouvir o sinal sonoro dos monitores. *Aonde você foi, Trevor?* pensei. *O que aconteceu com você?*

Como se em uma resposta às minhas perguntas, uma luz azul inundou o meu quarto. Vi um corpinho em cima da cama de hospital.

Uma criança saltou para fora dele, ela não tinha mais do que alguns meses de idade. Ela ficou ao lado da cama por um momento com sua mãe. Então começou a caminhar em direção à porta.

Na minha mente lógica, sei que os bebês com três meses de idade não sabem andar. No entanto, quando os espíritos estão me mostrando uma imagem, sempre tenho que deixar de lado o modo como acho que as coisas deveriam ser.

Enquanto Trevor caminhava em direção à porta, duas meninas de marias-chiquinhas entraram no quarto para encontrá-lo. Levaram-no pela mão e o guiaram pela porta. À medida que seguia essas três crianças, eu as vi entrar em uma longa fila de crianças que havia no saguão do hospital. Havia meninos e meninas, bebês, crianças na idade de engatinhar e crianças maiores. Pensei que elas mais pareciam crianças saindo para uma excursão escolar do que indo para o céu. Trevor acenou e depois foi embora.

Espantada, voltei a me ver sentada na cadeira, com o telefone na mão. Eu não sabia como começar a explicar o que vira, então comecei com uma pergunta.

— Trevor morreu num hospital infantil? — perguntei a Judith.

— Sim — disse ela. — Ele nasceu com um problema cardíaco grave. Tínhamos tentado uma cirurgia, enquanto Trevor ainda estava no útero, mas ela não corrigiu o problema completamente.

Ele viveu três meses no hospital e morreu quando eu estava sentada ao seu lado.

— Oh, Judith — eu disse, — o seu garotinho foi muito bem amparado quando deixou o corpo físico. Parece que todas as crianças que morreram naquele hospital vieram buscá-lo para levá-lo para o céu.

Eu podia ouvir Judith chorando.

— Todos os avós de Trevor ainda estão vivos — disse ela. — Eu estava tão preocupada com o fato de que não haveria ninguém para cuidar dele quando morreu. Estava com medo de que ele pudesse se perder.

Quando lhe contei toda a visão que tive, o seu suspiro de alívio vibrou do outro lado da linha telefônica.

Naquela noite, quando fui para a cama, o quarto ficou azul e vi Trevor e seus amigos espirituais novamente. Dessa vez, todos eles acenaram. E eu acenei de volta.

Apoio x-tremo

As crianças desencarnadas andam juntas como as crianças na Terra. Isso não significa que a vida após a morte seja cheia de bandos de adolescentes desordeiros que abandonaram a própria família. Na realidade, o oposto é verdade. Muitas vezes as crianças se unem para *ajudar* suas famílias.

Inúmeras vezes, quando me encontro com uma família que tem um filho ou filha desencarnada, quatro, seis ou até mais espíritos se postam atrás da pessoa que está recebendo a visita. Quando isso começou a acontecer, eu ficava um pouco perturbada, porque não entendia por que eles estavam lá em massa ou a quem todos eles pertenciam. Mesmo quando o espírito me dava os nomes daqueles que estavam com ele, eu não via nenhum sinal de reconhecimento no rosto dos pais que estavam presentes.

Então recebi um telefonema um dia, que ajudou a explicar o fenômeno.

— Lembra-se das crianças que você mencionou quando nos encontramos com você? — a mulher me disse ao telefone.

— Lembro-me de que vocês não sabiam de quem eu estava falando! — respondi.

Ela deu uma risadinha travessa.

— Eu sei o que nosso filho Benjamin estava fazendo — ela disse. — Um dia depois da nossa sessão, meu marido e eu fomos à primeira reunião do grupo de apoio para pais que perderam seus filhos. Quando as pessoas na sala começaram a falar de seus filhos, mencionaram alguns dos nomes que você disse. Benjamin nos fez uma visita com as outras crianças falecidas do nosso grupo. Não sabíamos os nomes delas porque não tínhamos nos encontrado com seus pais ainda.

Ela também contou que, quando o marido, que não era apenas cético com relação à mediunidade mas também contra o grupo de apoio, não conseguiu explicar o acontecido como mera leitura da mente ou coincidência, ele concordou em continuar indo aos encontros do grupo de apoio para poder resolver o mistério.

— Isso é a cara do nosso Benjamin — ela disse. — Meu marido acha que vai descobrir o que aconteceu, mas foi o Benjamin que descobriu um jeito de fazer seu pai continuar frequentando as reuniões do grupo de apoio.

As crianças desencarnadas não são apenas espertas e sábias, elas fazem tudo o que está ao seu alcance para ajudar os pais a obter a ajuda e o apoio de que precisam para superar sua perda. As crianças não só querem que os pais consigam recomeçar suas vidas como querem aprender a melhor maneira de se comunicar *diretamente* com os pais também.

Quando estou conversando com uma criança desencarnada — especialmente com um adolescente —, sinto que estou passando por um treino. Embora eu possa focar minha atenção num espírito apenas, também posso sentir a atenção dos outros do grupo. É como se eu estivesse sendo observada. Durante a maioria das sessões, os espíritos tentam usar meus sentidos mais aguçados para transmitir suas mensagens. Mas as crianças desencarnadas são, nesse sentido, meio agressivas — elas aproveitam *todos* os meus sentidos. Eu vejo uma imagem, depois escuto um som, depois percebo algo e sinto um sabor. Em comparação, quando trabalho com adultos desencarnados, eles tendem a usar apenas um sentido. Muitas vezes, é a minha clariaudiência. Ou, caso a pessoa não tenha sido muito falante quando estava na Terra, ela pode optar por se comunicar por imagens.

Por isso, naturalmente, quando estou numa sessão com um grupo de crianças desencarnadas, muitas vezes ouço um falatório e muita risada ao fundo, enquanto as informações começam a chegar até mim de várias maneiras diferentes. Vejo uma imagem, depois ouço um nome, depois sinto a personalidade do adolescente desencarnado, depois talvez sinto o odor de um bolo assando ou o cheiro de suor de um vestiário. Eu brinquei com uma mãe dizendo:

— O seu filho e as crianças com ele estão apertando todos os meus botões!

— Quando ele era pequeno — ela explicou —, nosso filho adorava apertar todos os botões do elevador, para que parasse em todos os andares.

O filho dela ainda apertava todos os botões, só que agora estava aprendendo quais botões precisava apertar para transmitir um odor, um som, uma imagem ou um aspecto da sua personalidade. E ele também estava ensinando as outras crianças a fazerem o mesmo!

Os grupos de crianças desencarnadas são como estudantes se formando num curso de comunicação numa universidade do Pós-vida. A intenção do seu grupo, que por vezes pode ser bastante intensa para o médium, é aprender os meios mais eficazes de comunicar à família que eles estão vivos e bem, e ainda estão por perto. Depois que as crianças descobrem como fazer isso, elas se tornam comunicadoras entusiasmadas. Quando estava organizando um encontro com sessenta pais entristecidos, o espírito de um jovem chamou minha atenção ao pular para cima e para baixo e acenar com os braços como se estivesse num jogo de bola. Pude ouvir os gritos de estímulo de outras crianças no fundo da sala, no momento em que o notei. Foi como se, naquele instante, a comunicação espiritual tivesse se tornado um esporte em equipe.

Tentando superar os limites

De vez em quando, os espíritos infantis ficam tão entusiasmados que os encontros geram fenômenos físicos.

— Fiquei arrepiada! — exclamei.

— Alguém acabou de apertar meu peito! — gritou minha amiga Michelle, que estava sentada ao meu lado.

Em primeiro lugar, deixe-me esclarecer que essas não são as atitudes normais dos espíritos cujas mensagens transmito todos os dias. Essa experiência interativa aconteceu durante um dos meus círculos de desenvolvimento semanal. Seis de nós tínhamos nos reunido numa sala mais escura do que o normal. Depois de fazer nossas preces e pedidos de proteção, ouvimos um barulho como se os móveis estivessem sendo arrastados. Podíamos ouvir as pedras e os cristais sobre a mesa se entrechocando, como se alguém os tivesse colocado num saco.

À medida que o barulho foi aumentando, várias pessoas do grupo acharam que os espíritos de dois meninos estavam presentes. Pareciam ser dois adolescentes e vestiam roupas que não eram modernas, mas davam a impressão de pertencer à década de 1950. Quando perguntei o que estavam fazendo, um deles respondeu com outras perguntas:

— Vocês podem nos ouvir? Podem nos sentir tocando vocês?

Respondemos que "sim" em uníssono.

Nossas reações devem ter encorajado bastante os meninos, porque logo ouvimos a mesa no centro do círculo começar a balançar para a frente e para trás.

— Por que vocês estão movendo as coisas? — perguntei.

— Para ver se conseguimos — um deles respondeu. Eles conseguiram e fizeram exatamente isso. Em cima da mesinha que estava no centro do círculo, havia um objeto redondo sobre uma folha de papel. Tínhamos contornado à caneta o objeto, desenhando sua forma no papel. Fizemos isso para ver se o objeto mudaria de lugar durante o período em que ficamos na penumbra. Quando a sessão terminou, o objeto estava fora do círculo que desenhamos à caneta. A mobília da sala e os outros objetos estavam no mesmo lugar e nada tinha sido danificado, mas os espíritos tinham mexido nos objetos e o desenho no papel indicava isso.

Gostaria de enfatizar mais uma vez que isso não acontece sempre, mas mostra que, quando estão juntas, as crianças desencarnadas gostam de causar impacto e descobrem maneiras de marcar sua presença, mesmo que sejam maneiras extravagantes e peculiares. Aparentemente elas estavam aprendendo tanto quanto nós, do círculo de desenvolvimento.

Durante a reunião de outro grupinho, vários jovens desencarnados não só causaram impacto como demonstraram sua determinação em mudar a vida de seus amigos. Aqui vai a história deles.

Intervenção divina

Era um dia perfeito e ensolarado na Califórnia. Como de costume, eu estava correndo para lá e para cá tentando preparar as coisas para as dez pessoas que estavam chegando na esperança de ter notícias de seus entes queridos em espírito.

Depois que a sala estava pronta, as cadeiras dispostas e a água gelada sobre a mesa, sentei-me em silêncio e pedi aos espíritos que usassem meus dons para ajudar a provocar uma mudança benéfica e suave na vida dos participantes do evento.

Quando o grupo se reuniu, notei um amistoso casal, jovem e atraente, aparentando vinte e poucos anos, entre dois outros casais na casa dos quarenta. Eles eram os mais jovens na sala — pelo menos até que os espíritos apareceram.

Após o término da oração de abertura, levantei os olhos e tive uma visão deslumbrante. Em pé, atrás do jovem, havia uma fila de espíritos jovens que se estendia até além das paredes.

Os semblantes eram indistintos e, quando olhei na direção do fim da fila, vi que seus contornos eram meras sombras. Eu olhava para eles, e eles olhavam para mim. Eu podia sentir o olhar dos espíritos mesmo sem poder ver os seus olhos.

— O que vocês estão fazendo aqui? — perguntei mentalmente ao grupo.

Todo o grupo falou numa só voz, como se fosse um coro grego.

— Estamos aqui por ele. Estamos aqui por causa dele. Estamos aqui para ajudá-lo.

Embora eu não soubesse o que fazer com essa informação, comecei a transmiti-la para o jovem sentado à minha frente. Os espíritos, no entanto, me interromperam no meio de uma frase para esclarecer melhor a razão da sua vinda. Os jovens em pé na minha sala de estar tinham sido mortos *por causa* das ações do jovem sentado na minha sala de estar.

Eu ainda não entendia como isso poderia ser possível, mas passei a informação como me compete fazer.

— Esses jovens em pé atrás de você estão me dizendo que eles estão mortos por sua causa.

Ele olhou para mim com olhos que pareciam espelhar a tristeza do mundo.

— Eu sei por quê — disse ele. — Eu fazia parte de uma gangue.

Os dois casais de meia-idade sentados perto dele mudaram de posição nos seus assentos. Eu também.

Não havia nada no jovem sentado diante de mim que lembrasse uma "gangue". OK, talvez suas roupas fossem um pouco largas. Mas não havia tatuagens que eu pudesse ver e ele parecia tudo, *menos* ameaçador.

Enquanto esses pensamentos passavam pela minha cabeça, o espírito de um homem apareceu ao lado do jovem. Ele me deu a sensação de ser um pai, e as informações começaram a chegar aos borbotões.

— Seu pai está aqui — eu disse. — Ele é um homem alto e imponente, e seguia a carreira militar. Ele está vestindo um uniforme, parece do Exército para mim.

— Sim, meu pai era do Exército — o jovem reconheceu.

— Seu pai está escrevendo três letras no ar diante dos meus olhos: G-E-D. Ele me transmitiu a sensação de que contribuiu para isso. Ele está orgulhoso por você ter dado outro rumo à sua vida.

Quando terminei essa última afirmação, os olhos do jovem brilhavam, cheios de lágrimas.

— Eu tirei o meu GED* na prisão, *depois* que ele morreu. Como ele poderia saber disso? — ele perguntou depois de limpar a garganta.

— Depois que uma pessoa morre, ela ainda pode se colocar a par do que está acontecendo aqui na Terra e na vida dos que ela deixou — expliquei.

---

* O GED (General Educational Development) é um teste composto de cinco matérias que certifica que o aluno tem ensino médio. Só as pessoas que não cursaram o ensino médio e não se diplomaram podem prestar o GED. (N. da T.)

Com as costas da mão, o jovem enxugou as lágrimas que teimavam em escorrer.

— Pensei que tinha decepcionado meu pai em *todos* os sentidos — ele disse, a voz grossa com as lágrimas que tinha tentado disfarçar. — Quando tirei o meu GED, não pensei que um dia ele saberia.

Naquele momento, a perspectiva desse jovem mudou. Com repentina confiança, ele se sentou ereto na cadeira.

No entanto, o pai não tinha acabado ainda.

— Seu pai e os garotos [ele indicou os jovens em pé na fila] vão ajudá-lo a ajudar outras pessoas e mudar vidas. Você irá falar para grupos, ir a prisões e lugares como esses.

Fiz uma pausa para respirar. O jovem olhou para mim, surpreso.

— Na semana passada, eu me encontrei com algumas pessoas que querem que eu fale para grupos sobre a minha vida. Estou pensando nisso, mas tenho um pouco de medo de falar em público. Eu me sinto meio pressionado a fazer isso de qualquer maneira.

Depois de ver todos aqueles jovens de pé atrás dele, eu não tinha dúvida da razão por que ele estava se sentindo pressionado. Perguntei a mim mesmo, *Como alguém que tinha sido preso por pertencer a uma gangue podia ter medo de falar em público?*

Os garotos na fila tinham uma última coisa a dizer.

— Estamos ligados — disseram eles.

Em seguida, o coro grego ficou em silêncio e os jovens e o pai desapareceram diante dos meus olhos.

No silêncio que se seguiu a essa mensagem, passamos a caixa de lenços pela sala. Em outras circunstâncias, ter um membro de uma gangue em nosso meio provavelmente seria apavorante. Em vez disso, como grupo, todos nós fomos tocados pelo amor de um pai orgulhoso do filho, pela graça de jovens que tinham sido assassinados e pela determinação de um jovem que tinha resolvido mudar os rumos da sua vida.

Até hoje eu me emociono quando me lembro desse encontro. Sempre que o preconceito, o ódio e a morte nos separam uns dos outros, as crianças desencarnadas nos lembram de que, apesar de qualquer suposta diferença, estamos *todos* ligados. Os espíritos infantis somam forças com as crianças da Terra para criar novos começos, mesmo depois de uma destruição devastadora. Não importa o quanto as coisas possam parecer terríveis, existe muito mais acontecendo nos bastidores do que podemos imaginar. As crianças desencarnadas estão ocupadas, procurando causar um impacto na Terra e, unidas às crianças encarnadas, estão criando um futuro melhor para todos nós.

Respostas dos Espíritos

Só os bons morrem jovens?

Felizmente não, mas isso é cantado em prosa e verso. Sempre que uma criança maravilhosa ou um jovem bom e talentoso morre, pode parecer natural presumir que eles eram tão bons que não precisavam mais viver na Terra para aprender alguma coisa. No entanto, encontrei alguns espíritos maravilhosos que viveram até uma idade bem avançada. Esse mundo seria um lugar insuportável se todas as pessoas boas morressem jovens. Muitas pessoas exemplares que vivem para ajudar os outros, como Gandhi e Madre Teresa, morreram com bastante idade.

Da perspectiva dos espíritos, o que há de mais importante sobre a vida e a morte não é quantos anos vivemos na Terra ou o modo como morremos. É como amamos.

Na vida após a morte, as pessoas também se sentem pressionadas pelos seus pares?

Certamente não do mesmo jeito que acontece na Terra! Na infância, as crianças se vestem e se comportam para serem aceitas pelo seu grupo. Elas evitam a todo custo ser consideradas estranhas ou "por fora". Em consequência, os adolescentes correm o risco de se sentirem constrangidos e até de morrerem por tomarem parte em comportamentos perigosos como sexo indiscriminado, excesso de bebidas alcoólicas e rachas. No entanto, no pós-vida, os espíritos não são classificados de acordo com as questões demográficas que conhecemos na Terra. Os espíritos não se separam por idade, raça, nível de instrução, como os geeks e os descolados. Em vez disso, os amigos no céu têm mentes e corações parecidos. Alguns espíritos já me contaram que, depois da morte, existe um sentimento real de pertencimento, de fazer parte de um todo maior, embora eles ainda conservem impressões de suas vidas na Terra. Quando o espírito de um adolescente me mostra seu cabelo roxo e seus piercings, ele está usando esses "identificadores" para dizer aos seus pais e irmãos, "Ei, sou eu!" Isso não significa, porém, que ele esteja andando com uma turma de punks roqueiros no mundo espiritual. Em vez disso, esse rapaz em questão queria que sua mãe soubesse que ele estava com seu irmão, que teve uma morte semelhante à dele vinte anos antes.

Os espíritos andam em grupos? Eles formam gangues no pós-vida?

Quando falava com uma mãe, eu disse:

— Seu filho Chase está me passando a sensação de que era um líder na escola. Estou vendo pôsteres e flâmulas que dizem "Presidente da Classe". Chase está cercado de crianças que querem fazer diferença neste mundo.

— Ah, é verdade — respondeu a mãe de Chase. — Ele foi eleito presidente da classe e concorreu com o slogan "Faça diferença". — Chase continuou a comunicar seu interesse pelos direitos humanos na Terra e disse à mãe que ele e seus amigos estavam inspirando um deles a levantar fundos para construir uma escola à beira-mar.

— Esse é o meu Chase — ela disse.

Em várias ocasiões, as crianças desencarnadas (e os adultos também) me disseram que estavam trabalhando em prol de mudanças na Terra e unindo-se a outros espíritos (e encarnados) para realizar seus objetivos.

Portanto, sempre que vejo nos noticiários uma iniciativa espontânea para ajudar pessoas carentes ou uma inspiração repentina e inexplicável que leva a uma grande descoberta na área médica, não posso deixar de pensar que são espíritos como Chase unindo-se do outro lado da vida para ajudar as pessoas deste lado.

As crianças se encontram e fazem novas amizades com outras crianças no mundo espiritual?

As crianças desencarnadas muitas vezes trazem novos amigos às sessões com membros da sua família na Terra. São amigos que eles encontraram pela primeira vez no pós-vida. Eles também contam que veem amigos de amigos da família que faleceram recentemente. Uma das coisas mais impressionantes que já testemunhei foram grupos de crianças chegando juntas para uma sessão, pois seus pais estavam ligados pela experiência da perda. Por exemplo, crianças cujos pais estão num grupo de apoio ou levantando fundos para a mesma obra beneficente podem aparecer juntas. Essas crianças mal se conheciam ou se encontraram na Terra. Em quase todos os exemplos, existe uma razão para esse encontro, e essa razão é geralmente propiciar um apoio amoroso à família.

Como os espíritos se divertem?

Minha tia-avó Day costumava dizer: "Todo santo dia é a mesma coisa".

Acho que muitas pessoas concordariam com ela. A diversão é o que nos distrai das preocupações da vida diária. No entanto, no pós-vida as rotinas da vida física não existem necessariamente. Não existem empregos das nove às seis ou tarefas como lavar a roupa aos sábados. As pessoas podem fazer o que gostam. Podem usufruir de lindos jardins sem nunca precisar arrancar uma erva daninha ou cortar a grama.

"Diversão" é também como chamamos as experiências que partilhamos com aqueles que amamos. Tirar férias, visitar parques temáticos e velejar num grande rio podem ser consideradas diversões porque podemos passar bons momentos com os amigos e familiares. Nossos momentos de diversão compõem as nossas melhores lembranças.

Morrer não faz com que essas memórias desapareçam. No pós-vida, os espíritos prontamente relembram os momentos de afeto em meio a toda diversão. Durante as sessões, eles mencionam férias, churrascos, reuniões de família e outras ocasiões divertidas. No entanto, na vida após a morte, a noção de "diversão" é substituída pela experiência e pela magnificência de uma alegria muitíssimo além de qualquer coisa que possamos imaginar, uma paz que se estende bem além da nossa compreensão, e um perfeito amor.

Sinopse Espiritual

As crianças desencarnadas compartilham o sentimento de pertencimento, de fazer parte de um grupo sem os aspectos destrutivos da pressão dos pares que existe na Terra. Como os adolescentes e crianças desencarnados entendem os desafios que enfrentam os jovens, eles estimulam e inspiram aqueles que estão na Terra de maneiras surpreendentes e originais, mesmo que não os tenham conhecido na Terra. A dor, as necessidades e as preocupações dos pais também unem as crianças desencarnadas, na tentativa de ajudá-los a encontrar o apoio de que muitas vezes precisam para seguir em frente no dia a dia.

8

O fim antes do começo

Abortos provocados e espontâneos
e crianças natimortas

Mensagens dos Espíritos

"Num suspiro, você me deu amor suficiente para uma vida inteira." (Palavras de um bebê que morreu nos braços do pai.)

Pensamentos dos Espíritos

Pausas das grávidas

Kirsten acenou freneticamente com a mão, gesto que interpretei como "*Desliga o gravador!*". Foi o que fiz.

— Meu marido não sabe que fiz um aborto — ela explicou, com seu leve sotaque estrangeiro. — Por isso não posso ter essa informação na fita.

Eu assenti e deixei o gravador desligado.

— Como sua mãe estava dizendo — continuei, como se nada estranho tivesse acontecido —, ela está aqui com seu bebê que foi abortado.

— Ai, meu Deus, eu não sabia o que fazer — disse Kirsten, começando a chorar. — Meu marido e eu estávamos separados naquela época. Eu não queria ter um bebê em meio àquela confusão, por isso *tive* que fazer o *aborto*. — Kirsten cuspiu a palavra "aborto" como se fosse um veneno na sua língua. Os olhos iam de um lado para outro, como se buscassem uma saída. O aborto foi um segredo que obviamente ela não pretendia contar a *ninguém*. Bem, os espíritos tinham outros planos.

A forte reação emocional de Kirsten me surpreendeu. Até aquele ponto ela tinha se mantido inalterada, apesar da história deprimente que os espíritos de seus pais tinham me contado.

O pai dela descrevera como tinha sido assassinado por um bando de ladrões que invadiram sua fazenda, em outro continente. A mãe de Kirsten, impotente diante dos ladrões, fez o possível para alertar as autoridades acionando um alarme para avisar a polícia. Quando os policiais chegaram, a mãe de Kirsten tinha morrido também, deixando uma marca de sangue na parede, ao lado do botão do alarme. A filha foi capaz de conversar com ambos os pais durante nossa sessão, mostrando pouca ou nenhuma emoção e sem que um único fio do seu cabelo loiro saísse do lugar. No entanto, quando veio à baila o tema do aborto, ela ficou muito perturbada. Na verdade, ficou transtornada.

A mãe de Kirsten não levou em conta seu desespero e continuou a transmitir suas mensagens.

— Sua mãe está me dizendo que ela e o bebê estavam com você quando você comprou uma arca de madeira para guardar os brinquedos dos gêmeos a semana passada. Seu bebê gosta de ficar com os gêmeos e observá-los.

A expressão de pânico no rosto de Kirsten se abrandou um pouco.

— Eu pensei no meu bebê quando estava comprando aquela arca.

— Há um elefante pintado na frente, não é?

— Ora, há sim — ela replicou, surpresa. Fez uma pausa e me pareceu que queria fazer uma pergunta, mas estava encontrando dificuldade para fazê-la em voz alta.

— Meu bebê não está realmente morto? — ela perguntou depois de limpar a garganta várias vezes.

— Seu bebê está vivo e com sua mãe — eu lhe assegurei.

— É menino ou menina? — ela perguntou.

— Não sei. Nem o bebê nem sua mãe me disseram — respondi.

— Sempre quis uma menina — Kirsten disse, pensativa.

Remorso. Preocupação. Culpa. Vergonha. Quase sempre, as mulheres expressam uma ou mais dessas emoções quando um espírito que foi abortado se apresenta, mesmo no caso de mulheres que se achavam no direito de fazer essa opção. Espera-se que esses espíritos reajam com raiva, confusão, dor e sentimentos de rejeição..., mas eles não reagem assim. Em vez disso, eles brilham. E estou dizendo isso literalmente.

Os espíritos que não chegaram a nascer na Terra têm um jeito muito particular de me anunciar a sua presença; eles parecem estrelinhas ou luzinhas cintilantes, geralmente sobre o ombro da mulher que sofreu ou provocou o aborto. Esses espíritos também podem aparecer nos braços de um membro da família ou amigo, mas isso normalmente ocorre quando querem enfatizar um acidente específico na gravidez, como um aborto tardio devido a complicações médicas.

Em alguns casos em que ocorreu o aborto, o espírito me envia alguns pensamentos que esclarecem o que estava se passando na época em que ele aconteceu. Às vezes consigo até perceber se a energia é masculina ou feminina, mas na maioria das vezes não consigo discernir nem o sexo nem a personalidade.

Em geral, os espíritos com quem trabalho transmitem informações e características pessoais que podem ser confirmadas pelo meu cliente ou pela família e os amigos dele. No entanto, quando um espírito que foi abortado se comunica, não existe um quadro de referências. Em vez disso, seus familiares no mundo espiritual falam por eles.

Isso acontece porque os espíritos abortados ainda não tinham um corpo totalmente formado. Eles não têm nenhuma ideia do que seja um corpo físico. Os espíritos não têm idade e só têm uma noção do que seja o envelhecimento quando estão num corpo físico.

Em muitos casos, o espírito está mais disposto a mencionar o aborto do que a mãe está disposta a admitir que o provocou.

— Não, não, não sei do que você está falando — disse-me uma mulher de ótima aparência. Ela me olhava diretamente nos olhos enquanto negava reconhecer uma criança diante de um grupo maior.

— Bem, não sei o que dizer — respondi. — Seu amigo Joe diz que está aqui com o seu bebê que foi abortado. Estou vendo o brilho de uma luz acima do seu ombro, o que significa que o bebê está aqui.

— Não sei coisa alguma sobre nenhum aborto — ela protestou outra vez, cruzando os braços.

Em situações como essa eu sei o que estou vendo e sei o que estou ouvindo, mas também sei quando tenho que desistir. Fico menos preocupada em saber se a aparição está correta do que em saber se transmiti a mensagem de maneira fiel. Depois que passei a mensagem, achei que o contato estava concluído. Mas Joe tinha outros planos. *Ele* não tinha concluído ainda.

— Seu amigo Joe disse que vocês dois não tinham segredos quando ele estava vivo.

— É verdade — ela disse. — Contávamos tudo um ao outro.

— Nem tudo, ele está dizendo. Só existiu um segredo que ele descobriu depois de morrer.

— Tudo bem, tudo bem, eu entendi — ela disse.

Então segui em frente com a sessão.

Durante o intervalo, eu estava tentando comer um pedaço de cheesecake quando a linda mulher me puxou de lado.

— Quero que saiba que você estava certa sobre o aborto.

— Hum-hum — eu disse, com a boca cheia.

— Eu só não queria que ninguém soubesse. Sabe como é. Estamos numa cidade pequena — ela explicou.

Eu assenti e continuei mastigando. Mesmo que essa moça encantadora, mas cheia de conflitos, pensasse que eu iria contestar sua decisão, eu não poderia falar nada com a boca cheia de cheesecake.

Como médium, não sou juiz; sou uma mensageira. Trabalho com os espíritos a partir de uma perspectiva de amor e equilíbrio, um lugar no qual o perdão é o caminho para a liberdade e o objetivo é a cura de relacionamentos que a morte interrompeu. A postura com que eu trabalho é mais bem descrita pelo poeta persa do século XIII, Rumi:

> Lá para além das ideias de certo e errado,
> existe um campo. Eu encontro você lá.
> Quando a alma se deita na grama,
> o mundo fica cheio demais para falarmos dele.
> Ideias, linguagem, até a frase *nós dois*
> deixam de fazer sentido.

— *Essential Rumi*, Coleman Barks

É duvidoso que o espírito chamado Joe fosse um fã de Rumi, mas ele certamente não estava preocupado em saber se alguém no grupo poderia julgar sua amiga. Estava mais preocupado com um segredo que havia causado separação e vergonha. Essa moça que ele amava não quisera lhe contar seu segredo e ele não estava conseguindo saber mais nada a respeito!

Joe era um representante do espírito, como muitas vezes acontece. Os abortos não passam despercebidos pelos amigos e parentes do pós-vida. Eles querem compartilhar o segredo, porque ao fazer isso a cura se inicia.

Não raro o espírito cintilante do bebê abortado serve como um catalisador para a cura. Quando a luz desses espíritos aparece em minhas sessões, é muitas vezes por causa de preocupações relacionadas com uma história de comportamento destrutivo que amigos e familiares desencarnados gostariam de abordar.

O espírito de uma mãe disse à filha o quanto estava feliz com a ideia de esta se casar e querer iniciar uma família o quanto antes.

— Adoro bebês — a mãe declarou, e nesse momento vi três luzinhas cintilantes. A mãe disse à filha para não se preocupar, pois ela conseguiria ter filhos. Achei essa afirmação meio estranha, considerando que eu estava vendo três espíritos abortados no passado dessa jovem. Ela obviamente não tinha dificuldade nenhuma para engravidar!

— Dei muito trabalho quando era adolescente — a garota confessou. — Uma das razões que me levou a vir aqui é o meu desejo de que minha mãe saiba que eu endireitei. Estava preocupada com a possibilidade de ser castigada pelos abortos, como se eu já tivesse esgotado minhas chances de ter um bebê.

Foi então que a mãe dela me contou sobre um aborto ilegal malfeito que tinha realizado antes de se casar. Ela também tivera medo de que nunca fosse capaz de engravidar novamente. (O aborto ilegal foi posteriormente confirmado pela tia da jovem.)

Os espíritos cintilantes dos bebês abortados ajudaram essas duas mulheres a contar experiências e preocupações mútuas que até então tinham sido mantidas em segredo.

As luzes espirituais dos bebês abortados, por menores que possam parecer individualmente, juntas iluminam os recônditos mais profundos e sombrios do medo. Sempre que alguém tem receio de ser descoberto, as luzes dos espíritos brilham. Sempre que existe culpa, vergonha e arrependimento, essas luzes silenciosas ajudam a iluminar o caminho para a paz de espírito.

Sabedoria infantil

Até este ponto nossa narrativa sobre bebês desencarnados abordou a escolha das mulheres de ter ou não um bebê. Mas existe *outro* ponto de vista a considerar. Em alguns casos, é o bebê que decide nascer... ou não. Ficar na Terra... ou não.

— Há uma garotinha dançando em círculos em volta de você — eu disse para uma mulher sentada no centro de um grupinho. — Ela está me dizendo que tem 6 anos de idade.

— Eu perdi minha filhinha, mas ela não tinha 6 anos quando morreu — a mulher respondeu. Ela se recostou novamente na cadeira, sentindo-se meio ofendida, mas aparentemente aliviada por não ser mais o centro das atenções.

— Ela está me dizendo que tem 6 anos agora — respondi. — Você acabou de comemorar o aniversário dela.

Depois de hesitar um pouco, a mulher falou:

— Meu bebê faria 6 anos ontem. Ela teria 6 anos. Meu be-bê... bebê... — O resto da frase se perdeu em soluços e ela se encolheu toda na cadeira como uma folha de papel amassada na mão de um gigante.

Em momentos como esse, seria mais fácil começar a soluçar também. É natural reagir com empatia e querer confortar alguém tão obviamente devastado pela dor. Por mais insensível que possa parecer, porém, não posso me deixar levar por emoções quando estou falando com os espíritos. Pela minha experiência sei que uma reação emocional da minha parte pode interferir ou até interromper o fluxo de mensagens. Minha ênfase e meu foco precisam ser minha tarefa de ser porta-voz dos espíritos, mesmo que isso dê às pessoas presentes a impressão de que sou insensível.

Algo acabou de me ocorrer, agora que estou escrevendo sobre emoções. Por mais estranho que pareça, em todos esses anos em que tenho falado com espíritos, nunca ouvi o espírito de um bebê ou de uma criança chorando ou se lamentando. Nem uma única vez. Ouço risadas, muitos sorrisos e risadinhas, mas nada de lágrimas. O choro e os soluços são a maneira como *nós* expressamos separação, desespero, frustração e carência na Terra. Os bebês e as crianças desencarnadas vivem em paz, na abundância e, acima de tudo, com alegria. Não existem brinquedos perdidos na vida após a morte.

Os adultos desencarnados podem expressar arrependimento ou decepção por suas atitudes na Terra, mas nem mesmo eles ficam ali chorando quando falam comigo. Na maioria das vezes, os espíritos lidam com suas falhas de uma maneira bem objetiva. Um dos ditados favoritos da minha mãe era: "Não chore sobre o leite derramado". Aparentemente, não há ocasião em que isso seja mais verdade do que na vida após a morte.

No entanto, bem na minha frente, aquela noite, houve tamanho dilúvio de lágrimas que seriam suficientes para inundar a Terra e causar uma enchente no céu.

As pessoas sentadas ao lado da mulher que soluçava tocaram seus braços tentando confortá-la. Chumaços de lenços de papel apareceram para substituir os que caíam no chão.

— Sua filha, que agora tem 6 anos, está me dizendo que ela não estava doente antes de morrer. Está me mostrando uma linda cama cor-de-rosa, com um bebê deitado nela; acho que ele tem 1 ano e meio. Era grande para a idade, ela está me dizendo. Quando era bebê, ela gostava de ver o Mickey Mouse girando sobre sua cabeça.

A mulher assentiu.

— Ela morreu nessa cama, ela está me dizendo. Ela estava dormindo e não acordou. Deu-me um nome que se parece com Cassie.

A mulher concordou com a cabeça de novo.

— Ela quer que você saiba que não a deixou porque não a amava. Sua garotinha a ama. Ela está me mostrando uma pulseira com uma inscrição. Você a tem consigo, não tem?

Sem dizer uma palavra, a mulher tirou do bolso uma pulseirinha.

— Você pediu que a pulseira lhe fosse devolvida, não pediu? — perguntei. — Sua filha está me dizendo que houve uma investigação, mas que você não fez nada de errado. Ela está repetindo que você não fez nada de errado! — repeti, dando ênfase às palavras.

— Então por que ela me deixou? — a mãe me perguntou em meio aos soluços.

Fiz uma pausa esperando pela resposta. Em vez de palavras, essa linda menininha me mostrou algumas cenas na minha cabeça, de uma garotinha crescendo muito rápido, ficando maior do que as suas roupas, maior do que a sua cama e maior do que a sua casa. Foi um pouco como assistir uma cena de *Alice no País das Maravilhas*.

— Eu costumava ler essa história para ela — disse a mãe entristecida, momentaneamente livre das lágrimas. — Ela cresceu tão rápido. Eu tinha que comprar roupas toda semana. É como se ela tivesse crescido demais para o seu corpo e simplesmente ficado grande demais para ele — ela concluiu com um suspiro.

Eu não tinha certeza se a mãe de Cassie tinha percebido todas as implicações do que estava dizendo, mas eu tinha. Outras crianças tinham me contado que seus corpos não podiam mais conter seus espíritos. Depois da declaração da mãe, Cassie começou a dançar novamente, como se concordasse. Quando mencionei isso, a mãe disse:

— Ontem, no dia do aniversário dela, coloquei uma música para tocar e dancei sozinha. Disse à minha filhinha que nunca ia deixar de celebrar o dia em que ela entrou na minha vida.

— Ela ainda está dançando com você — eu disse. — Se depender dela, a festa ainda não acabou.

Durante o intervalo, a mãe de Cassie me contou sua história. Cassie fora um bebê grande, pesava quase cinco quilos. Sua cama cor-de-rosa ainda tinha o móbile do Mickey Mouse pendurado em cima. Um dia, enquanto dormia, Cassie morreu. Simples assim. O pai de Cassie, que estava separado da mãe, tinha feito acusações, dizendo que ela tinha negligenciado e maltratado a filha. Durante a investigação que ocorreu em seguida, nada se provou contra a mãe, e a morte de Cassie foi considerada Síndrome da Morte Súbita. Embora tenha sido inocentada, a mãe de Cassie ainda se culpava pela morte da filha. Quatro anos já tinham se passado desde aquela noite, mas Cassie, a garotinha cujo espírito tinha crescido mais do que o corpo, encerrou a noite com uma dança.

Parecendo bem para a idade

Cassie não foi a primeira que me mostrou que um espírito não precisa fazer uma visita aparentando a mesma idade com que morreu. Muitas pessoas que morrem aos 70, 80 e 90 anos aparecem na sessão com a aparência de 40. Felizmente, elas tendem a se apresentar numa forma familiar aos entes queridos e depois, mais tarde, com a forma que tinham na época em que foram mais felizes e saudáveis. Quando o espírito de um pai bonachão apareceu, numa cena, com um topete no cabelo, reclinado todo garboso num carro esporte, a filha riu e disse:

— Papai era moderninho nessa época!

Quando os espíritos fazem uma visita, eles geralmente vêm "com ótima aparência".

Quando se trata de bebês desencarnados, porém, parece acontecer o contrário. Os bebês normalmente não aparecem mais jovens. Não raro aparecem *mais velhos* do que na época em que morreram, como no caso de Cassie. Os bebês não viveram tempo suficiente para se identificar com um corpo em particular ou para se apegar a ele, e por isso sua aparência pode variar muito quando eles se apresentam a mim.

Às vezes um bebê que sofreu um aborto espontâneo pode aparecer na figura de um acompanhante mais velho de uma criança desencarnada, especialmente se eles eram irmãos. Pouco tempo atrás, quando me encontrei com uma mãe, mencionei que via o espírito do seu filho adolescente caminhando numa praia com outro menino.

— Ele está me dizendo que o garoto com quem ele está é irmão dele.

A encantadora senhora ofegou e disse:

— Antes de o meu filho nascer, sofri um aborto espontâneo. Sempre achei que era um menino e dizia ao meu filho que ele tinha um irmão mais velho. Sempre que íamos à praia, imaginávamos que meu outro filho estava conosco em espírito. Estou feliz que eles estejam juntos agora, na praia, na vida após a morte.

O aborto espontâneo pode ser desalentador para as pessoas que queriam muito ter um filho; uma série de abortos espontâneos pode ser algo devastador. Para uma mulher, no entanto, seu desejo de ser mãe teve consequências inesperadas.

Uma festa de aniversário do céu

Maggie sentou-se perfeitamente composta, com o cabelo ruivo preso no rabo de cavalo e óculos de chifre de tartaruga destacando seus olhos azul-celeste. Aos meus olhos, ela era a típica professora de pré-escola. As crianças que se reuniam aos seus pés tinham várias idades diferentes, desde bebês até crianças de jardim da infância. Quando elas se sentaram a sua volta, parecia que estavam prontas para ouvir uma história. *Que cena perfeita!*, pensei. A não ser pelo fato de Maggie não ser professora de jardim da infância e as crianças bem-comportadas aos seus pés estarem desencarnadas.

— Você está cercada de crianças, bem pequenas — eu disse a Maggie. — Elas são muito bem-comportadas.

— Sim, sei o que quer dizer — disse Maggie.

Fiquei feliz que ela soubesse, porque eu não sabia do que se tratava.

— Eles estão me dizendo a palavra "alegria" — eu continuei —, mas não sei se esse não é o nome de uma delas. Estou ouvindo "Alegria, alegria, alegria".

Ao ouvir isso, Maggie sorriu e disse:

— Sei do que você está falando. Seria melhor se eu explicasse. (Devo ter ficado com uma expressão intrigada.) Há anos tento ter um bebê. Todas as minhas gestações acabaram em abortos espontâneos. Eu os chamava de minhas "pequenas alegrias".

Eu não sabia o que dizer. A maioria dos pais que perderam seus filhos não parece tão descontraída e resignada.

— Suas pequenas alegrias estão falando que existe outra pequena alegria em casa esperando por você; um bebezinho que tem "R" no nome.

— É — ela disse com um sorriso. — Finalmente consegui levar uma gravidez até o fim. Seu nome é Russ e ele tem 6 meses de idade agora. — ela disse, radiante. — Vim aqui esta noite para ter certeza de que *todos* os meus bebês sabem que eu os amo. Agora sei muito mais do que isso. Sei que todos eles estão comigo.

A alegria vem em pequenos frascos

A alegria é uma das coisas que os bebês trazem para a nossa vida. A alegria irreprimível que irradia deles é absolutamente contagiosa. Quando um bebê ri, é quase impossível não rir com ele. Minha mãe era apaixonada por crianças, e eu acho que, por causa da influência dela, a alegria, a diversão e as risadas sempre foram uma parte importante da minha vida. Quando comecei a trabalhar com os espíritos, fiquei surpresa ao descobrir que a alegria não era tão abundante em todas as famílias. Alguns anos atrás, fiquei assombrada ao descobrir que uma das minhas amigas mais queridas nunca tinha sentido a mais pura alegria. Mas o espírito de uma garotinha estava prestes a mostrar a ela.

Ciranda em volta das rosas
O bolso cheio de flores
Cinzas, cinzas
Vamos todos cair!

Fiquei deitada na cama, sem vontade de abrir os olhos. Quem precisa de um despertador, quando o espírito de uma garotinha decide cantar pela manhã?

Esse espírito se apresentou como Daisy e só depois do meu café da manhã consegui perceber que ela era uma presença alegre e encantadora.

Ainda durante o café da manhã descobri que Daisy era a filha que minha amiga Janet havia perdido sem querer num aborto espontâneo devido a uma falha no DIU.

Eu tinha visitado Janet e me hospedado na casa dela durante vários anos seguidos antes de conhecer Daisy. Isso não é tão surpreendente quanto parece. Os espíritos às vezes esperam décadas para tornar sua presença conhecida. Mas, mesmo com toda essa demora, eles sempre sabem a melhor hora para aparecer. É como se, instintivamente, eles soubessem quando estamos prontos para ouvir suas mensagens, que nem sempre é quando achamos.

Outra razão para a visita tardia de Daisy pode ter algo a ver com os anos que Janet passou se preparando para a comunicação espiritual. O interesse dela começou por acaso quando ela leu livros e fez cursos de desenvolvimento na área de metafísica. Então o interesse aumentou quando ela começou a andar com pessoas sensíveis à presença de espíritos. (Eu sou uma dessas pessoas, a propósito.) Com o tempo, a própria sensibilidade natural de Janet começou a ficar mais refinada. Daisy certamente esperou até Janet estar pronta para receber suas mensagens.

Janet é uma professora aposentada que nunca chegou a se casar. Sua paixão pelo magistério e seu senso de humor impagável, muito parecido com o meu, faziam com que ela conquistasse amigos com muita facilidade. Seu amor pela comunicação espiritual é um bônus.

Daisy também tem um senso de humor peculiar. Um dia, eu estava conduzindo uma sessão em grupo. Enquanto tentava me concentrar para transmitir mensagens para uma família adorável que perdera o pai e um dos filhos, eu me distraí com duas crianças brincando de esconde-esconde atrás do sofá. Uma dessas crianças era, claro, a travessa Daisy.

Depois que Daisy descobriu que eu podia vê-la, começou a fazer a maior bagunça e continuou até bem depois de o evento acabar. Até a cachorra de Janet, Calla, fugia de suas brincadeiras malucas.

Fiquei desnorteada com todo aquele alvoroço. *Isso tem que parar*, eu pensei a princípio. *Essa garotinha não percebe o efeito que está causando nas pessoas (e nos animais) ao seu redor.* Eu estava levando muito a sério meu trabalho de babá espiritual, até me ocorrer que ela de fato sabia o efeito que estava causando em todos. Deixe-me explicar.

Desde que conheci Janet, fizemos muitas sessões juntas. E foram sessões tão produtivas, na verdade, que eu já tinha, há muito tempo, deixado de me preocupar com a possibilidade de os espíritos não terem mais nenhuma mensagem a transmitir a ela. Sempre que os espíritos a visitavam, eles traziam um ou dois membros diferentes da sua extensa árvore genealógica. Na verdade, um espírito do século XV uma vez apareceu durante uma sessão por telefone. Como viemos a saber depois, Janet tinha pesquisado esse ramo da família apenas uma semana antes.

Uma das razões por que adoro acompanhar os encontros entre as pessoas e os espíritos ao longo de um período é o fato de que posso testemunhar as mudanças que ocorreram na vida deles. Essas mudanças são muitas vezes resultado da retomada de relacionamentos desfeitos na Terra, devido a comportamentos pouco amorosos.

Na vida de Janet, seu relacionamento com o pai tinha sido gravemente prejudicado por causa do alcoolismo dele. (Sim, esse é um assunto muito mais comum na vida do que podemos imaginar!) Nas sessões comigo e com outros médiuns, Janet e seu pai finalmente conseguiram conciliar suas diferenças. O perdão fez com que os traumas do passado começassem a perder sua força sobre o presente. Como resultado dessa cura, Janet conseguiu avançar até a próxima fase do seu crescimento.

Ou seja, Daisy.

No meio da minha sessão com Janet, Daisy começou a falar sobre as coisas engraçadas que queria fazer conosco nos poucos dias de férias que planejávamos passar na casa de praia de Janet. Ela mencionou que queria comer pipoca nos passeios pela orla.

(Fiquei feliz em poder satisfazer esse seu desejo). Não demorou muito até que Daisy revelou a verdadeira razão do seu interesse por Janet.

— Outras crianças serão trazidas até você, ela está me dizendo. E está empolgada com isso. Já pensou em escrever livros para crianças falando da vida após a morte? — perguntei, inspirada por Daisy.

— Bem, as pessoas vivem me pedindo — Janet respondeu. — Eu andei pensando, mas não tenho muita vontade de fazer isso.

— Daisy está dizendo que a vontade vai vir da alegria. Mas primeiro você tem que ter alegria na vida para entender a alegria das crianças. Ela está dizendo que essa é, em parte, a razão por que ela e as outras crianças desencarnadas se aproximaram de você.

Daisy falava rápido. Tive que tomar fôlego para poder acompanhá-la.

— Sinto que Daisy pode às vezes aparecer para você como uma criança mais velha ou até mais nova. Ela se mostrará a você ao longo de várias fases da vida dela.

— É verdade. Dois outros médiuns a viram fazer isso. Eles a viram se transformar numa moça — disse Janet.

— Ela quer que você veja o quanto ela pode ser flexível. Está dizendo que você pode fazer o mesmo. Só porque você está numa certa fase da sua vida, isso não significa que também não possa ser uma garotinha correndo pelo campo e colhendo flores sem nenhuma preocupação no mundo. Vocês duas podem ser crianças juntas.

— Ela me pediu para brincar de boneca com ela — disse Janet.

— A presença dela na sua vida vai lhe trazer mais alegria. De muitas maneiras, trata-se de retornar à sua infância.

Janet concordou com a visão que Daisy tinha da situação.

Enquanto refletia sobre o encontro entre Daisy e Janet, fiquei impressionada com a determinação de Daisy — e com sua sabedoria. Ela tinha vivido dois meses no útero de Janet, até que o DIU provocou o aborto. Mas isso não ia impedi-la de se tornar uma presença real na vida de Janet. Em alguns sentidos, sua jornada juntas estava apenas começando.

Mais tarde, naquela noite, quando estávamos tomando sorvete, perguntei a Janet se ela já tinha sentido alegria na vida.

— Não — ela respondeu laconicamente. — Com o alcoolismo de papai, nós literalmente perdemos a fazenda. Qualquer esperança de ter uma infância feliz se acabou naquele dia.

De acordo com Daisy, porém, a esperança não tinha se acabado. Os bebês desencarnados nos lembram de que podemos sentir a alegria da infância, mesmo que não tenhamos tido infância, para começo de conversa. Podemos reivindicar o que pode nos ter sido negado devido às atitudes de outras pessoas. Uma alegria renovada é um presente que os espíritos dos bebês nos oferecem aqui na Terra. Daisy estava determinada a ajudar Janet a recuperar essa alegria. E escrever histórias fantásticas e mágicas para crianças parecia ser um ótimo ponto de partida.

O amor é uma dádiva preciosa que os bebês trazem para nossa vida. Até mesmo os bebês desencarnados são capazes de oferecê-lo em abundância. O número de meses ou anos que eles passaram conosco aqui na Terra não importa; seu amor não tem fronteiras nem é limitado pelo tempo. Aprendi essa lição com Daisy, e com outra linda garotinha que visitou o pai uma noite, num evento que eu organizei em West Hollywood, na Califórnia, vários anos depois.

Amor sem igual

Quando olhei a plateia, meu olhar foi atraído por um borrão circulando velozmente a primeira e a segunda fila. *Mais devagar*, pensei, *Não consigo ver você.*

Em resposta, o borrão começou a ficar mais nítido e pude finalmente começar a ver a figura de uma garotinha que devia ter uns 4 anos. Quando ela percebeu que eu podia vê-la, correu para trás de um homem que estava na fileira da frente e se escondeu.

Assim vai ser difícil, eu disse mentalmente, enquanto me apresentava para a plateia. Em resposta, ela saiu de trás da cadeira dele.

— Há uma menininha atrás de você — eu disse para o homem da fileira da frente. — Você tem uma filha desencarnada?

— Sim.

— Ela adora correr — eu disse. — Ela gosta de correr com você toda manhã.

— Como você sabe que eu corro toda manhã? — ele me perguntou, com um pouco de nervosismo na voz.

— Sei porque ela está me dizendo — respondi. — Não sei onde você mora nem tenho tempo para espioná-lo!

— Fiquei surpreso que tenha dito isso, é só — ele explicou, com mais calma.

— É uma garotinha bem atlética — continuei. — Ela está dizendo que você queria um menino, mas que não tem problema.

Ela gostaria de jogar futebol no time da sua faculdade, de qualquer maneira!

Ele riu e pareceu mais relaxado.

— Quando minha mulher ficou grávida, eu disse a ela que nosso filho ia ser o maior atleta da minha faculdade, como eu fui.

Agora foi a garotinha que riu.

— Só que eu era menina. Eu era a garotinha do papai. Eu sou especial.

Na minha tela mental, ela me mostrou um quarto todo cor-de-rosa, com bichinhos de pelúcia espalhados por todos os lugares e um unicórnio no berço.

— Antes de ela nascer, minha mulher e eu compramos um unicórnio para ela, de modo que ela soubesse que era especial, uma criança como nenhuma outra — ele disse, enquanto indicava uma adorável mulher morena sentada ao seu lado.

Embora eu achasse estranho que a garotinha não tivesse reconhecido a mãe, achei que ela sabia o que estava fazendo.

— Ela está me transmitindo o nome Alice ou Allison e está dizendo que adorou brincar com as primas quando a família se reuniu no lago.

— Seu nome *é* Allison. Nós recentemente tivemos uma reunião de família no lago, onde a nossa família passava os verões quando eu era pequeno — disse o pai de Allison. — Minha irmã teve uma menina na mesma época em que Allison nasceu, por isso elas teriam a mesma idade.

Então toda a correria e a brincadeira de esconde-esconde acabaram. A pequena Allison de 4 anos tornou-se um bebê diante dos meus olhos. Eu não sabia o que fazer diante daquela súbita mudança corporal.

— Não sei por que ela está fazendo isso — admiti. — Mas Allison está se mostrando a mim como um bebê. Ela está me mostrando uma cena em que está em seus braços — eu apontei para o pai. — Enquanto você a embala, ela diz: "Papai, num suspiro você me deu amor para uma vida inteira".

Nesse momento, o pai de Allison cobriu o rosto com as mãos. Ele se curvou para a frente e, por um momento, pensei que fosse cair. Sua esposa afagou gentilmente suas costas, ignorando as próprias lágrimas. Depois de se recompor, o pai de Allison começou a falar com as mãos ainda no rosto.

— Se Allison tivesse sobrevivido, ela teria hoje 4 anos — ele começou. — Assim que ela nasceu, eu a peguei no colo. — Ele fez uma pausa, tirou as mãos do rosto, ergueu o queixo e disse: — Quando eu a segurei nos braços, ela deu um suspiro... e morreu.

Allison mais uma vez apareceu como se tivesse 4 anos e insistiu para que eu repetisse suas palavras.

— Papai, num suspiro você me deu amor para uma vida inteira.

Respostas dos Espíritos

As crianças que foram vítimas de aborto provocado ou espontâneo esperam na vida após a morte para se unir aos pais?

Embora eu não possa dizer com certeza, todas as minhas experiências com aqueles que não chegaram a nascer me levam a concluir que, em espírito, eles continuam com a família que escolheram. Essa conclusão se baseia em muitos exemplos individuais. Eis dois que ilustram essa afirmação.

Certo dia conheci uma mulher chamada Kimberly. Também conheci o espírito da filha dela, que tinha morrido de um aborto espontâneo. Embora tenha morrido no útero, esse bebê passou por um parto natural e Kimberly até chegou a lhe dar um nome, Ava. Kimberly sempre quis ter uma menininha e, de certo modo, ela teve. Ava mencionou que a mãe rezava todos os dias para que isso acontecesse. Kimberly confirmou, acrescentando que Ava tinha sido enterrada no jazigo da família. Nesse caso, Kimberly e Ava tinham uma ligação mãe/filha que transcendia o nascimento... e a morte. Kimberly expressou o desejo de ficar com Ava quando chegasse ao céu. Ava concordou em ficar sempre ao lado de Kimberly, o que pode significar que elas se unirão na vida após a morte. Ava não me deu nem a mais leve indicação de que estava interessada em buscar outra família.

Uma mensagem parecida foi transmitida numa sessão que fiz com uma mulher chamada Nicole, de San Diego. Quando a nenê de Nicole, que tinha sido abortada espontaneamente, apareceu durante a sessão, ela mencionou que a mãe falava com ela todos os dias. O bebê até mencionou que Nicole a tinha visto e que ela cuidava do seu irmãozinho. Nicole confirmou que, depois de o seu filho nascer, ela viu o espírito de uma garotinha espiando dentro do berço dele. Ela sentiu que era sua filha que tinha sido abortada. Desse dia em diante, ela passou a conversar com o espírito da filha e incluiu-a nas celebrações da família. Mais uma vez, esse é um exemplo de um relacionamento contínuo fomentado entre um dos pais na Terra e o espírito do filho.

Eu gostaria de frisar que tanto Kimberly quanto Nicole são mulheres bem equilibradas, que não são propensas a fantasiar. Elas acreditam que suas filhas fazem parte da família e que as meninas aceitaram os pedidos das mães para que continuassem sendo membros da família.

Minhas experiências com abortos provocados, porém, são diferentes. Raríssimas vezes tive conversas extensas com bebês abortados. Como já mencionei, outros espíritos muitas vezes falam por eles. Isso pode se dever ao fato de que suas mães optaram por não estabelecer um relacionamento com eles na Terra e podem nem ter consciência de que essa conexão é possível. Outra razão por que não converso com eles pode ser o fato de que meu trabalho inclui identificadores, que ajudam o cliente a saber com quem estou falando. Esses identificadores, como sexo, nome, personalidade, doenças e descrição física, não estão disponíveis para mim ou para a mãe em caso de aborto.

No entanto, isso não significa que o espírito desses bebês se afastou dos pais. Pelo contrário. Como já mencionei, as luzes espirituais que vejo sobre o ombro de uma mulher anos depois do aborto são lembretes visuais desse fato.

Os bebês abortados tentam encontrar outros pais na Terra, para que possam ter outra chance de nascer?

Os espíritos estão vivos e vivem enfatizando isso. Portanto, o nascimento na Terra não lhes dá vida, mas sim uma oportunidade de aprender a experiência da vida dentro dos limites de um corpo físico. Uma dessas experiências de aprendizado inclui a morte.

Os espíritos não julgam o valor de uma vida pela sua duração, mas pelo quanto aprenderam a dar e receber amor.

Quando uma mulher chamada Jane veio me ver anos atrás, fiquei surpresa quando o espírito da mãe dela contou que pensou em abortá-la. Ela explicou que era uma adolescente na época e não estava pronta para ter um filho. No fim, a mãe de Jane decidiu ter o bebê e criou-o com a ajuda da família. Alguém que olhasse de fora a família de Jane veria que ela teve uma família amorosa e abnegada. O que ela não entendia era a razão por que tinha lutado a vida inteira contra o sentimento profundo de não ser amada nem desejada. De certo modo, seu espírito encarnou no corpo físico ainda com a impressão resultante da profunda ambivalência da mãe durante o período de gravidez. Graças à visita do espírito da mãe, Jane passou a compreender melhor a situação e libertou-se dos seus sentimentos conflitantes. Em consequência, seu amor pela mãe cresceu mais ainda.

Os espíritos não estão desesperados para se agarrar a qualquer tipo de vida ou a qualquer corpo disponível. Com base no que eles me dizem, sei que a encarnação não é um acontecimento aleatório. Trata-se de algo muito importante, por isso os espíritos preferem esperar até o momento certo. Dentre as suas considerações estão as qualidades da linhagem familiar inteira, a personalidade dos pais, a combinação dos DNAs dos pais e a ordem de nascimento.

Durante uma sessão particularmente memorável (e incomum) com uma professora de metafísica, fiquei surpresa ao ver a quantidade de bebês desencarnados que a acompanhava. Havia um que falava por todos os outros. O porta-voz deixou claro que esses bebês eram para ser filhos de mulheres que pertenciam a um grupo que essa professora ensinava na época. De acordo com esse porta-voz, algumas dessas mulheres não tinham conseguido ter filhos anteriormente. Essa informação foi confirmada pela professora de metafísica à minha frente. Várias mulheres do grupo tinham engravidado pouco tempo antes, contra todas as probabilidades. Ficou muito claro para mim que esses espíritos estavam optando por nascer neste momento da história, como filhos dessas mulheres. Havia um sentimento claro de que os nascimentos tinham sido determinados.

Embora esse fenômeno traga à baila muitas perguntas e gere muita especulação, os espíritos, nesse caso, não nos deram uma explicação muito aprofundada. No entanto, ao conversar com seu representante, fiquei sabendo (quase por osmose, parece) que esse grupo de mulheres tinha sido levado a estudar o lado espiritual da vida, em parte por causa da decepção, da dor e da dificuldade de engravidar. Os laços que estabeleceram entre elas ao estudar as questões do espírito forjaram as circunstâncias perfeitas para o nascimento de um grupo de almas sábias e determinadas.

Eu não seria a primeira a reconhecer que muitas crianças nascidas nos últimos vinte anos são incrivelmente maduras para a idade delas e sua sabedoria está muito além da sua idade. À medida que a consciência do nosso país e do mundo continua a progredir, assim como nossa aceitação do espiritual no dia a dia, aqueles que escolhem nascer agora estão trazendo a este mundo talentos necessários para impulsionar a evolução da nossa espécie.

Ao contar a história anterior, eu me lembrei de que todos os bebês desencarnados que encontrei, mesmo os que nem chegaram a nascer, estavam mais interessados em mostrar seu amor por outras pessoas do que preocupados com as necessidades de sua alma. Seu propósito não é limitado pelo número de minutos ou anos que passaram ou não na Terra.

Francamente, comparadas com a eternidade, *todas* as nossas vidas na Terra são breves. Eu ressalto isso porque nunca ouvi um bebê que deixou esta Terra, antes mesmo de aprender a andar, dizer que queria uma encarnação mais longa. Segundo o que eu sinto, é como se eles dissessem "tive o que precisava" ou "realizei o que era necessário".

Quando um espírito considera a possibilidade de encarnação, ele está ciente de que ela pode acabar na forma de um aborto provocado ou espontâneo. Nascer e crescer num corpo físico não parece ser o único propósito do espírito. O que se aprende da concepção à morte, independentemente de quanto dure a vida, nada mais é do que aquilo de que precisam o espírito, sua mãe e sua família.

É possível que o filho que tenho agora seja a encarnação de um espírito que abortei espontaneamente?

Hesito em dizer que alguma coisa é impossível, normalmente porque, sempre que faço isso, descubro depois que estava errada! Para responder a essa pergunta, eu diria que: sim, é possível que, se você sofrer um aborto espontâneo, o bebê abortado decida encarnar posteriormente como seu filho. No entanto, é importante ter em mente que o espírito pode já ter conseguido a experiência de que precisava da primeira vez em que encarnou. Também já tive a oportunidade de conversar com espíritos que sofreram aborto espontâneo e que ficaram com os membros desencarnados da família, enquanto a mãe deu à luz outros bebês.

É possível que as crianças abortadas nasçam posteriormente na mesma família da mãe que as concebeu originalmente?

Teoricamente, é possível. Na prática, porém, nunca encontrei um espírito que tivesse essa intenção. Mas é fácil entender por quê. A vida já é tão complicada, imagine para uma mulher que perde um filho e sente que a irmã deu à luz essa mesma criança! Parece até uma barriga de aluguel espiritual! Tenha em mente que, se um espírito visa a uma determinada encarnação, qualquer alteração nos pais muda as condições e circunstâncias da encarnação. Na maioria dos casos, não acho que os espíritos pulem de uma mãe para outra numa família, com uma atitude do tipo, "Se não der certo com você, vou ter que tentar com outra pessoa".

Os antepassados podem reencarnar dentro da mesma família?

Eu gostaria que os espíritos falassem mais sobre reencarnação comigo. Na maioria dos casos, porém, os espíritos com quem converso querem falar sobre suas vidas mais recentes com seus entes queridos aqui na Terra. O passado pode ser bem resolvido na presente encarnação, pois trazemos conosco para a vida atual qualquer questão inacabada ou lição não aprendida.

Uma das razões que levam os espíritos a se interessar tanto pela cura da geração atual é a possibilidade de que suas futuras encarnações sejam afetadas por ela. Quando falo com ancestrais de vários séculos atrás, eles ressaltam padrões repetitivos, que muitas vezes continuam sendo mantidos ao longo de várias gerações. Por exemplo, um capitão de navio falecido havia muitos séculos disse a um jovem da mesma família que este sempre sentiu a necessidade de ter um barco. O jovem confirmou que isso não só era verdade como todos os homens da família tinham barcos ou trabalhavam no setor de navegação. O velho marujo explicou ao jovem que ele precisava ajudar sua esposa a superar o medo de que ele se perdesse no mar. Descobrimos, então, que o capitão tinha morrido no mar, deixando uma jovem esposa viúva. O jovem confirmou que essa era uma história bem conhecida na família e que tinha preocupado muitas gerações de esposas, inclusive sua própria noiva. Os ecos do passado são, muitas vezes, ouvidos no presente. No entanto, é só a geração atual que pode silenciar esses ecos.

Há casos em que o espírito menciona que ele e meu cliente estiveram juntos em mais de uma vida. Durante uma sessão em Laguna, Califórnia, o espírito de um pai falou sobre várias vidas passadas que tinha partilhado com o filho. Segundo me disse, o relacionamento entre eles não fora sempre o mesmo ao longo das vidas. O pai descreveu uma vida passada em que ele e o filho tinham sido relojoeiros numa cidade da Alemanha que ele me mostrou no mapa. O filho olhou para mim, chocado, porque ele tinha acabado de voltar de uma viagem para a mesma região da Alemanha, onde tinha sentido vontade de visitar as relojoarias e até comprara um relógio. Embora ele e o pai tivessem sido relojoeiros na Alemanha, num século passado, nesta vida eles eram americanos descendentes de alemães. Houve a sensação de que eles continuavam na mesma família, mas não recebi nenhum detalhe que nos possibilitasse pesquisar a história mais a fundo.

Se alguém aborta um bebê que, numa vida passada, pode ter sido um ancestral, isso destrói o destino da família dessa pessoa?

Aprendi com os espíritos que toda ação que empreendemos tem um efeito na Terra e no céu. Tudo tem uma consequência, e nós não vivemos nem morremos num vácuo. No entanto, da perspectiva mais ampla dos espíritos, o que para nós pode parecer destruição é sempre uma oportunidade de mudança que leva a uma transformação. Portanto, sim, abortar uma criança que pode ter sido um ancestral é capaz de afetar ou alterar o destino de uma família, mas da perspectiva espiritual nada é destruído.

Sinopse Espiritual

Quando uma gravidez é interrompida por um aborto espontâneo ou provocado, a mãe pode sentir culpa, decepção e dor. Se o bebê nasceu e logo depois desencarnou, às vezes por razões desconhecidas, o sentimento de perda pode ser complicado por sensações de fracasso, culpa e raiva. Mas os espíritos desses bebês continuam com a família, oferecendo orientação, alegria e conforto.

9

É simplesmente errado

Assassinato, genocídio e outros crimes contra a humanidade

Mensagens dos Espíritos

"A morte não faz de ninguém uma pessoa boa." (Palavras de um jovem desencarnado quando lhe perguntaram se ele encontrou seu assassino.)

Pensamentos dos Espíritos

Um caso de erro de identidade

O .espírito da garotinha na minha frente estava me fitando diretamente, com seus olhos grandes, redondos e muito escuros. Seu rosto era emoldurado por cachos negros que caíam sobre os seus ombros. *Essa é Anne Frank*, pensei.

Na pré-adolescência, eu lia *O Diário de Anne Frank* escondido, à noite, sob a luz de uma lanterna, numa tenda de lençóis e cobertores. A história de Anne Frank me afetou profundamente; o fim da vida dela, não citado no livro, ainda mais. Quando vi o espírito dessa garotinha, achei que era a minha chance de finalmente me comunicar com alguém cujas experiências de vida eu admirava tanto.

A garotinha diante de mim, porém, parecia muito mais nova do que Anne Frank seria na época em que se escondia num sótão e escrevia o seu diário. Isso, porém, não foi suficiente para me dissuadir de que se tratava da própria Anne Frank, porque os espíritos podem parecer mais jovens ou mais velhos do que na ocasião em que morreram.

Essa tem *que ser Anne Frank*, eu pensei. "Não, não sou!", foi o pensamento da garotinha, em resposta.

Foi então que notei todos os espíritos à volta dela. Pareciam estar numa estação de trem. Vestidos com sua melhor roupa, eles carregavam sua bagagem na mão e estavam em fila atrás da mulher que viera me consultar. Captei alguns nomes, que eles me transmitiram por telepatia. Presumi, é claro, que eram as pessoas com quem ela viera fazer contato.

Mas não eram.

À medida que eu lhe transmitia as informações mais detalhadas que os espíritos me relatavam, incluindo o fato de que tinham morrido em campos de concentração durante a Segunda Guerra Mundial, a mulher parecia cada vez menos disposta a reconhecer a presença deles.

Não entendi. Membros da família dela tinham morrido sob circunstâncias desumanas, no entanto ela não queria falar com eles. Eu fiquei consternada, para dizer o mínimo.

Mas essa cliente não tinha marcado uma sessão para falar sobre parentes que tinham morrido no holocausto, muito embora eles quisessem falar com ela. Ela estava ali para entrar em contato com uma amiga que tinha morrido recentemente e saber se seu amado gato ainda estava com ela.

Durante a sessão, conversei com a amiga dela, e o gato também fez uma breve aparição. A visão dos parentes alinhados em fila e em silêncio atrás dela, esperando pacientemente, permaneceu em minha mente o tempo todo. Somente no fim da sessão, o espírito da garotinha com grandes olhos castanhos olhou para mim... e sorriu.

O sorriso dessa menininha ficou comigo durante muito tempo. Ela e outros espíritos que eu vi naquele dia haviam morrido durante um dos maiores horrores do século XX. Apesar desse fato, a menininha apareceu vestindo seu melhor traje, embora esse possa ter sido o último vestido que ela usou. Embora a sua breve vida na Terra possa ter tido um fim aterrorizante, ela estava sorrindo. Isso me tocou mais profundamente do que eu posso descrever. Não pude deixar de imaginar *como* ela morreu, mas ela não me deixou esquecer o fato de que, apesar das intenções dos seus algozes, ela estava *viva*.

Ao contrário de Anne Frank, a garotinha já conhecia o fim da sua história na Terra quando nós nos encontramos. No entanto, ela *ainda assim* sorria para mim. Na época esse sorriso me pareceu tão misterioso quanto o sorriso da Mona Lisa.

O espírito dessa garotinha que encontrei muitos anos atrás foi o que me inspirou este capítulo. Sempre penso nela quando vejo nos jornais uma história de assassinato e brutalidade em algum lugar do mundo.

A resposta dos espíritos às chamadas de emergência

— Ligue a TV, estamos em guerra! — disse a voz ao telefone, me acordando de um sono profundo, no começo da manhã de 11 de setembro de 2001.

Tanto a pessoa que falava comigo quanto eu somos nova-iorquinas de nascimento; ela morava na cidade e eu, no subúrbio. Ambas tínhamos parentes e amigos que ainda moravam e trabalhavam em Manhattan. Quando conversamos com amigos e colegas de trabalho nos dias seguintes a essa data fatídica, ainda estávamos chocados com a quantidade de pessoas que conhecíamos que tinham sido diretamente afetadas quando os aviões se chocaram e as torres caíram.

A morte, mesmo em grande escala, continua sendo uma questão pessoal. Cada indivíduo que morre é uma mãe ou um pai, uma irmã ou irmão, um filho ou uma filha. No trabalho que eu faço, a dor causada pela morte repentina e aparentemente sem sentido é curada aos poucos, uma pessoa por vez. Tenho que acreditar nisso e nunca me esquecer, do contrário posso ser facilmente subjugada pela dor esmagadora daqueles que ficaram para trás.

Ao longo dos meus anos de juventude, energias de trauma acumuladas num local podiam me engolfar completamente. Na verdade, quando eu tinha 10 anos de idade, tive que ser tirada de um campo de batalha em Gettysburg, porque não conseguia parar de chorar. O que começou como uma lição de história resultou na descoberta de que havia alguns locais históricos que seria melhor eu não visitar. Mesmo com esse entendimento, ainda me sinto oprimida quando visito países onde ocorreu uma terrível carnificina. No Camboja, por exemplo, eu mal podia tocar os pés no chão sem sentir o terror e o genocídio que ocorreu lá. Felizmente, na época em que visitei esse país, eu já tinha aprendido a administrar a maioria desses sentimentos. No entanto, ainda não consigo evitar ser afetada pela reação dos espíritos e a dor de seus entes queridos quando tenho laços afetivos com o lugar, como acontece com Nova York.

É por isso que, no dia 12 de setembro, eu disse para aqueles que tinham morrido no dia anterior: "Não venham até mim todos de uma vez". Eu *queria* ajudar essas pessoas cujas vidas tinham mudado. Eu *sabia* que poderia ajudá-las, mas precisava fazer isso paulatinamente, ajudando uma de cada vez.

Como tantas vezes acontece no meu relacionamento com os espíritos, eles tinham outros planos. Meus amigos insistiram para que nos reuníssemos uma semana depois do dia do ataque.

— Vamos formar um círculo e orar para as famílias — meu amigo Andrea sugeriu.

Isso parece algo positivo e bem delimitado, pensei.

No entanto, coloque um médium no meio da sala, rodeado de pessoas amorosas e bem-intencionadas, e que também são sensíveis aos espíritos, e tenha a certeza de que ali vão ocorrer muito mais do que simples orações. Dentro de alguns minutos, minha sala de estar ficou tomada de espíritos, que nos davam seus nomes e me diziam que não estavam perdidos. Eles tinham visto suas fotos e os avisos frenéticos de seus entes queridos fixados em toda parte. Tinham ouvido amigos e familiares perguntando a todos os que podiam sobre seu paradeiro.

Esses espíritos sabiam que seus entes queridos ainda tinham esperanças de que eles estivessem perdidos, mas não mortos. Do ponto de vista dos espíritos, era importante comunicar que eles não estavam perdidos de jeito nenhum. Era importante tranquilizar os outros, contando que eles estavam bem.

O espírito de uma senhora dirigiu-se, decidido, a Andrea e deu seu nome completo, explicando que ela estava usando o nome de casada no trabalho, por isso o seu nome de solteira na lista dos desaparecidos constava de maneira incorreta. Ela queria que seus entes queridos soubessem disso.

Em meio a todo esse burburinho, com os espíritos ansiosos para se comunicar, fiquei aliviada ao ver os espíritos amparadores aparecendo. Eles pareciam tão eficientes quanto a Cruz Vermelha ou as equipes de resgate do governo. Equipados com pranchetas e canetas, eles começaram a verificar os nomes das pessoas em suas listas. Cada espírito foi então encaminhado a um lugar, além de uma porta roxa, que tinha aparecido na minha sala de estar. Um por um, eles foram desaparecendo de vista até a sala ficar vazia, silenciosa e em paz.

Fiquei impressionada ao ver o quanto os espíritos eram bem organizados em seus esforços. Não importa o quanto a situação estava caótica no dia 11 de setembro, não tenho dúvida de que cada pessoa que morreu nesse dia foi atendida pessoalmente ou por alguém que ela conhecia ou por um espírito amparador que lhe deu orientação e a encaminhou.

Já mencionei antes que cada pessoa é escoltada pessoalmente na vida após a morte, mas foi incrível ver a atenção dada aos espíritos nessa ocasião. Assim como temos socorristas aqui na Terra, do outro lado há socorristas também. Trata-se de espíritos que "recepcionam" outros e os ajudam de maneira semelhante à dos voluntários que ajudam as pessoas aqui na Terra.

Por exemplo, pouco antes do Dia de Ação de Graças, o espírito de uma mãe que tinha desencarnado algum tempo antes do 11 de Setembro contou à filha por meu intermédio que ela estava convidando todos os recém-chegados, na vida após a morte, para um jantar de Ação de Graças lá.

— Entendo isso perfeitamente — respondeu a filha. — Minha mãe sempre convidava as pessoas que eram novas na vizinhança para ir à nossa casa no Dia de Ação de Graças. É claro que ela faria a mesma coisa na vida após a morte.

Depois de qualquer grande acontecimento traumático, seja provocado pelo homem ou pela natureza, muitas vezes há uma mobilização para providenciar assistência e recursos que possam aliviar o sofrimento dos que ficaram na Terra. Cidadãos doam dinheiro, desde moedas de um centavo até milhões de dólares. Concertos e campanhas de televisão para arrecadar fundos incentivam pessoas do mundo todo a fazer doações e fornecer a ajuda que for necessária. Em momentos como esses, o entendimento inerente de que "o que acontece a um de nós acontece a todos nós" é expresso de maneira poderosa. Essa é, na verdade, a maneira como os espíritos veem as coisas *o tempo todo*, não apenas em tempos de crise. Onde vemos separação, eles veem ligação. Quando vidas e edifícios na Terra literalmente desmoronam, no mundo espiritual divisões imaginárias entre nós desmoronam também.

Embora terremotos, tsunamis, a matança metódica de uma raça e a derrubada de torres por aviões em curso de destruição e morte provoquem a morte em massa, todos esses acontecimentos são pessoais. Os espíritos não nos deixam esquecer isso.

Quando um desastre assola alguma região do mundo, as notícias que recebemos invariavelmente incluem entrevistas com pessoas que se sentiram "levadas" ou "compelidas" a ajudar estranhos, mesmo sendo de outras nacionalidades e culturas. Muitas vezes, eles contam sobre os seus gestos de apoio.

— Não sei por que senti que precisava fazer isso, mas eu fiz.

Quando as pessoas que moram do outro lado do mundo são levadas a fazer diferença na vida de um estranho, é porque não importa quanto seja grande a necessidade, o chamado ainda é pessoal. Os espíritos fazem com que seja dessa maneira. Eles nos levam a ajudar os seus entes queridos, uma pessoa de cada vez.

Tendo nascido nos Estados Unidos, sempre me surpreendo ao ver como pensamos que somos independentes. No meu trabalho com os espíritos, eles continuam aparecendo e me dizendo como somos *interdependentes*.

Anos após o 11 de Setembro de 2001, e longe da cidade de Nova York, os espíritos me lembraram novamente que eu poderia ajudar, uma pessoa de cada vez.

A ROSA AINDA DESABROCHA

Apenas se lembre no inverno de que muito abaixo da neve amarga
Dorme a semente que, com o amor do sol,
na primavera torna-se a rosa.

A nota final da canção caiu ao silêncio. Ninguém na plateia respirou. Por alguma razão, eu tinha sido inspirada a terminar uma noite de comunicação espiritual com uma versão a capela da música. O que eu não sabia era que essa música tinha um significado especial para uma família na plateia. Era a música favorita de uma jovem que tinha morrido na queda das torres do World Trade Center. Poucos dias depois, encontrei esse belo e encantador espírito quando seus pais vieram para uma sessão.

— Todo mundo adora essa menina! — exclamei. — Eu posso ver por quê. Ela tem uma personalidade vibrante e ama a vida. Sua alegria é irreprimível. Ela queria viver em Nova York, mas, no coração, era uma menina do interior.

Os pais sentados comigo estavam angustiados, e eu entendi por que quando, em minha mente, vi o World Trade Center entrando em colapso. No começo da nossa conversa, essa jovem encantadora tinha me mostrado uma colmeia de abelhas que era o símbolo da palavra antiga da qual seu nome era derivado. Ela tinha contado detalhes de sua vida que só os pais poderiam conhecer e compreender. Falou sobre as coisas que tinham acontecido desde a sua morte para que eles pudessem ter certeza de que ela ainda estava presente em suas vidas.

Em suma, ela se comunicava muito bem com um médium.

— Sua filha estava sempre atrasada — ela está me dizendo. — Então, a princípio, vocês acharam que ela tinha escapado do acidente.

— É isso mesmo — disse o pai. O amor pela filha e o orgulho pelas realizações dela eram evidentes em cada palavra que ele falava e em cada gesto que fazia. Ele também era muito solícito com a esposa, que parecia inconsolável.

— Ela está me dizendo que queria ajudar. Ela morreu quando o edifício veio abaixo. Morreu ajudando outras pessoas. Vocês sabem que ela era esse tipo de pessoa.

Adorei falar com essa jovem cheia de entusiasmo. Ela irradiou energia para toda a sala, a ponto de deixar os pelos do meu braço e da minha nuca arrepiados. Foi como estar sentada no meio de uma sala cheia de eletricidade estática.

Embora tivesse morrido durante um acontecimento que catapultou todos nós para um mundo diferente, ela fez isso sem dificuldade; morreu fazendo o que sempre fizera, ajudando os outros. O que ela realmente queria era dizer à família que não estava com medo quando morreu, que ela sobreviveu à morte e que os amava.

Não houve grandes discursos. Não houve declarações políticas. A intenção de destruir não tinha destruído essa jovem... ou seu espírito amoroso.

Não é o que parece

Para as pessoas que moravam nos Estados Unidos antes de 2001, atos de terrorismo não eram comuns. No entanto, em outros países de todo o mundo, não é esse o caso e não foi durante anos.

Em algumas cidades, tomar um café numa mesinha na rua pode ser um risco de morte. Lembrei-me desse fato quando uma mulher chamada Lillian veio me ver.

— Há o espírito de um homem ao seu lado. Ele me transmite a sensação de que é seu marido e um nome que soa como "Sol". Seu marido é um homem poderoso. Ele está falando para mim sobre filmes. Ele fala como um produtor de cinema.

— Ah, sim, essa era a carreira dele — disse ela.

— Ele veio com uma jovem. Ela me dá a sensação de que é sua filha.

Lillian, a mulher sentada na minha frente, tinha a elegância, a beleza e a presença de uma ex-atriz. Ela estava extremamente equilibrada para alguém que tinha perdido o marido e a filha.

O marido de Lillian mostrou um filme na minha cabeça, a miniatura de uma obra-prima cinematográfica, mostrando pai e filha sentados na mesa de um café, batendo papo. Era um dia sereno e ensolarado até que BUUM! Com uma ofuscante luz branca, o filme terminou.

Nem Sol nem a filha falaram sobre o filme que tinham mostrado. Eles estavam mais interessados em falar sobre assuntos de família, um bebê que estava prestes a nascer na família, um menino. Eles falaram sobre a escola da filha e seu interesse em seguir a carreira de escritora. A filha de Lillian mencionou que estava com a mãe enquanto ela lia as histórias que ela tinha escrito quando criança. Sol tentou cantar algumas canções do Dean Martin, mal.

Tenho falado com muitos espíritos que tiveram mortes violentas.

A não ser em casos raros, os jovens não fixam a atenção na violência. Em vez disso, eles falam sobre os detalhes da vida em vez de insistir nos detalhes da morte. Muitos me disseram que foram poupados de qualquer dor ao morrer. Uma jovem disse aos seus pais:

— Eu assisti de fora tudo acontecer. Nada me feriu.

Falei com um jovem espírito que tinha sido torturado e assassinado. Depois, seu corpo foi queimado a ponto de não ser reconhecido. Quando falou com seu pai, ele descreveu seu quarto na casa da família, incluindo detalhes como o seu calendário desportivo e seu relacionamento amoroso com o pai e o resto da família. Esse jovem não reforçou os pesadelos do pai, descrevendo em detalhe o modo como tinha morrido. Ele não revivia as terríveis circunstâncias de sua morte, na vida após a morte, nem queria que seu pai as revivesse aqui na Terra.

De vez em quando ouço as crianças contando que a maneira como elas morreram não é a maneira como vivem na eternidade. É uma lembrança que eles podem escolher não reviver.

Uma jovem que havia sido esfaqueada e que sangrou até a morte comparou essa experiência com o nascimento.

— Quando eu nasci, havia uma confusão e muito sangue. Nascer na vida após a morte foi muito confuso também — disse ela.

Eu soube mais tarde que a mãe dela tinha sangrado abundantemente em seu nascimento.

O pior trauma que podemos imaginar parece ser o que menos afeta aqueles que morreram em resultado de tal trauma. Na outra vida, as crianças não continuam a viver no meio do horror. E fazem tudo o que está ao seu alcance para evitar que os pais continuem a reviver esse horror aqui na Terra.

Falando sério

Como médium, estou sempre ouvindo o que os espíritos têm a dizer. As mensagens podem consistir em palavras, símbolos, imagens e sensações. Ao longo dos anos, fiquei craque em traduzir o que pode ser uma confusa "linguagem espiritual" na compreensível "linguagem das pessoas". Como médium, também aprendi a escutar os silêncios, porque às vezes o que não é expresso em voz alta é tão esclarecedor quanto o que é realmente dito.

Isso acontece especialmente nos casos de assassinato ou de catástrofes naturais. Seja a morte causada por mãos humanas ou pelas forças da natureza, percebe-se uma surpreendente coerência.

Os espíritos não se referem a si mesmos como "vítimas".

Nós, por outro lado, logo damos esse rótulo a *todo mundo*. Assista ao noticiário da noite, e você pode ouvir frases como "as vítimas de um furacão" ou "as vítimas de um serial killer".

O espírito de um jovem me interrompeu, quando me referi a ele como uma vítima. Ele havia sido baleado e morto por alguém que atirava nos motoristas de uma rodovia enquanto dirigia seu carro. Enquanto eu estava falando com ele e transmitindo as mensagens para a sua mãe, de repente me ocorreu que eu tinha visto uma notícia sobre sua morte. *Ah, eu sei quem você é*, eu disse mentalmente. *Sua história saiu no noticiário. Você é uma vítima da...*

Antes que eu pudesse terminar o pensamento, ele me interrompeu, dizendo:

— Não sou uma vítima. — E se calou.

— Seu filho não se vê como uma vítima — eu disse à mãe dele.

— Não criei meu filho para ser vítima de nada nem de ninguém — ela respondeu com orgulho.

Os espíritos não são fisicamente vulneráveis como eram na Terra; eles não usam distintivos no céu que dizem "vítima".

Os espíritos também não falam "e se isso não tivesse acontecido...". Eles não refletem sobre o que poderia ou deveria ter acontecido ou não. Eles apresentam o que "é" com uma calma e uma tranquilidade surpreendentes. Pode ser um pouco enervante, especialmente quando os membros da família estão procurando alguém para culpar ou informações que possam confirmar o seu próprio senso de justiça.

Uma mulher que suspeitava que seu cunhado tivesse envenenado sua irmã pediu:

— Pergunte à minha irmã se o marido a matou. Posso ser a única na família que pensa assim, mas *sei* que estou certa.

A irmã desencarnada recusou-se a acusar o marido.

Quando uma mãe ficou insatisfeita com o veredicto recebido em resultado do julgamento de um júri, ela perguntou ao espírito do filho se devia entrar com uma ação civil. O filho, que sempre obedecera às leis, disse:

— Estou bem. Eu sei que você me ama.

— Eu te amo com todo o meu coração — disse ela, chorando.

— Não preciso de um veredicto onde estou vivendo agora. Se você vai abrir um processo, faça isso por si mesma, não por mim — ele disse, libertando-a de sua obrigação autoimposta de defender o filho além da morte.

Soube mais tarde que, em sua busca, ela tinha se distanciado do seu segundo filho e quase destruído seu casamento.

O braço da lei é longo, mas não atinge a vida futura. Ele não precisa.

A ideia de que alguém que foi assassinado não vai descansar enquanto o assassinato não for resolvido pode ser um bom entretenimento ao estilo de Hollywood. Um romance de mistério, onde os bandidos são pegos pode ser uma leitura interessante. Mas, no meu mundo, o assassinato não é entretenimento e a justiça nem sempre traz a cura.

A lei do equilíbrio

Um homem de vinte e poucos anos, morto a tiros perto de uma loja de conveniência, me ensinou a diferença entre a justiça na Terra... e o amor do céu.

O apelido dele era Rally, porque adorava carros de corrida. Quando veio visitar a mãe e a tia em um evento pequeno, ele logo tomou a iniciativa.

— Estou vendo muitos carros com pinturas extravagantes — eu disse à mãe dele.

— Ele gostava de trabalhar em carros no fim de semana — sua mãe, Tisha, respondeu. Ela era uma mulher pequena e bonita, com olhos amendoados que lhe davam uma aparência adolescente.

— Ele está me dizendo que você está usando uma imagem dele no pescoço. Ele gosta do rosto dele gravado em ouro.

Ela tirou de debaixo da blusa um pingente de ouro quadrado. O rosto de um jovem estava gravado na superfície. Mal era visível.

— Rally está me mostrando muitas flores e velas na calçada. Vejo bichos de pelúcia, até mesmo balões e muita gente de pé ao longo do quarteirão.

— Sim, muitas pessoas visitam o local onde ele morreu.

— Ele está me mostrando barras de cadeia e dando-me a sensação de que uma pessoa já está na prisão por causa do que aconteceu.

— É, isso mesmo — respondeu ela.

— Mas ele está na cadeia por causa de outra coisa, não porque o seu filho está morto, certo?

— Nada foi provado com relação à morte do meu filho. Não é justo — disse ela, de repente, parecendo anos mais velha.

— Ele não morreu de imediato, ele está me dizendo, mas não sentiu dor. Ele quer que você saiba disso.

Rally disse "irmão" no meu ouvido e me mostrou uma foto de um jovem de pé ao lado dele.

— Seu filho mais novo encontrou-o, certo? — eu perguntei à mãe.

Ela assentiu com a cabeça.

Rally descreveu o carro com o atirador dentro. Embora testemunhas tenham visto o carro, ninguém deu informações sobre o atirador. Rally me mostrou ele mesmo girando o corpo ao som do primeiro tiro e protegendo a menina que andava ao lado dele.

— Ele a protegeu — disse a mãe de Rally. — Não é justo que o meu bebê tenha morrido. Não é justo.

— Rally está me mostrando um parque infantil. Ele tem balanços, um desses brinquedos que giram e uma gangorra quebrada

— eu continuei. — Ele enfrentou os valentões no parquinho, ele está me dizendo.

— É, ele era um lutador, meu Rally. Há um parque perto da nossa casa. Eu costumava levá-lo lá. Mas não me lembro de nenhuma gangorra.

Na minha mente, eu perguntei a Rally, *O que aconteceu com a gangorra?*

Foi então que ele me mostrou uma imagem da balança da justiça. Aquilo não parecia fazer sentido, mas eu contei isso à mãe dele.

— Sim, a justiça — disse ela. — Sem justiça para o meu filho. Não importa se essa estátua está no tribunal.

Eu sabia que Rally estava tentando dizer alguma coisa que eu (e sua mãe) não estávamos entendendo completamente. Felizmente, os espíritos podem ter muita paciência.

Rally transmitiu a imagem da gangorra em minha mente novamente. Desta vez, a palavra "AMOR" em letras grandes estava bem no meio dela, e ela estava perfeitamente reta, perfeitamente equilibrada.

Quando falei sobre essa imagem para a mãe de Rally, ela disse:

— É, esse é o meu bebê. Ele estava sempre falando de amor.

Essas palavras ficaram comigo: "ele estava sempre falando de amor". No entanto, esse jovem fazia mais do que apenas falar de amor. Ele praticava o amor. Seu último ato na Terra foi proteger alguém de uma saraivada de balas.

Eu pensei em Rally, na gangorra do amor e na balança da justiça. Essas imagens permaneceram comigo por muito tempo.

Ao longo dos anos, usei a gangorra de Rally como metáfora para o padrão espiritual pelo qual todos nós julgamos a nós mesmos na vida após a morte.

Aquilo que foi dado compensa o que foi tirado? O amor expressado equilibra o amor negado? Será que amamos mais os outros do que a nós mesmos? Ou as nossas necessidades foram mais importantes do que as de qualquer outra pessoa?

Se nos sentarmos de um lado da gangorra e tivermos nossas ações diante de nós, do outro lado, ela vai permanecer em equilíbrio?

No meu trabalho com os espíritos, eu apresento seus casos em prol do amor perfeito e equilibrado aqui na Terra porque essa é a energia que eles trazem para mim. É a força do seu amor enérgico que pode inspirar a mudança aqui na Terra.

Irradiando amor para você

Quando falo com os espíritos de crianças que foram assassinadas, eles muitas vezes omitem os detalhes de sua passagem, porque estão mais interessados em confortar e inspirar seus pais, e o público em geral, a criar mudança.

Curiosamente, uma das principais maneiras pelas quais eles fazem isso é falando sobre seus funerais.

Pode parecer um pouco mórbido, mas para as crianças isso não é nada demais. As crianças não vão aos seus próprios funerais no estilo Tom Sawyer — para ver o que as pessoas estão dizendo sobre elas —, elas vão lá para dar amor e apoio aos seus pais e famílias.

Um jovem me disse que adorava uma boa festa. Seus pais concordaram que seus amigos assumissem a organização do evento e, com música ao vivo e vídeo, eles tornaram os funerais uma noite memorável.

As crianças em espírito me dizem, animadas, que não havia espaço suficiente na igreja, no salão ou no auditório para comportar todas as pessoas que compareceram ao memorial ou funeral. Isso de modo algum é uma mostra de convencimento, mas sim uma maneira de lembrarem os pais de que a vida delas aqui não passou em branco e que elas não serão esquecidas.

As crianças usam os braços de outras pessoas para tocar e abraçar os pais. Cada e-mail, cartão, jantar, foto compartilhada e mensagem no Facebook é uma maneira que as crianças desencarnadas têm de inspirar as pessoas a cercar seus pais de amor. Dependendo de quanto sua morte é bem divulgada, uma criança desencarnada pode inspirar centenas, se não milhares, na Terra a expressar amor e apoio aos seus pais em luto. Esse apoio pode, por sua vez, inspirar os pais a liderar iniciativas para proteger os filhos de outras pessoas por meio da legislação ou do cumprimento da lei. Por mais trágico que possa parecer aos nossos olhos, um assassinato, mesmo sob as piores circunstâncias, pode ser usado pelos espíritos para aumentar a conscientização sobre como podemos cuidar melhor uns dos outros.

Um presente de casamento

O amor dos que estão no mundo espiritual pode trazer a cura, por mais horríveis que sejam as circunstâncias da sua morte.

Uma noite, durante um círculo de desenvolvimento, o espírito de uma jovem apareceu e começou a falar sobre como havia morrido. Ela deixou claro que estava "ligada" a uma das mulheres do nosso círculo, não por laços de sangue, mas por um casamento que iria acontecer. Ela foi morta duas semanas antes de se casar.

Kathy, uma bela mulher com seus vinte e poucos anos, estava concluindo seu expediente, tarde da noite, quando foi assassinada em sua mesa de trabalho. Ela me forneceu detalhes específicos, tão vívidos, que não vou mencionar aqui por respeito à família. Apesar dos horríveis detalhes, essa jovem nem uma vez referiu-se a si mesma como uma vítima, não culpou ninguém nem me disse que queria que pegassem seu assassino. Ela tinha em mente outra coisa completamente diferente.

Tive que esperar sete anos para descobrir o que era.

— Minha irmã me disse há pouco que você falou com a minha noiva — disse o homem ao telefone. — Eu vou para Los Angeles e gostaria de marcar uma sessão.

Imediatamente, eu soube quem ele era. Isso, devo admitir, era incomum, especialmente pelo fato de já terem se passado anos desde o dia em que eu havia encontrado o espírito da noiva dele. Tinha sido muito mais do que apenas "há pouco". Os detalhes acerca do assassinato dessa jovem, no entanto, ficaram impressos na minha memória, com uma tinta indelével.

Quando o noivo entrou, fiquei impressionada com sua postura. Charles era piloto da Marinha, e isso era evidente em cada passo que ele dava. Ele se sentou ereto na cadeira, com um olhar de expectativa no rosto. Eu sabia com quem ele queria falar, mas, evidentemente, eu não podia garantir que ela, ou qualquer outra pessoa, fosse se apresentar.

E, então, lá estava ela... num vestido vermelho.

— Kathy está de pé ao seu lado usando um vestido vermelho. Ela diz que, na única foto que você tem dela, ela está com esse vestido vermelho.

— É verdade — disse ele, enquanto tirava uma foto de sua valise. — Ela não gostava de tirar fotos.

O restante do nosso tempo juntos foi passado com Kathy mencionando membros de sua família, uma recente cerimônia em que Charles tinha recebido uma menção de louvor, e a nova casa que tinha acabado de comprar. Não houve alusão à maneira como ela morrera, nenhum detalhe, nada de sangue. O único vermelho na sala era o do seu vestido.

— É bom que você se case — disse Kathy, do nada. — Eu te amo e quero que você seja feliz.

Os olhos do piloto da Marinha se encheram de lágrimas. Enquanto uma lágrima deslizava pelo seu rosto, ele disse:

— É por isso que estou aqui hoje. Eu precisava ouvir que Kathy concordava com meus planos antes de poder seguir em frente com eles. Parei em Los Angeles a caminho de encontrar minha nova noiva.

Dessa vez foram os meus olhos que se encheram de lágrimas.

A comunicação que começou com sinos de casamento calando-se com um assassinato, sete anos antes, tinha terminado com sinos de casamento tocando novamente. Se o assassino de Kathy foi levado à justiça, eu não sei. O que eu sei é que Kathy queria amor para o homem que amava, mais do que justiça para o homem que a matou.

Respostas dos Espíritos

Todas as pessoas ruins vão para o inferno? Ou algumas acabam indo para o céu?

Antes de mais nada, as pessoas no pós-vida têm ideias diferentes sobre o que consiste uma pessoa "ruim". Uma mulher que tinha sido muito religiosa na Terra pareceu surpresa quando reviu seu irmão descrente depois que ela morreu.

— Eles permitem que qualquer pessoa entre no céu! — exclamou ela. Aparentemente, seu irmão era a ovelha negra da família, mas era querido da mesma forma. Um jovem desencarnado resumiu a diferença entre o céu e o inferno de maneira sucinta. Ele disse à sua mãe:

— Morrer não faz de ninguém uma pessoa boa. Eu gosto de ficar com as pessoas boas.

Concordo com esse jovem. Gosto de ficar com as pessoas boas também, especialmente quando trabalho com os espíritos.

As pessoas me perguntam o tempo todo como é o inferno. Como nunca estive lá, não posso dar informações de primeira mão. No entanto, os espíritos me disseram muitas vezes que nossas ações na Terra criam nossa realidade na vida após a morte. Para aqueles que têm a intenção de ferir seus semelhantes, sua realidade na vida após a morte é povoada de pessoas com intenções semelhantes. É difícil imaginar um lugar com todos os assassinos vivendo juntos. Se não existir uma placa que diga: “Bem-vindo ao inferno”, eu ficarei surpresa.

O meu ente querido que está no céu não pode descansar em paz enquanto não se fizer justiça pela sua morte?

Os espíritos muitas vezes falam comigo sobre viver uma paz no céu que não podemos entender aqui na Terra. Junto com essa paz excepcional existe uma sensação de estar seguro. As crianças do outro lado da vida, estão cercadas pelo amor das suas famílias. Até hoje jamais falei com um espírito para quem a justiça na Terra seja um pré-requisito para sua paz no céu. Felizmente, os entes queridos em espírito não têm mais que carregar a dor que o corpo sofreu. Isso não significa, no entanto, que aqueles que violaram a lei e causaram sofrimento não devam ser levados à justiça. O que quero dizer é que, mesmo que não haja provas suficientes para condenar ou a punição não compense o crime, não deixamos nosso ente querido desapontado. A Justiça na Terra tem limitações. A boa notícia é que os entes queridos em espírito vivem em paz e amor muito além dessas limitações.

E se a polícia nunca encontrar a pessoa que matou?

Ninguém pode fugir para sempre. As ações não podem permanecer ocultas na vida após a morte, e ninguém escapa do julgamento dessas ações. *Ninguém*. Isso vale para todos nós. As justificativas e as racionalizações caem por terra, e as ações parecem sombrias em contraste com a luz do amor perfeito.

Se alguém é assassinado, o espírito tem a chance de confrontar seu assassino quando ele morre?

Nenhum espírito nunca me disse que está esperando para saudar o seu assassino. O que me tem sido mostrado em visões e sonhos é que aqueles que causam uma separação entre pessoas que se amam sentem todos os efeitos da sua atitude. Não há necessidade de se confrontar um assassino porque ele finalmente se dá conta de como suas ações afetaram as outras pessoas. Se o poço da compaixão no coração de uma pessoa é muito raso na Terra, o oceano de remorso em que ela mergulha é muito mais profundo quando ela chega à vida após a morte.

Se alguém morre em circunstâncias que chegam a virar notícia, por que esse espírito fala sobre coisas do dia a dia em vez de falar do acontecimento que causou a sua morte?

Às vezes, quando estou me comunicando com os espíritos, até os detalhes mais bobos passam a ter muita importância. Por exemplo, uma mãe desencarnada contou à filha que estava com ela no supermercado um dia — e chegou a citar a marca do papel higiênico que sua filha escolheu. Apesar de parecer uma coisa ridícula para se falar, esse papel higiênico tinha um significado especial para a filha. Aqueles que amamos conhecem detalhes da nossa vida, até mesmo os mais íntimos, como a marca do nosso papel higiênico favorito. Os espíritos mencionam esses detalhes da vida cotidiana porque eles são lembranças do amor. Os espíritos preferem nos lembrar do amor compartilhado, em vez da dor sentida por causa da sua morte.

Sinopse Espiritual

As pessoas que morrem em decorrência de um crime horrível não têm que reviver as circunstâncias de sua morte até que os seus assassinos sejam levados à justiça. Os espíritos não se veem como vítimas, mas sim como agentes de mudança aqui na Terra. Em situações em que muitas pessoas morrem de uma só vez, cada pessoa é cuidada pessoalmente por outros espíritos enviados para orientá-las ao longo de sua experiência de morte. A efusão de amor recebida pelas famílias das pessoas que morrem após um desastre de proporções épicas é inspirada pelo amor que os espíritos irradiam para elas do céu.

10

Trazendo o céu para casa

Como as crianças dizem "olá" a partir do outro lado

Mensagens dos Espíritos

"Eu fui ao funeral antes de morrer." (Palavras de um jovem cujo memorial foi realizado um dia antes de seus aparelhos serem desligados no hospital.)

Pensamentos dos Espíritos

Mantendo as aparências

— Seu filho está me dizendo que você o viu com seus próprios olhos depois que ele morreu — eu disse para a mãe, sentada à minha frente. — Ele estava de pé na soleira da porta do seu quarto.

— Eu *sabia* que não era um sonho — disse ela. — Meu filho *realmente* estava de pé ali.

Ela parecia aliviada por sua experiência ter sido confirmada pelo filho por meu intermédio. Aparentemente, ninguém mais, incluindo seu marido, acreditava que isso era possível.

Ver espíritos não é apenas possível, mas cada vez mais provável. Isso acontece não porque os espíritos mudaram suas estratégias, mas porque *nós* mudamos nossa maneira de ver as coisas. Com a aceitação cada vez maior da comunicação espiritual, é mais fácil para aqueles que vivem no mundo espiritual fazer com que sua presença seja percebida no nosso mundo.

Quando comecei a apresentar eventos públicos de comunicação espiritual, gostava de perguntar quantas pessoas já tinham visto um médium pessoalmente. Em geral, apenas algumas pessoas levantavam a mão.

Atualmente, acontece o contrário.

Isso não quer dizer que não existam leitores que nunca viram um médium ou tenham vivido de perto a comunicação espiritual. Isso não é nenhum problema. Os espíritos vão encontrá-lo aonde quer que você vá e acompanhá-lo a partir daqui.

Ao longo dos anos, tenho notado que um número cada vez maior de pessoas vivencia a comunicação direta com seus entes queridos desencarnados *depois* do encontro com um médium ou de participar de um evento. Às vezes, apenas o fato de estar na sala com energia espiritual é suficiente para dar início à consciência.

Durante as sessões particulares, posso sentir os espíritos praticando comigo como se estivessem querendo aprender a melhor maneira de transmitir suas mensagens.

Se eu fosse um pouco menos confiante ao servir os espíritos, poderia pensar que estão querendo acabar com o trabalho dos médiuns, tornando-o obsoleto.

Em vez disso, o que eu realmente acho que está acontecendo é que os espíritos estão ensinando a *todos* nós que a comunicação espiritual é uma atividade que todos podem praticar, não algo exclusivo, para alguns poucos privilegiados.

Como tudo em nosso mundo, a mediunidade está mudando. Parece-me que o papel do médium está mudando; ele está deixando de ser a única pessoa que o liga aos seus entes queridos e passando a ser a pessoa que pode ajudá-lo a aumentar sua própria consciência e suas conexões espirituais. É gratificante ver a mediunidade evoluir, passando a ser um esforço e experiência coletivos ao longo dos anos. Os espíritos parecem estar nos impelindo a todos a trabalhar em conjunto para criar uma nova maneira de nos relacionarmos com as pessoas que vivem no mundo espiritual e na Terra. Nos eventos, nos e-mails e no Facebook, as pessoas estão me pedindo para explicar ou interpretar o que seus entes queridos estão tentando lhes dizer, em vez de me perguntar se seus entes queridos estão perto delas.

Isso é particularmente verdade quando se trata de crianças desencarnadas. Nós, na verdade, não devemos nos surpreender com isso. Afinal, somos nós que lhes ensinamos a avisar quando chegam ao seu destino. Por que deveria ser diferente quando elas vão para o céu? As crianças querem nos avisar que chegaram bem e estão seguras. Muitas crianças não ficam satisfeitas com um simples piscar de luzes para avisar aos pais que estão por perto. Suas aparições podem ser marcantes e dramáticas, fantásticas e divertidas, ou simplesmente bobinhas, como só as crianças sabem ser.

Dois dias antes de começar a escrever este capítulo, tive uma sessão que me lembrou para que serve a comunicação com os espíritos.

Uma nova maneira de viver

Uma senhora muito possessiva chamada Dawn veio me ver. Ela estava vestindo preto e vermelho, usava um colar de pérolas no pescoço e seu cabelo estava puxado para trás em um coque.

Quando Dawn se sentou, pude sentir um grupo se reunindo em torno de nós.

No começo, eu me senti um pouco oprimida e pedi a todos para se acalmarem. Com o canto do olho, vi o espírito de um gato tigrado amarelo sentado no chão ao nosso lado. Dawn reconheceu que tivera um gato como aquele alguns anos antes. Ela amava aquele gato. O gato me transmitiu mentalmente algumas imagens rápidas — de dois cães! O primeiro era um vira-lata de cor escura, com cara de terrier, e o segundo era uma cachorrinha de raça que parecia um Shitzu.

Dawn confirmou que ela havia recentemente pego dois cães com essa descrição. O gato me passou a informação de que a cachorrinha só dava sossego depois que a levavam para passear, mas queria que a levassem no colo. Dawn confirmou que aquilo era verdade. Pensei comigo mesma, *É incrível um gato ter tanto a dizer sobre cães.* Mas, então, o gato me passou a sensação de que, como a cachorrinha não saía para longas caminhadas, Dawn precisava de um estímulo para andar a pé. Dawn concordou que estava planejando começar a caminhar com ou sem cães. O gato me passou a impressão de que as caminhadas não seriam apenas um exercício, mas dariam a Dawn a oportunidade de prosseguir com um projeto criativo, um livro com a palavra "andar" no título.

Dawn ofegou.

— Sim — disse ela. — Estou pensando em escrever um livro, e a palavra "andar" está no título.

Eu podia dizer que ela estava prestes a me dar o título. Pedi a ela para não me dizer nada sobre isso, porque os outros espíritos poderiam querer discutir esse projeto também. Charlie, o gato, me mostrou uma imagem dele andando com Dawn em torno de um lago ou represa.

— É onde eu estava planejando andar — disse Dawn.

O gato estava caminhando com ela.

Quando desviei o olhar do gato, vi o espírito de uma mulher de pé ao lado de Dawn, que me deu a sensação de que era uma irmã, e ouvi as palavras "câncer de mama" na minha cabeça. A irmã de Dawn tinha morrido de câncer de mama. Sua irmã me disse que ela estava com um homem, uma figura paterna, que estava morrendo com câncer.

Dawn confirmou que seu padrasto estava morrendo de câncer e a família estava providenciando cuidados paliativos. A irmã de Dawn, Virginia, disse que ela estava com o padrasto, a quem amava muito, e ele estava começando a vê-la. Virginia queria que Dawn soubesse que, se seu pai (os espíritos muitas vezes se referem aos sogros ou padrastos como pai) mencionasse que ela tinha ido visitá-lo, Dawn devia saber que ele realmente tinha visto Virginia e não estava simplesmente imaginando.

Também ouvi a palavra "suicídio", dita perto o suficiente do meu ouvido para me dar a impressão de que alguém estava de pé ao meu lado, inclinando-se e sussurrando um segredo. Então pude ver um homem se aproximando de Dawn. Ele disse, "Martin", "trabalho" e "Texas" rapidamente. Eu disse a Dawn que um homem associado com o trabalho estava mencionando o nome Martin e o Estado do Texas.

Os olhos de Dawn se arregalaram.

— Martin foi um colega meu; ele se matou. Durante uma viagem de negócios para o Texas há uma semana, eu estava falando sobre ele com outros colegas de escritório.

Pude ouvir a risada dos outros espíritos que nos rodeavam, o que parecia um contraste estranho com a ideia de suicídio.

— Uau! — exclamei. — Martin era um piadista de verdade, muito otimista e divertido. Deve ter sido um choque quando ele morreu, porque ele parecia tão otimista o tempo todo, não é?

Dawn concordou que fora um choque. Martin sempre tinha uma piada na ponta da língua e uma palavra amável. Ele passou a nomear e descrever em detalhes a pessoa que o substituiu e disse a Dawn que iria interceder por ela para agilizar a transição. Martin disse a Dawn para continuar a consultá-lo sobre questões relacionadas com o trabalho. Quando algo "inusitado" no trabalho a fizesse rir, ela saberia que Martin estava por perto.

Tia Gloria foi a pessoa seguinte a visitá-la.

Tia Gloria era um "machado de batalha antibobagem" (a descrição é dela mesma, não minha). Dawn concordou. Tia Gloria disse que Dawn precisava de ajuda para lidar com sua mãe. Disse também que a mãe de Dawn estava em completa negação com relação à doença de seu marido e não estava se preparando para a morte dele. Além disso, tia Gloria disse que a mãe de Dawn estava brigando com ela por causa de tudo, desde a marcação das consultas médicas até a escolha da casa de saúde. Ela disse a Dawn que faria o possível para ajudar a aliviar o medo de sua mãe, porque também já havia passado por isso. Tia Gloria lembrou Dawn de que seu próprio marido tinha morrido de câncer aos 50 anos. Ela tinha cuidado dele até o fim. Quando sentisse o aroma de rosas, Dawn saberia que tia Gloria estava por perto.

Então eu ouvi:

— Mãe!

Um jovem espírito apareceu ao meu lado e me deu o nome de "Chris". Chris, filho de Dawn, tinha vindo não para descrever a sua morte, mas para falar sobre o livro que ela escreveria. Ele disse que ia acompanhá-la nessa jornada e inspirá-la ao longo do caminho. Ele disse à mãe que iria ajudá-la a escrever sobre ele. Dawn confirmou que ela tinha decidido escrever um livro sobre suas experiências com o filho.

E, em seguida, Chris começou a brincar. Pelo menos eu esperava que ele estivesse brincando quando disse:

— Mãe, você não precisa gastar dinheiro com médiuns, porque eu mesmo vou me comunicar com você. Você pode me ver!

Eu disse a Dawn que Chris queria me tirar o meu trabalho. Dawn riu e disse que, semanas atrás, ela tinha sentido Chris perto dela. Quando se virou para olhar, ela o viu. Chris ficou empolgado ao ver que conseguira fazer aquilo. Dawn ficou feliz por ele ter mencionado isso na nossa sessão. Eu disse a Dawn que um número cada vez maior de espíritos está me pedindo que confirme as experiências das pessoas com seus entes queridos desencarnados. Foi então que Chris me disse que sua mãe tinha me encontrado mais de um ano antes. (Eu não me lembrava.) Depois da nossa reunião, ela começou a sentir com mais facilidade Chris perto dela. Como ela ficou mais aberta à sua presença, ele tornou-se mais ousado em seus esforços para fazer contato.

— Tenho muita sorte — disse Dawn. — A morte não é o fim da vida. Os relacionamentos continuam... de uma maneira diferente. Eu realmente quero escrever um livro que ajude muita gente.

Dawn expressou em palavras o desejo do meu coração também.

Hesitei em contar a história de Dawn, pela simples razão de que ela podia causar decepção nos outros pais que querem ver seus próprios filhos em espírito e não conseguem. A aceitação maior da comunicação espiritual cria mais expectativas nas pessoas com esperança de ver seus entes queridos. À medida que o "sobrenatural" se torna mais natural na vida cotidiana, também comecei a notar que as pessoas estão apresentando uma ansiedade diferente de qualquer outra que eu já tinha visto antes. As pessoas costumavam ficar ansiosas quando vinham me ver, porque não entendiam como a comunicação com os espíritos funcionava. Hoje em dia as pessoas ficam ansiosas porque, apesar de terem consciência de que seus entes queridos desencarnados estão por perto, elas têm receio de que possam estar deixando de ouvir suas mensagens.

Saudações amigáveis

"MINHA MÃE APARECEU PARA MIM NUM SONHO. SUA BOCA ESTAVA SE MEXENDO, MAS ELA NÃO ESTAVA DIZENDO NADA", dizia o e-mail de uma mulher que ou estava fora de si ou tinha deixado a tecla de maiúsculas ativada. "O QUE ELA ESTAVA TENTANDO ME DIZER?", perguntava ela.

O número crescente de e-mails como esse na minha caixa de entrada me inspirou a criar um workshop com um amigo e sócio abordando não só o modo como esses espíritos dizem "olá", mas também o sentido e o valor dessas comunicações. Meu amigo Ken Newelt, um terapeuta conjugal e familiar, contribuiu com o título do workshop, "Toc, toc. Quem está aí? — Sinais e Mensagens do Além". Não era apenas um nome engraçado para um workshop; os espíritos realmente batem na porta às vezes para nos avisar que estão por perto.

Por exemplo, quando eu estava me preparando para uma sessão em Riverside, na Califórnia, ouvi uma batida na porta. *Cedo demais*, pensei. Quando abri a porta, não havia ninguém. No entanto, duas pessoas estavam sentadas em um banco no corredor.

— Vocês acabaram de bater? — perguntei.

— Não — responderam elas em uníssono. Então as palavras: "Pensei que fosse Tom" saíram da minha boca. Mas quando verifiquei novamente minha agenda, vi que não havia nenhuma sessão com alguém chamado Tom. Cerca de quinze minutos depois, ouvi outra batida na porta. *De novo não*, pensei. Quando abri, lá estavam as mesmas duas pessoas que antes estavam sentadas no corredor. Elas pareciam um pouco agitadas e entraram de lado no meu quarto, sem tirar os olhos de mim. Quando nos sentamos para iniciar a sessão, o jovem disse: — Minha mãe e eu viemos para falar com meu pai, Tom. Quando a senhora abriu a porta e disse o nome Tom, tivemos certeza de que meu pai já estava aqui. Ele *sempre* chegava cedo. Mas foi um pouco assustador.

Quando os espíritos batem à nossa porta, só será "assustador" se permitirmos que seja. Uma das razões por que Ken e eu apresentamos o workshop "Toc, Toc" foi proporcionar um ambiente seguro para que as pessoas pudessem deixar seus medos de lado ao falar dos espíritos amorosos que nos cercam.

Durante o workshop, organizamos as comunicações espirituais em categorias que iam do mundano ao complexo. Nas comunicações mundanas, o "olá" geralmente é direto e muito simples, como o piscar de uma luz ou o perfume favorito de um ente querido no ar. As comunicações mais complexas incluem casos em que os espíritos inspiram uma terceira pessoa a entregar sua mensagem ou fazem objetos físicos desaparecer e/ou reaparecer. Exemplos de comunicações complexas serão discutidos mais adiante neste capítulo.

Como entendo a linguagem de energia dos espíritos, minha experiência ajudou os participantes da oficina a compreender o que os seus entes queridos estavam dizendo. O conhecimento de Ken com relação à tristeza e ao luto permitiu às pessoas processar seus sentimentos sobre essa nova maneira de se relacionar com seus entes queridos.

Uma dos participantes mencionou que, enquanto dirige, muitas vezes sente cheiro de fumaça de cigarro. Ela explicou que seu pai fumava e que ela acreditava que o cigarro tinha contribuído para sua morte. Ela sempre tinha *odiado* cigarros, mas o cheiro de fumaça em seu carro agora a fazia feliz. Então, o que antes era uma dolorosa lembrança agora era um sinal reconfortante de que seu pai ainda estava com ela. Num certo sentido, o cheiro da sua marca particular de cigarros se tornou sua assinatura. A assinatura nada mais é do que uma maneira consistente de o espírito dizer, "estou aqui".

Aprenda os macetes

Não se passa uma semana sem que dezenas de novos espíritos enviem sinais aos seus entes queridos de que estão por perto. Isso seria maravilhoso se todos vissem o corpo espiritual completo do ente querido, como aconteceu com as duas mães mencionadas anteriormente. No entanto, eu não me canso de dizer que uma aparição extraordinária não significa necessariamente que o espírito do ente querido esteja expressando um amor maior do que os outros. Esses meninos não amam mais suas mães do que outros espíritos. Sempre sugiro que as pessoas pensem da seguinte maneira: imaginem que o seu filho tenha chegado em casa, vindo do jardim de infância, com um desenho que fez para você, composto de figuras incompreensíveis e linhas onduladas. Você afixaria esse desenho orgulhosamente na porta da geladeira, certo? Você não teria nenhuma expectativa de que seu filho chegasse do jardim de infância com uma obra-prima ao estilo de Rembrandt.

O mesmo se pode falar dos espíritos. Alguns são melhores do que outros no uso da energia para transmitir suas mensagens. Muitos espíritos são como alunos do jardim de infância, que ainda estão aprendendo o básico, enquanto outros já são mestres na comunicação. Isso também serve para nós, aqui na Terra. Algumas pessoas estão naturalmente sintonizadas com os espíritos e outras precisam se esforçar muito para dominar a sua receptividade aos espíritos e suas habilidades de comunicação.

Quero ensinar às pessoas maneiras simples de se comunicarem com seus entes queridos desencarnados. A primeira coisa que digo às pessoas é: antecipe que a comunicação vá acontecer, mas sem esperar (ou exigir) que ela ocorra de determinada maneira.

A história de uma mãe perturbada exemplifica isso muito bem. Ela me contou que havia dito ao seu filho desencarnado que fizesse tocar certa música em um determinado momento (a hora em que ele morreu) em três quartas-feiras consecutivas (o dia em que ele morreu). Se ele fizesse isso, ela saberia com certeza que ele estava com ela. Infelizmente, a mãe acabou ficando terrivelmente decepcionada quando o que ela esperava não ocorreu. Ela ficou convencida de que seu filho a abandonara completamente. Depois de me comunicar com tantas crianças e adolescentes desencarnados, eu não podia aceitar que isso fosse verdade. Pensei que era como pedir ao seu filho, ainda aluno do jardim de infância espiritual, que fizesse uma tarefa muito difícil para ele — o que era o mesmo que lhe pedir para criar um Rembrandt.

A boa notícia é que, quando ela e eu tivemos uma sessão juntas, seu filho mencionou várias coisas que tinha feito para dizer "olá". Sua foto caiu do console sobre a lareira e não se quebrou. Ele também ligou a televisão quando o seu time de futebol favorito estava jogando. Como sua mãe estava tão obcecada com o que *esperava* que ele fosse fazer, ela deixou passar totalmente despercebido o que ele foi *capaz* de fazer. A antecipação sem expectativa é um dos pré-requisitos a um convite bem-sucedido para a comunicação com os espíritos. Vou repetir. Antecipação sem expectativa.

Obrigado por ligar

A sugestão seguinte é um método enganosamente simples, mas muito eficaz para criar uma abertura através da qual os espíritos possam nos visitar: cultivar uma atitude de gratidão. Pode parecer mais difícil do que é, especialmente se a pessoa se sente no momento como se não houvesse nada pelo qual ser grata.

Esse era provavelmente o caso de uma mãe que perdeu seu filho. Depois que leu um artigo que eu tinha escrito sobre espíritos que tocavam sininhos para dizer "olá", ela me escreveu contando sua decepção por seu filho não ter anunciado a sua presença usando um de seus sinos favoritos.

Escrevi a essa mãe decepcionada: "Nem *todos* os espíritos usam sinos. Seu filho pode muito bem surpreender você, dizendo 'Olá' de outra maneira. Uma das maneiras pelas quais podemos ajudar nossos entes queridos a se comunicar é agradecer-lhes com antecedência por tentar — porque sabemos que eles tentam".

Cinco dias depois, a mãe entrou em contato comigo novamente para relatar que, embora nenhum dos sinos de seu filho tivesse tocado, outra coisa incomum tinha acontecido. Depois de agradecer ao filho por tentar se comunicar, ela foi para a cama. Cerca de uma hora depois, acordou assustada, ao ouvir o som de sinos. Um dos chapéus favoritos de seu filho, um chapéu com guizos, havia caído no chão. Isso a deixou muito feliz, mesmo sem saber com certeza se o incidente era uma coincidência ou se era seu filho fazendo contato.

Nesse ponto eu imaginei que seu filho iria tentar dizer "olá" de uma maneira ainda mais profunda. Nem eu nem sua mãe ficamos desapontadas.

Cerca de dez dias depois, a mãe relatou que tinha sonhado com o filho. Foi uma experiência tão real que ela não podia negá-la ou justificá-la. Quando seu filho falou durante o sonho, ele a convenceu de que tinha sobrevivido à morte. Ela acordou acreditando que existe vida após a morte.

Essa experiência, que perdurou ao longo de dias, ilustra o que venho dizendo às pessoas há algum tempo. A tristeza, por natureza, causa alienação. A gratidão, por natureza, gera conexão.

Sonhos

Quando a mãe da história anterior mencionou o sonho com o filho, não tive dúvida de que se tratou de uma visita e não apenas de uma ilusão. O que me dá essa certeza é o fato de ela ter sentido que a experiência era real. Essa é uma das características das visitas feitas em sonhos. As visitas dos espíritos em sonhos são mais suscetíveis de conter elementos da vida diária, em vez de imagens desconexas ou locais estranhos.

Uma mãe me relatou que, quando ela visitou seu filho em um sonho, eles estavam sentados no que parecia ser uma república, com móveis bem usados e uma mesa de café com marcas de copos. Quando um amigo meu veio me ver enquanto eu estava dormindo, nós nos sentávamos à mesa da cozinha e bebíamos chá juntos.

A forma mais comum de recebermos visitas dos nossos entes queridos desencarnados é em sonhos. É mais fácil para nós "atendermos" os espíritos em sonhos, porque o corpo está em repouso e nossa mente não está ocupada com as tarefas diárias. Enquanto dormimos, nossa consciência se expande naturalmente e transcende as limitações do corpo.

Não muito tempo atrás, eu estava falando ao telefone com uma senhora que mora em Malibu, na Califórnia. Seu querido filho desencarnado, Donny, queria que eu dissesse a ela que ele estava feliz com o encontro que haviam tido na noite anterior, em seus sonhos. Ele me contou que ela tinha ficado desapontada porque ele não a visitava daquele jeito havia algum tempo. Ele me mostrou uma imagem de uma bela praia e disse que, no sonho, eles tinham andado juntos naquela praia. A mãe de Donny confirmou que tinha sonhado com o filho logo após ele morrer, mas há dois anos não recebia uma visita dele. Ela estava feliz por ter caminhado na praia com ele, em seus sonhos, na noite anterior, pois tinha feito isso muitas vezes quando ele estava vivo e morava com ela em Malibu.

Nos eventos, muitas vezes me perguntam:

— Como posso saber se um sonho é uma visita e não apenas um sonho?

Eu costumo responder com outra pergunta:

— Como eram as cores no sonho?

As respostas para essa pergunta normalmente incluem palavras como "intensas, incríveis, indescritíveis e sem comparação com nada que exista na Terra".

Um homem cego me disse que, quando sua mãe o visitou em um sonho, ela estava "vestindo todas as cores do arco-íris". As visitas que ocorrem em sonhos são de fato brilhantes e cheias de luz. Uma mãe me disse:

— Eu devia ter levado óculos de sol.

É importante a essa altura dar alguns conselhos com relação às visitas em sonhos. A mesma orientação oferecida antes, quando tratamos dos sinais enviados pelos entes queridos desencarnados, no dia a dia, aplica-se também aqui: *não presumir nada e não fazer especulações*. Falo isso porque, mesmo que sejam visitas em sonhos, muitas pessoas ficam angustiadas quando o espírito amado não age de forma esperada durante a visita.

— Minha filha estava lá, mas não disse nada — uma mãe consternada me contou. — Nós sempre conversávamos quando ela estava na Terra. Você acha que ela está com raiva porque não tive dinheiro para mandar cremar seu corpo? — perguntou ela.

— Claro que não — eu a tranquilizei. — A visita em sonho é muitas vezes apenas uma maneira de o espírito dizer: "Oi, eu estou vivo". Nem todo espírito fala nos sonhos.

Outra mãe entrou em pânico porque a boca de sua filha estava se mexendo no sonho, mas ela não ouvia nenhum som. Tinha certeza de que a filha estava tentando transmitir-lhe uma mensagem, e ela estava desesperada para descobrir por que a garota não tinha conseguido.

— Sua filha está praticando — eu disse a ela. Assim como os cantores e atores exercitam suas vozes, às vezes, o espírito precisa fazer a mesma coisa.

Um ano depois, essa mãe teve outra visita em sonho em que a filha disse: — Eu estou bem, mãe.

Muitas vezes, durante as sessões, um espírito vem falar que está tentando se comunicar em sonhos, mas a pessoa com quem ele deseja se comunicar não está dormindo bem. Após a morte de alguém que amamos, não é incomum que *todas* as rotinas da vida, incluindo o sono, fiquem completamente desreguladas. Isso pode criar uma situação em que é difícil ouvir aqueles que amamos quando mais precisamos.

Durante os períodos de luto, é bom procurar a ajuda de amigos, de grupos de apoio e de conselheiros. Quando procuramos processar o luto e a tristeza, criamos espaço para os espíritos encontrarem um lugar em nossa vida.

Sempre digo que os espíritos são oportunistas. Eles vão usar todos os meios disponíveis para fazer contato e podem até mesmo contornar os obstáculos que o luto pode causar. Além disso, é importante notar que, se seu filho, filha, mãe, pai, irmã ou irmão está aparecendo no sonho de outra pessoa, não se preocupe. Eles não estão evitando você! Eles estão apenas encontrando um canal aberto em outros lugares. Quando nos desconectamos da vida por causa da morte de alguém, também nos desconectamos da energia dos espíritos. A dor tanto pode nos desconectar da vida quanto nos conectar (em termos de fluxo de energia). No apêndice, vou apresentar alguns exercícios que podem ajudar aqueles que estão desconectados a se conectar novamente com a vida e aqueles que estão conectados a romper os bloqueios causados pelo sofrimento.

Instintos animais

Outra maneira pela qual os espíritos nos avisam que estão por perto é influenciando o comportamento dos animais. Os animais de estimação são particularmente suscetíveis à presença dos espíritos. Quando cortei o cabelo outro dia, minha cabeleireira mencionou que seu cachorro estava latindo naquela manhã para uma coroa de flores secas do funeral de sua avó. Ela estava absolutamente convencida de que o cachorro estava vendo sua avó.

Quando uma mulher chamada Carol chegou para uma sessão, seu filho desencarnado disse:

— Estou brincando com o Toby.

Presumi que Toby fosse seu irmão ou um amigo. Na verdade, Toby era o cachorro dele! Carol me disse que, desde que seu filho morreu, seu cachorro pega um brinquedo e corre para cá e para lá na frente do quarto do menino.

Na minha casa, os gatos estão sempre em alerta espiritual. Às vezes parece que os três estão assistindo a uma partida de tênis. Suas cabecinhas peludas se movem de um lado para o outro ao mesmo tempo. Sei que às vezes o meu primo Tommy corre de um lado para outro apenas por diversão.

Criaturas aladas, incluindo pássaros, libélulas e borboletas, são facilmente influenciadas por espíritos também. Bernie, uma mulher do norte da Califórnia, me perguntou:

— Como posso saber quando minha mãe está perto de mim? Não posso ter um médium comigo o tempo todo!

Durante nossa sessão, a mãe dela revelou assinaturas diferentes para cada membro da família: Chanel nº 5 para seu pai, borboletas para ela, e águias para seu filho. Depois que mencionei cada uma delas, os olhos de Bernie se arregalaram.

— O perfume favorito da minha mãe era o Chanel nº 5 e meu pai dava um frasco para ela a cada aniversário de casamento. Minha mãe me deu um prato de borboletas, e antes de morrer ela me disse que, se houvesse borboletas por perto, ela estaria também. Bernie contou que seu filho gostava muito de águias e tinha uma escultura de águia em sua mesa. A mãe de Bernie tinha personalizado cada uma de suas assinaturas para que, quando elas aparecessem, sua família soubesse que o "olá" era especialmente para eles.

A mãe de Bernie depois mostrou uma imagem em minha mente de uma criança em um traje de neve. Ela lembrou Bernie de que costumava agasalhá-la bem antes de deixá-la brincar na neve.

— Depois que eu morri, você se tornou novamente uma criança vestida com um traje de neve — a mãe de Bernie disse. — Você estava envolta em tantas camadas de dor que não conseguia seguir em frente com sua vida ou sentir meu toque. Tire o traje de neve, querida. O dia está ensolarado e quente.

Um filho desencarnado disse à sua mãe, Jody, durante uma sessão, que estava com todos os pássaros em seu quintal.

— Ah, é verdade, aquilo foi muito estranho — disse ela. — Uma manhã, quando eu estava particularmente triste, olhei para fora e o quintal estava cheio de pássaros. Aquilo me assustou no início, mas eles começaram a voar para as árvores, para o telhado, e até mesmo para a cerca do quintal. Antes que me desse conta, eu estava cercada de pássaros.

Concordo com Jody que o episódio dos pássaros foi uma coisa fora do comum. No entanto, o comportamento incomum dos animais, das aves e dos insetos pode ser um indicador de que os espíritos estão por perto. Isso não significa necessariamente que toda vez que uma borboleta aparece há um espírito dizendo "olá". Entretanto, se você estiver na Antártida e uma borboleta pousar em seu dedo, digamos que ou é um espírito ou a mudança climática está realmente aumentando.

Falando tecnicamente...

Os espíritos gostam de fazer barulho, porque isso chama nossa atenção. Na minha página do Facebook uma mãe postou a seguinte história sobre como seu filho desencarnado permite que ela saiba que a batida continua:

— Sempre deixo um pequeno atabaque junto à lareira, no chão, e quando voltei para casa outra noite eu poderia jurar que ouvi alguém tocando enquanto eu me sentava no sofá. Meu filho era um músico e um malandro! E eu tenho certeza de que ele é o único que está constantemente fazendo barulhos muito altos pela casa à noite.

Os espíritos podem se divertir muito com sinos de vento, também. Eu adoro o som desses sinos, mas acabei precisando tirar o meu, porque ele tocava tanto que os vizinhos reclamaram.

Quando um pai desencarnado prometeu à filha que iria tocar os sinos de vento, ele cumpriu sua promessa. Aqui está o que ela postou na minha página do Facebook:

"Em uma sessão com você, meu pai veio e mencionou que viu o trabalho que estávamos fazendo no nosso quintal e que tínhamos tirado os sinos de vento. Na verdade, meu marido tinha tirado os sinos e deixado sobre a mesa de piquenique. Você mencionou que meu pai disse que tentaria tocá-los mesmo quando não houvesse vento ou eles não estivessem pendurados. Às vezes eu ouvia os sinos no meio da noite. Uma noite, meu marido (que era um tremendo cético na época) entrou correndo em casa e disse que os sinos de vento estavam tocando bem alto, enquanto ele estava na garagem. Ele se virou para olhar para os sinos e eles ainda estavam sobre a mesa e não havia vento. Semanas depois, enquanto eu estava dentro de casa, fazendo o jantar, meu marido entrou correndo de novo e contou que nosso filho (que tinha 2 anos na época) olhou para os sinos de vento (que estavam novamente pendurados) e disse:

— Lá, vovô.

Então, desnecessário dizer que nós os chamamos de "sinos de vento do papai" e sabemos que estamos recebendo um grande "olá" dele cada vez que eles tocam.

No meu boletim mensal, escrevi um artigo sobre como os espíritos usam a tecnologia para dizer "olá". Os leitores responderam com muitas histórias de entes queridos desencarnados usando telefones celulares, iPods, leitores de DVD, computadores, e quase qualquer coisa que tenha uma fonte de energia elétrica para se comunicar.

Uma mãe cujo filho morreu há três anos ficou chocada ao ver o número do celular do seu filho no visor quando seu próprio celular tocou um dia. Quando ela atendeu, não havia ninguém (pelo menos, no sentido físico).

Daniel, que passou por uma experiência semelhante, postou a seguinte mensagem em minha página do Facebook: "Recentemente venho recebendo chamadas no meu celular de um 000-0000 (555). Ele então disse que a porta da sua garagem começou a abrir e fechar sozinha no dia em que seu vizinho morreu. Como o técnico não conseguiu encontrar nada de errado com o mecanismo da porta, Daniel achou que seu vizinho poderia estar dizendo "olá". O que o levou a pensar assim foi não só o fato de a porta começar a abrir e fechar no dia da morte de seu vizinho, mas de a porta ter caído uma vez sobre o seu vizinho por acidente.

Isso me leva a outro ponto importante. Vizinhos, parentes e amigos desencarnados muitas vezes usam o contexto e a localização do ocorrido como outro identificador. Por exemplo, quando a luz do seu carro começa a ligar e desligar, uma mãe não tem dúvida de que seu filho, Lucas, está dizendo "olá". Eis o que ela postou na minha página: "Antes de morrer, meu filho me mostrou como desligar a luz do meu Mini Cooper que avisa quando os pneus estão descalibrados. Desde sua morte, em 2005, que a luz se acende e se apaga sem razão aparente. Eu sei que é meu filho me avisando que está por perto.

A música é outra maneira que os entes queridos desencarnados usam para nos avisar que estão por perto. Uma música favorita pode começar a tocar quando o rádio do carro é ligado ou, como aconteceu com uma mãe, o espírito da filha selecionou a música que tocava no seu iPod.

Quando tive uma sessão com Debra, a canção de Elton John "Don't Let the Sun Go Down on Me" começou a tocar na minha cabeça. Comentei isso com ela, e ela compreendeu imediatamente. A filha de Debra, que apareceu para mim como uma *punk rocker* cheia de tatuagens e *piercings*, não parecia ser a típica fã de Elton John, então fiquei surpresa ao ouvir a música dele na minha cabeça. Debra explicou por que sua música era tão importante para ela e a filha.

Seis meses antes de morrer, com a idade de 23 anos, a filha de Debra ficou obcecada pelas baladas de Elton John e tocava suas músicas constantemente. Debra, também uma amante de música, tem um iPod lotado com mais de quatro mil músicas. Um dia, quando estava chorando e dizendo para a filha que não podia continuar a viver sem ela, Debra ligou o iPod para se consolar. Embora o iPod estivesse em ordem aleatória, várias músicas de Elton John tocaram em seguida. Assim que Debra achou que o iPod não estava em ordem aleatória, uma canção de Natal começou a tocar.

A filha de Debra adorava o Natal e Elton John. Ela ama sua mãe também. Debra está convencida de que a anomalia do iPod foi o jeito de sua filha de dizer "eu estou com você".

Muitas dicas para o número!

Os espíritos podem usar os números como assinaturas também. Uma mãe postou a seguinte história na minha página do Facebook: "Desde muito pequeno, meu filho tinha fascínio por aviões. Desde que ele morreu, parece que meu olhar é atraído para o relógio quando são 7:37 ou 7:47. Eram seus aviões favoritos. Ele também colecionava moedas. Quando precisávamos saber se ele estava conosco, sempre encontrávamos uma moeda nos lugares mais incomuns ou nas mais estranhas circunstâncias."

Eu queria ganhar um centavo cada vez que ouço a história dos "centavos caindo do céu". Quase sempre, os centavos que caem do céu parecem novinhos em folha, independentemente de quanto possam ser velhos. Nos dias de hoje, os espíritos parecem estar levando em conta a inflação, porque há relatos de moedas maiores aparecendo do nada também.

As moedas não são as únicas dádivas dos espíritos. Uma jovem chamada Carey me disse que tinha começado a recolher todas as penas brancas que frequentemente apareciam em seu caminho.

Ela estava convencida de que as penas eram o jeito de sua mãe dizer que estava por perto.

— Um dia notei uma pena branca flutuando em uma poça de lama. Quando eu a peguei, ela estava perfeitamente limpa e branca — ela me disse. — As penas da mamãe estão sempre limpas e muito brancas.

Às vezes os entes queridos podem ser muito criativos em suas comunicações. Como médium, tenho sido cúmplice de vários dos seus esquemas, mesmo sem conhecê-los. Aqui está um dos meus exemplos favoritos de amor criativo em ação.

Durante um evento com um pequeno grupo, uma jovem mãe chamada Darla contou esta história:

> Quando vi você cerca de dois anos atrás, minha filha fez contato e começou a falar com você sobre abelhas. Eu não fazia ideia do que vocês estavam falando. Você insistiu em dizer que minha filha estava lhe mostrando pequenas abelhas. Você também mencionou um bolo de aniversário. Meu aniversário tinha sido dois dias antes, então eu acreditei que minha filha estava falando sobre o meu aniversário. Embora eu não tenha entendido o que as abelhas significavam, você me disse para manter as informações em mente. Minha filha estava lhe dizendo que eu entenderia nos dias seguintes.
>
> Minha filha não me decepcionou. No dia seguinte, eu me esforcei para ir ao trabalho, porque era o aniversário da morte dela. Colegas de trabalho do meu novo emprego não sabiam da minha tristeza. Eu tinha sido muito discreta com relação a isso. Eles descobriram, no entanto, o dia do meu aniversário. Uma colega de trabalho (que adorava fazer bolos) chegou naquela segunda de manhã com uma das suas criações. Ela o colocou sobre a minha mesa num prato de bolo coberto.

— Eu sei que seu aniversário foi na sexta-feira, mas vamos ter que comemorar hoje.

Ao falar isso, ela descobriu o bolo. Para minha surpresa, o bolo estava coberto de abelhas confeitadas. Comecei a gaguejar um "muito obrigado", ao que ela respondeu:

— Eu estava em uma conferência de panificação este fim de semana, vi estas abelhinhas e não pude resistir a colocá-las no seu bolo.

Depois de sondar um pouco mais, descobri que ela comprara as abelhinhas na mesma hora em que minha filha estava conversando com você sobre abelhas e um bolo de aniversário.

A filha de Darla definitivamente não a decepcionou.

Memória fotográfica

Os espíritos também gostam de posar para fotografias de família. Uma mulher enviou-me um e-mail dizendo que, quando tirou uma foto na sua Polaroid, a imagem do pai desencarnado começou a aparecer à medida que a foto aparecia. No entanto, quando a fotografia estava completamente revelada, tudo o que restou foi um raio de luz onde ele estava antes.

Vários anos atrás, enquanto eu estava dançando em uma festa de aniversário, alguns amigos estavam tirando fotos. Nelas, eu estava completamente cercada pelo que pareciam ser bolhas. Não tive dúvida de que as "bolhas", muitas vezes chamadas de "orbes", representavam a presença de minha mãe em espírito. Ela adorava uma boa festa e conhecia várias pessoas presentes na celebração.

Fotografias de espíritos não são nenhuma novidade. Nos últimos anos, passei muitas horas agradáveis estudando fotografias de espíritos em livros há muito fora de catálogo. Os espíritos pareciam antiquados daguerreótipos ou, em alguns casos, diáfanas manifestações de rostos indistintos. Nesses primeiros exemplos era necessário que um médium estivesse presente porque os espíritos usavam ectoplasma, um material que exalava dos médiuns, para criar seus rostos e corpos. Algumas dessas fotografias eram autênticas, outras eram fraudes.

Os orbes, por outro lado, aparecem em fotos mesmo que não haja um médium presente. Eles se parecem com bolhas e podem ser claros, opacos ou sem cor definida. Alguns orbes parecem ter a aparência de um "homem na lua". Quando as imagens são ampliadas, um rosto pode se tornar visível.

Foi esse o caso quando eu e um amigo olhamos mais de perto os orbes que pareciam vir de um antigo armário que ele tinha. Ele estava tentando tirar fotos do armário, para poder vendê-lo pela internet. Mas toda foto que ele tirava era arruinada por um punhado de bolhas e aquilo estava começando a irritá-lo. Após um exame mais atento, ele viu que de fato havia um rosto nos orbes. Quando essas fotos foram analisadas em sucessão, a impressão que se tinha era a de que o rosto estava tentando se afastar da câmera. As fotos visualizadas dessa maneira pareciam animação em *stop motion*.

O homem na foto estava vestido com um uniforme de marinheiro, e tive a forte sensação, ao olhar as fotos dessa maneira, de que ele estava ligado à energia de um objeto que estava dentro do armário. Quando perguntei ao meu amigo sobre essa possibilidade, ele disse que tinha trazido uma pulseira antiga de uma viagem recente a Nova York. A pulseira estava guardada no armário. Talvez o espírito fosse ligado a esse objeto. Meu amigo e eu nos sentimos inspirados a nos comunicar com esse espírito em particular. Durante a reunião de um pequeno círculo de amigos, fizemos exatamente isso e nossas suspeitas foram confirmadas.

Na maior parte das vezes, no entanto, os orbes que aparecem em fotografias tiradas em família são entes queridos desencarnados. Um amigo meu levou uma série de fotografias obtidas enquanto sua mãe tirava objetos do carro em que sua irmã tinha morrido. Os orbes pareciam estar saltando sobre a cabeça e os ombros de sua mãe. Ele não tinha dúvidas de que essa foi a maneira de a irmã dar um abraço espiritual em sua mãe.

Fotos maravilhosas de orbes foram enviadas a mim pela amiga de uma mulher que havia perdido o filho. Depois de tirar várias fotos em rápida sucessão de um filhote de cachorro preto posando numa poltrona, ela notou um orbe "posando" bem ao lado dele. Na foto seguinte, o orbe tinha desaparecido. Na segunda foto, o filhote está borrado porque se virou para olhar o lugar onde o orbe tinha estado. Se eu pudesse desenhar um balãozinho de pensamento sobre a cabeça do cachorro, ele diria:

— Onde você foi parar?

A mulher, que nunca tinha visto um orbe antes, acha que seu filho desencarnado estava sentado bem ao lado do novo cachorrinho dela.

Às vezes os espíritos se movem tão rapidamente que aparecem como arcos de luz nas fotografias. Em uma foto enviada para a minha página no Facebook, uma garotinha está cercada por redemoinhos de luz. Essa menina disse a todos que estava dançando com seu pai, que tinha morrido pouco tempo antes.

Em outros casos, uma névoa aparece em fotos tiradas em ambientes fechados onde não havia nenhuma fumaça ou neblina visível antes de a foto ser batida. Em uma fotografia enviada por um cliente, uma presença enevoada cobre o rosto de sua irmã, enquanto ela está dormindo. Anteriormente, a irmã tinha mencionado que sentiu algo roçando em sua bochecha à noite. Eles decidiram tirar a fotografia como uma experiência. Acreditam que a névoa captada na foto é de sua mãe dando a uma de suas filhas um beijo de boa-noite.

Às vezes, os espíritos optam por dizer "oi" com imagens existentes de si mesmos em vez de aparecerem como orbes nas fotos. Durante uma sessão, um adolescente desencarnado disse à mãe:

— Meu rosto está no seu computador. — Imaginei que ele tinha falado isso porque a mãe estava usando uma foto do filho como protetor de tela. Quando mencionei isso, ela disse:

— Ah, não. Eu não podia suportar olhar as fotos do meu filho logo depois que ele morreu. Era muito doloroso para mim. Então um dia, quando liguei o computador, seu rosto estava na tela. Gritei com todo mundo da família, porque pensei que eles tinham feito aquilo. No entanto, isso continuou acontecendo e nunca era a mesma foto, mas eram todas elas fotos do meu filho em momentos felizes.

Um jovem desencarnado era mestre em enviar fotos de si mesmo aos seus pais por fax. No início da manhã, a máquina de fax ligava sozinha e depois cuspia uma foto. Isso não aconteceu apenas uma vez ou duas vezes, mas várias vezes. Quando seus pais comunicaram essa história na frente de uma multidão em um evento de grupo, ouviram-se várias exclamações de espanto.

Esse jovem era tremendamente simpático e sociável; eu gostava de falar com ele. Jogava-me muitas informações rapidamente, que eu retransmitia aos seus pais com a mesma rapidez.

— Eu fui ao meu funeral antes de morrer — saiu da minha boca. Parei de repente. — Sinto muito — eu disse aos pais do jovem. — Devo ter ouvido errado.

— Não, você ouviu certo — disse a mãe. — Fizemos um memorial para o nosso filho à noite, antes de tirá-lo dos aparelhos, no hospital.

Depois de tomar uma decisão tão difícil, não me surpreende que seu filho esteja enviando fotos de maneira tão extraordinária.

Os espíritos também podem sobrepor a sua imagem à de outra pessoa.

— Você parece minha filha — disse uma mãe para mim.

Sua filha havia morrido aos 16 anos. Sei que, quando alguém diz que eu pareço uma menina de 16 anos de idade, os espíritos têm alguma coisa a ver com isso. Às vezes, quando estou trabalhando, eles chegam tão perto que me cobrem com sua energia e fico parecida com eles. Isso também acontece comigo às vezes, quando estou olhando no espelho, especialmente no meio da noite. Costumava ser tremendamente perturbador, mas agora não me incomoda mais.

Não sou a única que os espíritos podem usar para "aparecer" na matéria. Vários clientes meus dizem ter visto um ente querido numa multidão, no shopping, ou no supermercado. Uma mãe decidiu não investigar mais essas aparições físicas depois de surpreender mais de um estranho na rua com o rosto do seu filho. Agora, quando ela pensa que vê seu filho, diz mentalmente: "Oi, Ryan. Obrigado por me avisar que você está por perto".

Os espíritos também podem literalmente falar (ou gritar).

Uma mãe me contou que, em torno das quatro horas da manhã, ela acordou quando ouviu: "Mãe!" Ela se levantou da cama, para se certificar de que seus filhos estavam dormindo em segurança e profundamente. Quando voltou para a cama, ficou perguntando se era possível que Dugan, seu filho desencarnado, estivesse chamando por ela. Dugan tinha morrido de um raro problema cardíaco, não detectado, três anos antes.

No momento em que começou seu dia, mais tarde naquela manhã, ela estava convencida de que tinha imaginado o incidente. No entanto, nas duas madrugadas seguintes, ela foi acordada novamente às quatro da manhã por uma voz chamando: "Mãe!" Depois do terceiro dia, ela sabia que não era sua imaginação e agradeceu a Dugan por ele gritar "Mãe!", como costumava fazer.

Enquanto liderava um evento em San Diego, na Califórnia, me aproximei de uma senhora sentada na segunda ou terceira fileira. Seu cabelo era preto, curto e encaracolado. Ela estava bem arrumada, embora vestida informalmente, e sentada ereta na cadeira. Quando lhe dirigi minha atenção, ela se encolheu na cadeira e pareceu relutante em participar. Eu não poderia ignorá-la, no entanto, porque um jovem, muito sério, estava de pé atrás dela. Comentei isso com ela, e ela disse:

— Não, eu não conheço nenhum jovem que tenha morrido. Não.

Ela foi taxativa. No entanto, o jovem ainda estava atrás dela.

— Ele está me transmitindo o nome Justin — eu disse, esperando que isso despertasse a sua memória.

— Não, eu não conheço nenhum Justin — disse ela.

Eu respondi:

— Bem, não sei o que dizer. Por favor, lembre-se de que eu mencionei Justin para você. Você pode descobrir quem ele é mais tarde.

Quando comecei a me virar, ouvi uma voz gritar:

— Eu estou aqui!

Voltei-me para a mulher para perguntar:

— Você disse alguma coisa?

Ela estava sentada ainda mais ereta na cadeira, seus olhos estavam arregalados e assustados.

— Sim, eu conheço Justin, mas não quero falar com ele.

Essa senhora não foi a única a ficar surpresa. *Todos* na plateia tinham ouvido Justin dizer "Eu estou aqui!". Ele era um garoto que não se podia ignorar. Como uma senhora no grupo disse mais tarde:

— O verdadeiro milagre foi nós todos não sairmos correndo pela porta.

Esse é um ponto importante, no entanto. Mesmo ouvir a voz de um espírito no ar (e fora da minha cabeça) não assustou as pessoas do grupo. Justin apenas os surpreendeu com sua determinação.

Eu gostaria de poder contar por que Justin estava sendo tão insistente. Tenho certeza de que todos na sala, aquele dia, estavam curiosos para saber as razões para ele aparecer e por que a mulher não quis falar com ele. No entanto, Justin não me disse por que, nem ela tampouco. Em situações como essa, não pressiono ninguém, pois sei que às vezes uma nova forma de relacionamento muitas vezes começa com uma simples saudação recebida de má vontade.

As crianças desencarnadas são persistentes quando se trata de dizer "olá" àqueles que amam. Seja nos visitando em sonhos, brincando com aparelhos eletrônicos, expressando-se por meio da música, seja aparecendo numa fotografia, a mensagem é simples: "eu estou aqui". E às vezes isso é suficiente a princípio, porque é uma introdução a uma nova forma de se relacionar.

Respostas dos Espíritos

Qual é a coisa mais eficaz a se dizer para que um espírito se comunique conosco? Será que dizer "por favor" funciona?

Na Terra, "por favor" podem ser palavras mágicas, mas, quando se trata de falar com os espíritos, "obrigado" é muito mais útil. Ser grato ajuda-nos a ser mais receptivos para termos notícias daqueles que amamos. Antes de eventos ou sessões particulares, sempre agradeço aos espíritos por estarem presentes e por me ajudarem a fazer meu trabalho. Vivo a minha vida sabendo que não estou sozinha. Essa certeza não vem da confiança em minhas próprias capacidades e talentos. Ela vem da atitude de gratidão que cultivo todos os dias. Agradeça aos seus entes queridos em espírito por estarem perto de você, mesmo que não tenha certeza de que eles estejam lá. Experimente e veja o que acontece. Então se deixe surpreender.

Se os espíritos podem afetar o mundo físico, eles podem remover os obstáculos do meu caminho? Cuidar de mim? Facilitar as coisas para mim no dia a dia?

Os espíritos nunca vão fazer por nós aquilo que podemos e precisamos fazer por nós mesmos. Pense nisso desta maneira. Se a mãe de um bebê nunca permitir que seus pés toquem o chão, o bebê não aprenderá a andar. Depois de um tempo seus músculos se atrofiarão e a criança se tornará inválida. Os espíritos não nos carregam no colo, porque a última coisa que eles querem é que nos tornemos inválidos espirituais. O que eles vão fazer é nos inspirar com maneiras de removermos os obstáculos por nós mesmos. Eles também podem trazer pessoas para nossa vida que nos ajudem a superar os obstáculos que precisamos enfrentar.

Sim, os espíritos zelam por nós, mas isso não significa que não haverá desafios na vida. Sentar e pedir aos espíritos que facilitem a nossa vida não vai torná-la mais fácil. Isso porque a única coisa que os espíritos não podem superar é a nossa inércia. No entanto, se você começar a se mexer, mesmo que não tiver certeza de para onde está indo, os espíritos poderão orientá-lo.

O bicho-papão existe? Existem almas penadas presas entre o céu e a Terra? Se existem, como podemos ajudar a libertá-las?

Felizmente, nunca conheci o bicho-papão. Conheci, no entanto, alguns espíritos totalmente desagradáveis que optaram por permanecer apegados às experiências da Terra. Como trabalho especificamente com os entes queridos e guias desencarnados, meu contato cotidiano com espíritos perturbados é extremamente limitado.

Há médiuns que se dedicam à tarefa de resgatar essas almas. Fazer esse tipo de trabalho, no entanto, pode ser muito difícil. Não é para os fracos do coração.

Sinopse Espiritual

Em decorrência do crescente interesse pela comunicação espiritual nos últimos anos, muitas pessoas estão relatando suas próprias interações com entes queridos desencarnados. Os espíritos podem dizer "olá" de diferentes maneiras, mas sua mensagem é muitas vezes bastante simples: *nós estamos aqui em nome do amor*. Os espíritos podem nos visitar em sonhos, aparecer em imagens como orbes ou em faixas de luz, e até mesmo deixar "centavos caírem do céu" para você, mas é importante não restringir sua expressão cultivando expectativas sobre o modo como achamos que eles devem aparecer para nós. Cultivando uma atitude de gratidão, especialmente com relação às bênçãos que os espíritos nos trouxeram ao longo do tempo, nós os convidamos a fazerem parte da nossa vida novamente.

Apêndice

Tem alguém aí?

Como todos podem se tornar mais conscientes da presença dos espíritos

Mensagens dos Espíritos

"Gritar do céu é difícil, então ouçam os sussurros." (Palavras do espírito de um jovem aos seus pais quando eles pediram notícias suas.)

Pensamentos dos espíritos

Às vezes, quando estou começando a me "sintonizar", ouço o que parecem vozes sussurrando ao fundo. É quase como um chiado. Ouvindo seus sussurros ou não, aqueles que vivem no mundo espiritual estão interagindo conosco. Não há necessidade de se preocupar com a falta de mensagens de alguém desencarnado que você ama. A mensagem vai chegar até você de alguma forma. É fácil pensar que os médiuns são os únicos que recebem mensagens dos espíritos, mas isso não é verdade. Os espíritos podem inspirar um colega de trabalho ou até mesmo um estranho a transmitir o seu "olá".

Um amigo meu ficou surpreso um dia quando uma colega lhe disse:

— Como vai, chuchu?

Ele perguntou por que ela o tinha chamado de "chuchu" e imediatamente ela ficou constrangida.

— Não tenho a menor ideia — disse ela. — Saiu da minha boca antes de eu pensar.

Meu amigo, que estava passando por um momento difícil, sentiu-se confortado pelo jeito carinhoso com que ela o cumprimentou. Sua avó o chamava de "chuchu", e pelo cumprimento espontâneo de sua colega de trabalho ele não teve dúvida de que sua avó estava por perto.

Pode ser que a colega do meu amigo não se considere sensitiva, muito menos médium. No entanto, isso não importava para sua avó. Os espíritos sabem coisas sobre nós que podemos não estar dispostos a aceitar. Ser sensitivo é algo natural para todos nós. Porque se trata de um talento inato, que pode ser praticado, melhorado e aperfeiçoado. A capacidade psíquica pode ser expandida a ponto de incluir a clariaudiência e para receber notícias dos espíritos. Mesmo que se ache tão burro quanto uma porta, você também pode ouvir os espíritos. Isso é realmente possível.

A última coisa que quero fazer é criar expectativas irreais em situações em que a dor é muito profunda, por isso tenha em mente que o desenvolvimento da sensibilidade natural é um processo, e, para algumas pessoas, esse processo leva anos. No entanto, o que eu posso fazer neste capítulo é dar algumas dicas de comunicação que, com a prática, têm o potencial de ajudar qualquer pessoa a ter mais consciência da presença dos seus entes queridos desencarnados.

Também gostaria de frisar que ouvir os espíritos pode não ser uma ocorrência constante e regular. Podem-se passar semanas e até anos entre uma visita e outra. Como eu já disse, isso não é uma indicação de que alguém que você ama o abandonou. Assim como há um fluxo e refluxo natural de energia em nossa vida, há também um ritmo natural em nossos relacionamentos — até mesmo com aqueles que passaram pelo que chamamos de morte. Quanto mais conscientes nos tornamos da energia em nossa vida, mais sintonizados ficamos com o ritmo da vida na Terra... a vida após a morte.

Como acho que viver com essa consciência é um jeito natural, embora esquecido de ser, criei uma palavra para descrevê-lo. Essa palavra é "psiconsciente". Quando vivemos de modo "psiconsciente", a parte psíquica natural de nós mesmos informa nosso processo de pensamento consciente. Em vez de nos opormos à parte psíquica de nós mesmos, com nossa mente lógica, viver psiconscientemente é uma mistura dos dois, que resulta numa abordagem integral e completa da vida. Em essência, é a maneira como os espíritos vivem. Eu aprendi com eles e gostaria de passar um pouco do que aprendi a você.

Os exercícios e meditações deste capítulo oferecem oportunidades para você viver psiconscientemente e se tornar mais receptivo à audição de espíritos. É claro que não posso condensar tudo o que sei em alguns exercícios, mas, com a prática, esses exercícios vão apontar um caminho para um modo de vida que inclui os espíritos.

Ouça seus passos — de que modo ouvir seus passos na Terra pode conectá-lo com o céu

Saia para uma caminhada. Parece simples, certo? Bem, não se trata apenas de andar. Muitas pessoas acham que ter mais consciência dos espíritos significa que precisamos deixar o corpo de lado e ir para onde eles estão. Nada disso! Pode parecer um contrassenso, mas, quanto mais você se sente no seu corpo, mais fácil é para os espíritos usarem os seus sentidos para serem notados. Este exercício é uma introdução para abordar a vida com mais consciência. Ele é especialmente importante para as pessoas que recentemente sofreram uma grande perda. É uma maneira de você se sentir ligado novamente ao seu corpo, aos outros e ao mundo, em vez de se sentir separado de tudo.

1. Calce sapatos confortáveis. Se você estiver andando na praia ou em outra superfície que não agrida seus pés, não é preciso usar nenhum calçado.
2. Antes de iniciar a caminhada, fique com os pés ligeiramente afastados, um pé na frente do outro. Balance para a frente e para trás levemente, até que possa sentir onde seu peso está mais centrado. Descanse por um momento nesse local mais centrado.

3. Comece a andar naturalmente. Ao dar o primeiro passo, observe qual é a sensação quando seu pé faz contato com o solo.
4. À medida que você continua andando, preste atenção em como seus pés se sentem. Você pode até imaginar que seus sapatos têm pequenos ímãs na parte de baixo que o ajudam a fixar os pés no chão. Se você estiver andando descalço, preste atenção à textura da areia, da grama ou da terra. Parece fria aos seus pés? Como você sente os grãos de areia entre os dedos?
5. Ouça o barulho que seus pés fazem quando entram em contato com o chão. Observe o ritmo dos seus passos.
6. À medida que o ritmo da sua caminhada se torna mais estável e regular, comece a ouvir os outros sons ao seu redor. Há pássaros cantando? Ondas quebrando ou rolando suavemente na areia? Você ouve as vozes de outras pessoas carregadas pela brisa?
7. Enquanto você continua andando, volte sua atenção para os cheiros que o cercam. Você sente o perfume de flores? De sal do oceano? O aroma dos alimentos cozinhando num restaurante próximo ou na sua casa?
8. Continue caminhando. Fique atento a tudo o que foi citado anteriormente — os pés no chão, o ritmo de seus passos, os sons e os aromas ao seu redor.
9. A qualquer momento, se você se sentir sobrecarregado por emoções, volte a atenção para o som de seus pés no chão. Sinta seus pés se conectando com a superfície da terra.

10. Enquanto estiver andando, observe as cores ao seu redor. O azul do céu, o verde da grama, o marrom da sujeira debaixo dos seus pés. Quantos tipos diferentes de azul você vê no céu? Quantos tons de verde pode encontrar nas folhas de grama? Como o sol e as sombras mudam as cores do caminho à sua frente?
11. Continue caminhando e ouvindo o barulho que seus pés fazem quando batem no chão. Preste atenção ao modo como seus pés se sentem quando se conectam à terra.
12. À medida que você anda, observe o gosto do ar ao seu redor. É salgado? Tem gosto de que vai chover? Tem gosto de primavera? De outono? Ou de inverno?
13. Lembre-se: se em algum momento você se sentir sobrecarregado pelas emoções ou pela experiência sensorial, basta voltar sua atenção para os pés e o modo como eles tocam o chão. Perceba o ritmo da sua caminhada. Ouça os seus passos.

Se você tiver mobilidade reduzida, este exercício pode ser adaptado para sua situação. Mesmo que você precise permanecer sentado em uma cadeira, ficar ao ar livre, sobre uma superfície natural, seria útil. Se puder erguer os pés, então "ande" enquanto está sentado, seguindo as instruções deste exercício da mesma maneira, mas na posição sentada.

A Bola do Hamster. De que maneira construir uma bola de proteção pode ajudar

Quando uma vizinha veio me visitar, ela trouxe seu hamster... em sua bola de plástico. A bola era bem maior do que ele. Quando ela o trouxe para dentro, ele saiu correndo e correu em volta da sala, rolando dentro da bola, alheio aos meus três gatinhos. Na verdade, meus gatos fugiram, aterrorizados com a bola monstruosa em movimento, movida exclusivamente pela criatura peluda ali dentro. Esse rapazinho foi minha inspiração para este exercício, que eu chamo de Bola do Hamster.

Enquanto você expande a sua consciência dos espíritos, é importante ficar muito bem ancorado na Terra, prática que o exercício anterior, de ouvir seus passos, pode ajudar a conseguir. Também é importante criar um espaço de proteção ao redor do seu corpo, que permitirá que sua consciência se expanda dentro de um limite que você controle.

Há anos pratico esse exercício de imaginar uma redoma de proteção à minha volta. Como sou naturalmente sensível, ele tem sido útil como uma blindagem contra a energia frenética de aeroportos e multidões. Quando estou na minha redoma, fico consciente do que está acontecendo ao meu redor, mas não me sinto vulnerável.

O exercício da Bola do Hamster pode ser útil para quem está se sentindo excessivamente sensível por causa da perda de alguém próximo. Se sair em público é um desafio, faça este exercício antes de sair para diminuir a intensidade da experiência e colocar você de volta no controle.

Este exercício pode ser feito sentado ou em pé, o que for mais confortável para você.

1. Sinta os pés no chão. Imagine que as solas dos seus pés estão fixadas no lugar por ímãs ou que seus pés estão afundando no chão.
2. Quando os pés estiverem confortavelmente ancorados, imagine que uma esfera clara, translúcida, branca ou dourada está começando a crescer a partir deles ao seu redor. Embora você possa fazer a esfera do tamanho de sua preferência, comece com uma esfera pequena. Imagine que você possa esticar os braços em todas as direções e sentir os limites dela.
3. As bordas da esfera não têm que ser rígidas ou sólidas. Elas podem ser elásticas e se expandir enquanto você se move.
4. Ao construir sua esfera, você pode estabelecer os limites do que pode ou não ser ultrapassado. Se você quiser que a esfera lhe permita sentir seus entes queridos à sua volta, então deixe clara essa intenção. Se você deseja permitir boas lembranças, defina essa intenção também. Você está criando um espaço protegido, pode fazer isso da maneira que quiser.
5. Ao longo do dia, verifique de vez em quando se seus pés estão confortavelmente ancorados no chão e se sua esfera ainda está em torno de você.

Viver dentro de uma esfera tornou-se uma segunda natureza para mim. Como algumas pessoas dizem que minha agenda me faz correr como um hamster em uma bola, isso é certamente apropriado. No entanto, nesse espaço que criei para mim, a vida não parece tão frenética. Quando eu defino a intenção para o dia, a vida passa a ter um aspecto mais direcionado. Sempre que tenho que atravessar multidões em shows, fazer supermercado ou ir a lugares abarrotados, procuro construir uma esfera de proteção à minha volta.

Assim como a Bola do Hamster ajudou o pequeno roedor que me visitou a enfrentar aqueles gatos grandes e assustadores, o exercício da Bola do Hamster pode lhe dar a confiança e a segurança de que você precisa para não se sentir ameaçado diante de novos desafios.

Atitude de Gratidão — um exercício simples para agradecer àqueles que você ama

As pessoas me perguntam frequentemente se posso lhes ensinar maneiras simples de se sentirem mais próximas de seus entes queridos desencarnados. Descobri que um dos meios mais rápidos e fáceis é cultivar um sentimento de apreço por todas as coisas boas que eles trouxeram para nossa vida. Quando alguém que amamos morre, parece que deixa um vazio na nossa vida. Mas, de vez em quando, durante as sessões, os espíritos vêm e dizem coisas como:

— Lembra-se do tempo em que...

Os espíritos gostam de recordar os bons momentos como uma maneira de recuperar um relacionamento que parecia perdido.

Outra razão para sermos gratos pelos bons momentos é que os espíritos costumam dizer "Olá" de uma maneira que tem a ver com eles. Lembra-se da mãe cuja filha começou a tocar músicas de Elton John em seu iPod? Se seu sentimento de perda a tivesse levado a se livrar de todas as músicas porque elas a faziam se lembrar da filha, essa via de comunicação teria se fechado.

Ao expressar gratidão, as possibilidades de comunicação se expandem, não se contraem. Quando aumenta a gratidão, aumenta também a possibilidade de os seus entes queridos comunicarem que estão por perto.

Eis do que você precisa:

- Uma cesta ou caixa com tampa. (Ela pode ser tão simples ou sofisticada quanto você quiser.) Você pode cobrir a caixa com adesivos, ou desenhar sobre ela, ou decorá-la com fotos de família.
- Folhas soltas de papel. (Procure usar um papel da cor favorita do seu ente querido ou da sua cor favorita. Ou escolha as cores do arco-íris, pois elas também irradiam uma energia propícia para a conexão.)
- Canetas, lápis ou marcadores.
- Fotos e/ou lembranças de seus entes queridos (opcional).

1. Diga o nome da pessoa que você ama em voz alta ao olhar para uma foto dela ou enquanto a visualiza em sua mente.
2. Em folhas de papel soltas, anote as maneiras pelas quais a presença dessa pessoa enriqueceu a sua vida: ou seja, vocês dois gostavam de música, ela contava piadas ruins que ainda o fazem rir, ela o incentivou a não desistir de estudar,

ela deixou mais divertidas as férias que passaram juntos, os beijos de boa-noite que ela lhe dava. Anote o maior número de razões possível em cinco minutos. (Você sempre pode adicionar "dádivas" posteriormente.)

3. Você também pode incluir as lembranças que outras pessoas tinham do seu ente querido. Ultimamente, não é incomum ver crianças postando seus pensamentos no Facebook quando um amigo morre.
4. Agradeça ao seu ente querido por todas as dádivas que ele lhe concedeu e a todos cuja vida ele tocou.
5. As "dádivas" podem ser selecionadas ou adicionadas à caixa a qualquer momento.

Manter uma atitude de gratidão pode ajudá-lo a recuperar muitas dádivas maravilhosas que você achava que tinham lhe sido tiradas com a morte. Sempre que estiver sentindo falta da pessoa que ama, abra a caixa, sorteie uma "dádiva" e agradeça-lhe por isso. Eu lhe asseguro que o seu "obrigado" vai ser ouvido pelo seu ente querido desencarnado.

O palco — deixe que seus entes queridos desencarnados sejam eles mesmos

Em cursos de desenvolvimento da mediunidade, destaco a importância de permitir que os espíritos se apresentem *da maneira que acharem melhor*. Ao deixar as expectativas de lado, evitamos criar obstáculos para os nossos entes queridos, que dificultem seu contato conosco, e liberamos a energia para que eles se comuniquem da maneira que puderem. Quanto menos exigências fizermos para que os espíritos se comuniquem em nossos próprios termos, mais fácil será o nosso encontro com eles.

1. Para aumentar a eficácia deste exercício, sugiro que você o grave e depois siga as instruções, ouvindo a gravação. Dessa maneira, você poderá criar sua própria meditação orientada.
2. Sente-se ereto, numa cadeira de espaldar reto, com os pés no chão e as mãos descansando confortavelmente sobre o colo.
3. Feche os olhos e faça várias respirações profundas.
4. Imagine-se sentado sozinho num teatro escuro. Nos corredores há minúsculas lâmpadas brancas, que levam em direção ao palco, na sua frente.
5. Na sua mente, veja-se levantando de seu assento no teatro e caminhando em direção ao palco.
6. Ao chegar à frente do palco, você vê uma escada que conduz até ele.
7. Quando seu pé pisa no primeiro degrau, você percebe que ele começa a brilhar com uma cor vermelha. Quando estiver com ambos os pés na escada vermelho-brilhante, observe a sensação que essa cor lhe causa. Os seus pés ficam quentes quando você está no degrau vermelho? Ou frios? Que emoções passam por você? Observe como se sente e permita que os sentimentos o invadam.
8. Passe para o degrau seguinte. Quando seu pé toca o piso do degrau, ele começa a brilhar com a cor laranja. Quando

você estiver com os dois pés no degrau, note a sensação que lhe provoca a cor laranja. Que gosto essa cor parece ter? E que cheiro?

9. Depois de ficar algum tempo com a cor laranja, dê o próximo passo e pise no degrau seguinte, que brilha com a cor amarela. Ao parar sobre esse degrau, deixe que a cor amarela brilhe com mais intensidade. Imagine que você está cercado por essa luz. Observe se sente algum cheiro quando se deixa banhar por essa cor. Que lembranças lhe vêm à cabeça? Apenas permita que as imagens flutuem na sua mente. Ouça os sons que acompanham essas lembranças.
10. O próximo degrau é verde. Suba no degrau e deixe que a luz verde o preencha. Nos lugares em que sente dor ou angústia, deixe que o verde leve a dor e o desconforto, tocando seu coração e curando-o. Se você tiver um surto repentino de tristeza, permita-se sentir essa tristeza e deixe que o verde preencha seu coração.
11. Quando você colocar o pé no degrau seguinte, imagine o brilho de uma luz azul. Deixe que essa luz azul suba numa espiral ao seu redor e entre pela região da sua garganta. Um dos seus ouvidos pode sentir certa pressão, quase como se você tivesse subido de altitude rapidamente.
12. O próximo degrau começa a brilhar com um tom índigo profundo. Essa cor em particular é muitas vezes o matiz visto no horizonte quando o sol se põe no fim de um dia. Ao pisar no índigo, você pode notar que um horizonte se forma à sua frente, entre a escada e o palco.

13. O palco começa a brilhar com uma luz violeta profunda. Quando você pisa no palco, a luz o preenche. A cor violeta torna-se mais brilhante e mais suave, até que todo o palco começa a brilhar com uma luz branco-leitosa.
14. Conforme seus olhos vão se adaptando, você pode ver que no palco estão vários dos seus entes queridos desencarnados. Observe a aparência deles e o que estão fazendo. Eles podem ou não reconhecê-lo você a princípio. Apenas deixe que a cena se desenrole naturalmente.

    Sempre que faço esta meditação orientada em grupo, as pessoas muitas vezes ficam surpresas com os resultados.

    Um pai viu a filha desencarnada rodeada por outros membros da família. Uma mãe viu seu filho desencarnado jogando hóquei. Ela ficou a certa distância e o aplaudiu. Uma jovem viu a mãe em um belo jardim. A mãe colheu algumas flores e deu o buquê de presente à filha.
15. Depois de alguns minutos, a luz branca começa a desaparecer e o palco é iluminado por uma luz violeta. Quando você se vira para trás, onde está a escada, os degraus abaixo começam a brilhar novamente. À medida que você pisa em cada um deles, o índigo, o azul, o verde, o amarelo, o laranja e o vermelho, nessa ordem, as luzes do teatro começam a aumentar de intensidade e as poltronas do auditório ficam visíveis.
16. Imagine-se andando para uma das poltronas do auditório e sentando-se.
17. Depois de um minuto ou dois, torne-se consciente do que está acontecendo ao seu redor. Ouça os ruídos da casa,

perceba os aromas flutuando no ar. Mexa os dedos dos pés e das mãos. Sinta os pés no chão.

18. Depois que estiver plenamente consciente do ambiente em que está, abra os olhos.
19. Agradeça a seus entes queridos desencarnados por estarem com você e reflita sobre a sua experiência.

Eu não sugiro que esta meditação orientada seja feita mais de uma vez a cada três meses. As pessoas que costumam frequentar meus cursos relataram que essa meditação fez com que ficassem mais conscientes das visitas de seus entes queridos no dia a dia.

Quer percebamos ou não, ou estejamos ou não dispostos a aceitar isso como verdade, a comunicação entre seres humanos e espíritos é constante. Essa conexão pode ser expressa quando um músico acorda com uma nova música na cabeça ou a foto de um ente querido cai do lugar onde está. Nós, coletivamente, estamos finalmente começando a entender o que os espíritos já sabem. Não somos independentes, somos interdependentes.

Imagine como seria nos sentarmos à mesa de um grande banquete com nossa família e os amigos vivos e mortos. Nessa mesa você pode dizer a todos exatamente como as atitudes deles influenciaram sua vida. Eles, por sua vez, podem fazer o mesmo. Você pode se surpreender com o que vai ouvir! Talvez um sobrinho o agradeça por ajudá-lo a concluir a faculdade. Ou um tio vá lembrá-lo de como você costumava rir de suas piadas. Ou uma filha pode dizer que suas críticas à roupa dela a levaram a desistir de seus sonhos de ser uma designer de moda. Ou um pai pode pedir seu perdão por beber até morrer. Ou um filho pode pedir desculpas por tirar a própria vida.

Não precisamos esperar até nossa própria morte para ter esse banquete. Os espíritos aceitam com entusiasmo nosso convite para se sentarem a essa mesa. Eles querem fazer parte da nossa vida aqui e agora. Os médiuns são simplesmente os que guardam lugar para o espírito nessas reuniões de família.

Como médium, modestamente sei que só faço esse trabalho porque os espíritos me convocaram para servi-los. Estou na lacuna que a morte causou entre aqueles que vivem dos dois lados da vida. Essa lacuna, no entanto, está se estreitando ao longo dos anos. Cada vez mais pessoas estão tendo seus próprios encontros pessoais com espíritos. Eu não poderia estar mais encantada com a possibilidade de que um dia todos nós estaremos tão interligados que não haverá necessidade de médiuns.

Até esse dia, eu serei uma guardadora de lugar para os espíritos na mesa do banquete da vida.

Convite para o banquete — a conversa com os entes queridos desencarnados tem início

Então, como vamos começar a nos comunicar com os entes queridos desencarnados? Toda comunicação começa com um convite. Seja preparando-se para consultar um médium, seja estudando a possibilidade de fazer uma conexão você mesmo, eis um exercício que pode ajudar. Ele se chama "Convite para o banquete" e usa uma técnica chamada "visualização". Visualização é um termo pomposo para o que costumávamos chamar de imaginação quando éramos crianças.

Este exercício é para iniciantes e para aqueles que têm mais experiência na comunicação com os espíritos. Antes de começar o exercício, convém lê-lo do começo ao fim. Desse modo, você não precisará interrompê-lo depois de começar. Se você quiser, também pode gravar as etapas num CD e reproduzi-lo quando praticá-lo pela primeira vez.

1. Sente-se em uma cadeira confortável, de espaldar reto, com os pés apoiados no chão e as mãos no colo, com as palmas voltadas para cima, e os olhos fechados.
2. Quando se sentar, deixe que a cadeira apoie todo o seu peso. Se você sentir tensão em alguma parte do seu corpo, respire e imagine que, ao expelir o ar, a tensão também sai do seu corpo.
3. Nesse estado de relaxamento, você está ainda consciente de estar sentado numa cadeira, com os pés firmemente apoiados no chão. Sente-se em silêncio por um momento. Se quaisquer pensamentos errantes invadirem a sua mente, apenas deixe-os passar sem se fixar neles.
4. Quando a sua mente começar a se acalmar, imagine uma luz rosa muito bonita ao seu redor e preenchendo todo o cômodo. Observe a sensação que isso lhe causa. Essa luz rosa cria um espaço seguro e cheio de amor para você e seus entes queridos se encontrarem.
5. Em sua mente, imagine que você está sentado a uma mesa. Deixe sua imaginação criar a mesa para você. Pode ser tão

simples ou elaborada quanto quiser, e não importa o número de cadeiras. A mesa pode estar posta com a porcelana tradicional que você herdou ou com pratos de papel, se você preferir uma mesa de piquenique. Se preferir canecas a taças de cristal, tudo bem, também. Essa é a sua mesa; imagine-a exatamente como você gostaria.

6. Enquanto olha demoradamente para a mesa, imagine quem gostaria de convidar para o banquete. Se quiser, poderá até adicionar cartões com nomes em cada lugar.
7. Agora que a mesa está pronta, é hora de dar as boas-vindas ao seu convidado ou convidados.
8. Quando estiver pronto, imagine uma porta à sua esquerda. A porta pode ser violeta ou ter um contorno violeta.
9. Quando a porta se abrir, você pode dizer mentalmente, "Bem-vindo ________________". (Insira o nome do seu ente amado no espaço em branco.)
10. Em primeiro lugar, observe a aparência do seu ente querido. Não se surpreenda se ele parecer mais jovem ou mais saudável do que você se lembra. Deixe que ele seja como quiser e abandone qualquer ideia preconcebida de como ele deveria estar.
11. Se quiser, fique à vontade para dizer mentalmente (ou em voz alta) *qualquer coisa* que lhe vier à mente. Pode ser algo tão simples quanto "eu te amo" ou uma série de outras coisas que ficaram reprimidas dentro de você. Coloque tudo para fora, mesmo que você esteja com raiva dele por ter morrido. Tudo bem. Você não vai assustá-lo. Saiba

que seu ente querido pode ouvi-lo mesmo que não pareça responder.

12. Quando tiver terminado, sente-se em silêncio por alguns instantes. Observe quaisquer pensamentos que possam surgir em sua mente. É fácil descartar esses pensamentos, achando que são seus, mas não faça isso sem refletir primeiro. As lembranças podem vir à tona de repente. Muitas vezes, nossos entes queridos querem que nos lembremos dos bons tempos.
13. Agradeça ao seu ente querido por aceitar o seu convite. Deixe que ele saia da mesa e parta pela porta violeta.
14. Olhe para a mesa mais uma vez. Às vezes, aqueles que amamos deixam alguma coisa sobre ela de presente. Talvez uma rosa ou um brinquedo. Talvez um cartão.
15. Aceite com gratidão o presente que pode ter sido deixado.
16. Mais uma vez, sente-se em sua cadeira, com os pés no chão e as mãos no colo. Tome consciência do que está acontecendo ao seu redor na sala.
17. Quando estiver pronto, abra os olhos.

Cada vez que você fizer o exercício "Convite para um banquete", os espíritos que aceitam o convite podem ser diferentes e a experiência também. É uma oportunidade para você começar e continuar a se encontrar com seus entes queridos vivos no mundo espiritual.

A colcha de retalhos — montando as peças da comunicação espiritual

Uma das melhores maneiras que encontrei para ajudar as pessoas a perceber a diferença entre nossas fantasias e as comunicações espirituais autênticas foi criar o que chamo de Colcha de Retalhos. Com a prática constante deste exercício, a soma de pequenos episódios de comunicação espiritual pode revelar um padrão mais profundo, carregado de significado.

Como já descrevi neste livro, às vezes os espíritos podem me transmitir informações em partes — um nome aqui, um sentimento ali, uma imagem na minha cabeça ou um símbolo. Às vezes, as peças que ainda faltam para tornar uma comunicação compreensível vão aparecer para os clientes dias, semanas ou mesmo anos após o contato inicial, propiciando uma compreensão ainda maior.

O exercício da Colcha de Retalhos é uma maneira de você montar as peças ou os pedaços de informação transmitidos pelos espíritos para que possa começar a ver a colcha inteira. Na nossa vida diária, pode haver coisinhas que acontecem aqui e ali e o fazem pensar, "Poderia ser a pessoa que amo me dando um 'olá'?". É fácil supor que esses pequenos incidentes sejam coincidências ou fruto da nossa imaginação. No entanto, se fizermos um registro do que acontece e de quando acontece, os padrões começarão a surgir.

Mantenha um bloco de papel para anotar tudo o que poderia ser a saudação de um espírito. Não se preocupe se o acontecimento parece significativo ou não. Pode ser algo tão simples quanto ver uma placa com o nome do seu amado.

Os exemplos do capítulo 10 irão ajudá-lo a ter uma ideia da maneira como os espíritos podem entrar em contato com você. Se você sonhar com alguém desencarnado, anote esse sonho. Se sentir o cheiro familiar de uma loção pós-barba quando não houver ninguém por perto, anote isso também. Se um orbe aparecer em uma foto, tome nota disso por escrito. Escreva tudo, incluindo onde e quando ocorreram os fatos.

Não se assuste se o tempo passar e parecer que nada está acontecendo. Às vezes, a atividade aumenta perto de feriados e datas importantes para a família.

Se seus amigos e familiares mantiverem registros de suas próprias experiências, é possível que se surpreenda com os padrões que podem surgir quando você comparar as notas.

O mais importante é lembrar que seus entes queridos desencarnados estão tentando entrar em contato com você. Com a mente aberta, o coração aberto e uma atitude de gratidão, você estará pronto para ouvi-los.

Dez coisas que fazem da comunicação com crianças desencarnadas uma experiência única

1. As crianças são cheias de entusiasmo.
2. As crianças não têm consciência da morte, mesmo aquelas que ficaram doentes por um tempo prolongado. (Elas têm razão de pensar que não morremos. A morte simplesmente não é uma parte importante da vida delas.)
3. As crianças gostam de conversar com as outras crianças, mesmo que não as conheçam.

4. As crianças são persistentes — às vezes extremamente persistentes.
5. As crianças se divertem com a comunicação espiritual. Elas gostam de influenciar o mundo físico.
6. As crianças questionam todas as suposições sobre a vida e a morte.
7. As crianças são curiosas — até mesmo na forma de espíritos elas gostam de testar limites.
8. Você não pode persuadir as crianças a fazer alguma coisa ou responder a qualquer pergunta que não quiserem.
9. As crianças estão sempre aprendendo.
10. As crianças dizem as coisas como elas são! Sempre.

O que podemos aprender com as crianças desencarnadas

- Brinque sempre, mas nem sempre brinque conforme as regras.
- Os valentões podem se dar bem no parquinho, mas perdem no jogo da vida.
- A vida é como andar de skate. Você cairá muito, antes de dominar as manobras.
- Viva à velocidade da luz. Ria à velocidade do som.
- "Por quê?" é uma pergunta curta que leva uma eternidade para responder.
- A vida é como brincar no balanço. Quanto mais alto você chega, mais divertido é.
- Não espere até sair da escola para aproveitar a vida.

- Faça com que sua vida seja uma história inspiradora.
- Nunca pare de crescer.
- Viva além dos limites porque a vida é ilimitada.
- Compartilhe seus brinquedos e você sempre terá alegria.
- Se você acha que está cantando sozinho, apenas ouça. Sempre há uma banda tocando atrás de você.
- Não tenha medo do bicho-papão debaixo da cama. Ele não pode impedi-lo de sonhar.
- Dizer "obrigado" em vez de "por favor" é o caminho para receber o que você precisa.
- Às vezes uma borboleta é um beijo do céu.
- O perdão faz com que a vida deixe de ser em preto e branco e passe a ser em cores.
- A morte é a vida mudando, mas é melhor mudar antes de morrer.
- Os blocos de construção do céu são o amor, a esperança e a alegria.

Declaração de interdependência dos espíritos

Consideramos estas verdades evidentes por si mesmas:

1. Continuamos interessados nos detalhes da sua vida: percebendo o vestido novo que você comprou para uma ocasião especial, a lista de afazeres que precisa ser seguida, o vazamento debaixo da pia da cozinha, os passatempos que gostávamos de fazer com você.
2. Percebemos o que você faz por nós com amor: carregando uma foto na carteira, fazendo uma oração, criando uma

ONG, contando histórias aos amigos. (E vamos até deixar que você exagere um pouco.)

3. Ouvimos quando você fala conosco antes de ir para a cama e no carro, enquanto dirige para o trabalho. Nós respondemos às vezes, por intermédio de uma canção no rádio ou das palavras inspiradas de um estranho.
4. Queremos que você ria, sabendo que sua volta para a alegria é uma celebração da nossa vida e que o sofrimento não precisa ser a única expressão do seu amor.
5. Quando nos comunicamos com você em sonhos, trata-se de uma visita de verdade e não da sua imaginação.
6. Ao curar a doença da dependência e do apego, uma traição ou abuso em sua própria vida e perdoando-nos por falhar com você e com nós mesmos, sua atitude nos afeta aqui, no mundo espiritual, e muda o destino daqueles que virão depois de você.
7. Embora não possamos interferir no seu livre-arbítrio ou no de outras pessoas, podemos ajudar a orientar suas decisões — e nos esforçarmos deste lado para trazer harmonia em vez de discórdia. (Não podemos refazer testamentos, ainda, de modo que não nos peça isso.)
8. Podemos estar com você nas comemorações, nos aniversários, nas reuniões de família. Vamos entrar com você na igreja no dia do seu casamento e compartilhar sua alegria quando nascer uma criança na família. Gostamos principalmente de sorrir para os bebês, que retribuem nosso sorriso.

9. O seu amor e os seus pensamentos não nos impedem de seguir em frente, mas nos dão asas para voar ainda mais alto e chegar aos recantos mais longínquos dos céus, ainda nos mantendo perto de você. Podemos estar em dois lugares ao mesmo tempo, como você sabe.
10. Não importa como tenha sido a nossa passagem, mesmo que tenhamos acabado com a nossa própria vida física, estaremos esperando por você no plano espiritual. E, sim, estaremos juntos novamente... algum dia.

Agradecimentos

Francis H. Gierisch — Pai, obrigada por sempre acreditar em mim.

Wendy, Bruce, Frankie e Tyler — Obrigada por serem a minha família, uma família que eu amo... e de quem gosto.

Hope Innelli — Obrigada por ser editora e ao mesmo tempo líder de torcida. Seus conhecimentos, suave persuasão e sensibilidade com relação ao assunto foram mais apreciados do que você imagina. (Por favor, não edite seu próprio agradecimento, apenas aceite o elogio!)

Jennifer Pooley — Obrigada pelo entusiasmo com que agarrou uma lista de ideias da minha mão na Conferência de Escritores SDSU e, posteriormente, apresentou-me à equipe maravilhosa que tornou este livro realidade.

Robert Brown — Obrigada por me mostrar como os médiuns ingleses trabalham. Obrigada por sua dedicação incansável à comunicação espiritual e por me propiciar tantas jornadas espirituais.

Kevin — Obrigada por ser meu amigo e porteiro.

John Edward — Obrigada por seu conselho oportuno e por me incentivar a dar um grande salto de fé.

Tom — Obrigada por despertar a exploradora em mim.

Michelle — Obrigada por caminhar ao meu lado na minha jornada.

Ken — Obrigada por compartilhar comigo meus dias mais sombrios e minhas noites mais brilhantes.

Suzy — Obrigada por me ajudar a transcender meus limites.

Mary Anne — Obrigada por compartilhar sua vida, sua casa e sua geladeira abarrotada.

Angela — Obrigada por seu senso infalível de direção.

Vanora — Obrigada por ser minha amiga de alma.

Ashley — Obrigada por cuidar dos detalhes.

Clay — Obrigada por estar sempre ao meu lado.

Wendy — Obrigada por apreciar meu trabalho antes mesmo que ele fosse notado por outras pessoas.

Chi, Isis, Vandal, Rhaevan e Koa — Obrigada por sua companhia e por me fazer rir.

A todos os médiuns que vieram antes de mim, obrigada por servir aos espíritos, muitas vezes pagando um elevado preço em sua vida pessoal. É por causa do trabalho de vocês que o meu tem um lugar neste mundo.